汽车曲面喷涂智能检测技术及大数据分析

赵时璐 著

北 京

冶金工业出版社

2021

内 容 提 要

本书将汽车轮罩 PVC 涂胶定位工艺与机器视觉技术相结合，并利用基于检测大数据的 SPC 质量控制系统，有效提高了汽车 PVC 涂胶的喷涂性能，改善了汽车轮罩的密封性，增强了汽车 PVC 涂层的耐腐蚀性能。

全书共 10 章，分别介绍了基于机器视觉的汽车轮罩曲面 PVC 涂胶检测系统框架、检测与定位软件、曲面 PVC 涂胶检测标准、喷涂机器人调试、基于检测大数据的 SPC 质量控制系统的原理、特点及展望。

本书可供从事汽车涂装质量控制及大数据分析的相关工作人员阅读和参考。

图书在版编目 (CIP) 数据

汽车曲面喷涂智能检测技术及大数据分析／赵时璐著. —北京：冶金工业出版社，2021.5
ISBN 978- 7- 5024- 8878- 9

Ⅰ.①汽…　Ⅱ.①赵…　Ⅲ.①智能技术—应用—汽车—曲面—喷涂　Ⅳ.①U472.44-39

中国版本图书馆 CIP 数据核字 (2021) 第 152475 号

出 版 人　苏长永
地　　址　北京市东城区嵩祝院北巷 39 号　邮编　100009　电话　(010)64027926
网　　址　www.cnmip.com.cn　电子信箱　yjcbs@ cnmip.com.cn
责任编辑　杨盈园　美术编辑　彭子赫　版式设计　禹　蕊
责任校对　王永欣　责任印制　李玉山
ISBN 978-7-5024-8878-9
冶金工业出版社出版发行；各地新华书店经销；三河市双峰印刷装订有限公司印刷
2021 年 5 月第 1 版，2021 年 5 月第 1 次印刷
710mm×1000mm　1/16；16.25 印张；317 千字；250 页
96.00 元
冶金工业出版社　投稿电话　(010)64027932　投稿信箱　tougao@cnmip.com.cn
冶金工业出版社营销中心　电话　(010)64044283　传真　(010)64027893
冶金工业出版社天猫旗舰店　yjgycbs.tmall.com
(本书如有印装质量问题，本社营销中心负责退换)

前 言

<<<<<<<<<<<<<<<<<<<<<<<<<<<<<<<<<<<<<<<<<<<<<<<<<<<<<<<<<<<<

目前，汽车是人类出行的主要交通工具之一，随着人民生活水平的日益改善，人们对汽车的安全性、稳定性及舒适性提出了更高的使用性能要求。汽车在行驶过程中，易遇到道路坑洼不平、石子众多等情况，这使得汽车轮罩不断与石子摩擦碰撞，破坏了轮罩表面的防腐层，使其失去了良好的防腐性能。为了有效提高汽车的使用性能、安全性能和稳定性能，在汽车轮罩表面喷涂 3~5mm 的 PVC 涂胶，是提高汽车的密封性能与防腐性能的重要工序之一，对汽车的舒适性能也有重要影响。同时，喷涂定位的优劣程度将影响车身总装件的安装，进而影响汽车使用性能。目前，在汽车工业化生产模式下，汽车轮罩 PVC 涂胶定位检测主要依靠人工检测完成，具有效率低且易出错等劣势，不能满足汽车制造领域对使用性能检测效率的要求。为了有效地将人工智能检测与工业生产相融合，采用机器视觉检测系统进行汽车轮罩 PVC 涂胶的定位研究，可以大幅度提高汽车制造业的自动化水平。

本书系统介绍了汽车曲面喷涂智能检测技术及大数据分析，将汽车轮罩 PVC 涂胶定位检测工艺与机器视觉技术相结合，对检测条件进行了全面调研，并深入研究了软、硬件模块设计，同时结合基于检测大数据的 SPC 质量控制系统进行系统检测。利用检测结果，对 PVC 涂胶的稀释黏度进行了最优调配，并设定了汽车轮罩 PVC 涂胶喷涂温度的合理参数，有效提高了 PVC 涂胶的喷涂性能，使汽车轮罩缝隙间的密封更加紧固，汽车轮罩表面 PVC 涂层的耐腐蚀性明显得到增强。

　　本书的完成得益于沈阳大学表面改性技术与材料研究所的研究生王爽、任双超、吴精诚、彭林志、潘春、张书恒的有益讨论和大力支持。书中参考了国内外相关文献，丰富了本书的内容，在此向文献的作者致以深切的谢意。

　　由于作者水平有限，本书难免存在疏漏之处，敬请读者批评指正。

作 者

2021 年 4 月于沈阳大学

目　录

1 绪 论

1.1 研究背景与意义

随着人民生活水平的提高，汽车在日常生活中已经发挥了不可替代的作用，消费者对于汽车产品的使用性能要求也越来越高。我国是全球主要的汽车消费大国，消费者非常注重汽车驾驶的安全性、舒适性以及汽车的使用寿命，而汽车轮罩表面喷涂 PVC 涂胶是提高汽车密封性与防腐性的重要工序之一，其对汽车的外观性以及稳定性均有重要影响。汽车轮罩 PVC 涂胶使用性能的检测水平代表了工业发展的先进性以及汽车制造业的自动化程度；同时，PVC 涂胶喷涂定位的准确性也会影响车身总装部件的安装，进而影响汽车的使用性能。在汽车轮罩表面喷涂 PVC 涂胶的过程中，会产生各种缺陷。因此在完成 PVC 涂胶喷涂工序后，必须立刻进行质量检测，只有检测达到涂装工艺标准的汽车产品才能进行下一道工序。

汽车轮罩 PVC 涂胶的质量检测包括两个方面：一方面是是否安装了汽车轮罩堵件。在 PVC 涂胶喷涂的过程中，操作人员必须把堵件准确无误地安装在汽车轮罩的指定位置，否则汽车在使用过程中会造成车厢进水，加快其腐蚀速率，从而影响汽车的使用寿命。另一方面是汽车轮罩是否喷涂了 PVC 涂胶。PVC 涂胶必须涂在汽车轮罩指定的位置，过喷或者漏喷等均会影响汽车的密封性能。

在汽车工业生产线上，传统的汽车轮罩 PVC 涂胶喷涂工艺主要依靠人工完成，虽然能够满足日常生产需求，但其具有成本高、通用性差、效率低、喷涂样本不统一等缺点。由于该生产方式为流水线作业，会导致操作人员产生视觉疲劳，往往会发生过喷或者漏喷等情况。为了统一 PVC 涂胶喷涂的样本、加快生产效率、节省人工成本，采用喷涂机器人代替手工喷涂 PVC 涂胶的方法成为现代汽车制造业提高生产效率的一大手段，如图 1-1 所示。

传统的汽车轮罩 PVC 涂胶使用性能检测主要依靠人工肉眼检测，其具有误差大、通用性差、效率低等缺点。随着人工智能领域的迅速崛起，机器视觉技术的研究取得了飞速的进步。机器视觉技术主要利用计算机仿效人类视觉功能，从检测对象的图像中获取高价值的信息。该项技术融合了多种工业技术应用，其中

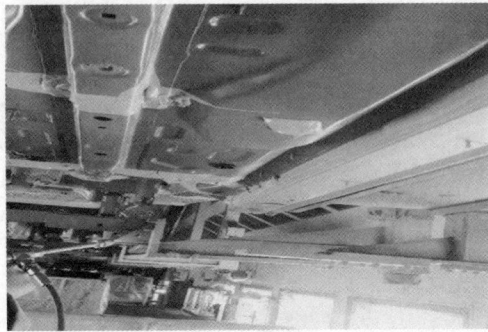

(a)

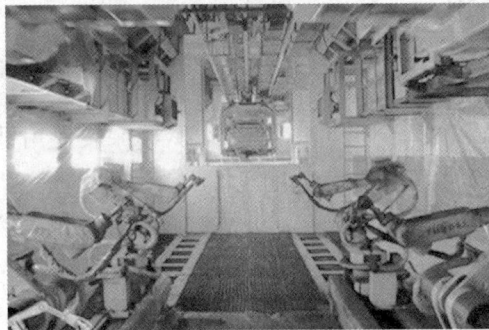

(b)

图 1-1   汽车轮罩喷涂 PVC 涂胶
（a）人工喷涂 PVC 涂胶；（b）机器人喷涂 PVC 涂胶

包含材料科学技术、设备控制技术、电子数字化技术、机械自动化技术及光照技术等，构成了一套可满足实际应用的工业机器视觉系统体系。事实上，人类视觉系统的辨识能力远远不如机器视觉技术的识别能力，机器视觉系统还可以代替人类在危险场景下感知事物，从而体现了其卓越的使用性。在工业制造领域中，机器视觉技术主要应用于材料表面各项参数的准确性检测、工业产品各项性能的准确性检测以及医学治疗各项诊断的准确性检测等领域。机器视觉技术能够及时存储实时检测数据，并对检测数据信息进行分类，从而达到客观和稳定的检测目的，解决人工检测产品存在的主观性误差问题，为工业生产提供有效的质量保证。

综上所述，机器视觉技术可以代替人工进行检测工作。针对机器视觉技术进行研究，开发一套高效准确的汽车轮罩 PVC 涂胶智能检测系统，可以帮助企业大幅度降低生产成本，提升 PVC 涂胶检测设备的自动化水平，从而将操作人员从长期反复的劳动环境中解放出来。

1.2　国内外研究现状

1.2.1　PVC 涂胶研究现状

PVC 材料是一种通过光热作用使自由基发生聚合反应生成的聚合物。19 世纪初期，美国 V. 勒尼奥发现对其进行日光照射，生成了一种白色固体。19 世纪中期，德国 Fritz Klatte 合成了 PVC 材料。20 世纪初期，美国 B. F. Goodrich 公司和 Waldo Semon 制造出了一种更加柔软且更易加工的 PVC 材料，并使其在各个领域得到了广泛应用。在 20 世纪 30 年代，PVC 材料开始实现大规模工业化生产。在很长一段时间里，PVC 材料的生产量和消耗量均在塑料产品中位居世界首位，直到 20 世纪 60 年代中后期聚乙烯材料取代了 PVC 材料。虽然其退居第二位，但 PVC 材料的产量仍占塑料总产量的 25% 以上。

PVC 涂胶（Poly Vinyl Chloride）又称聚氯乙烯涂料，是一种原材料为非结晶性材料的胶体，由聚氯乙烯树脂、增塑剂、填料、颜料、增黏剂、稳定剂和防泡剂等构成，其固体成分可达 95% 以上，成分可挥发物小于 5%，在抗氧化性、抗强酸性以及抗还原性上均具有超高的性能，同时具有高强度和高稳定性，不易燃烧，能够抵抗气候环境变化带来的腐蚀侵害等问题，因此被广泛应用于汽车制造业生产中。

PVC 材料作为全球产量巨大的塑料产品可分为膏状和固态两种类型，分别在不同的使用场合下提供不同的选择。在汽车生产制造业中，常用的 PVC 材料为膏状 PVC 涂胶，其具有良好的附着力与黏稠度，可根据用途对其加入不同的添加剂，改善 PVC 涂胶的物理和力学性能，从而提高其在不同位置的使用性能。PVC 涂胶具有价格低、相容性好、稳定性强、耐蚀性好、耐磨度高、降噪性好、隔热性强及减震性好等优点，因此在汽车生产制造业领域中得到了广泛的使用。汽车轮罩表面喷涂 PVC 涂胶是汽车涂装工艺重要工序之一，如图 1-2 所示。

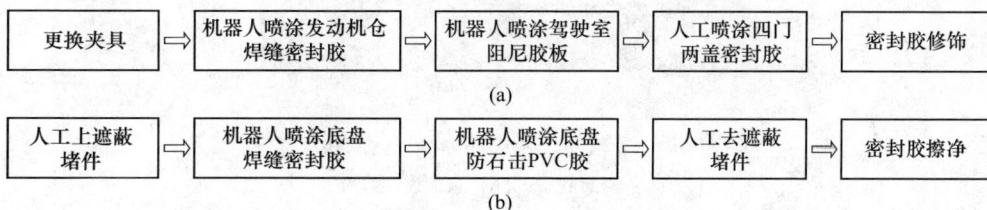

图 1-2　PVC 涂胶喷涂工艺流程

（a）焊缝 PVC 密封胶生产线；（b）底盘 PVC 涂胶喷涂生产线

汽车轮罩表面喷涂的 PVC 涂胶成分相同，但由于应用的位置不同，需使其具有不同的使用性能，通常分为两种：一种是用于密封焊缝的条状涂胶，另一种是用于抗石击且密封的扇面表层涂胶。在焊缝位置喷涂的 PVC 密封涂胶条优势在于其硬度大、抗拉强度高以及具有良好的伸长率；而扇面密封抗石击表层涂胶具有涂层表面黏度低、易于高压喷涂等特点。两者喷涂结束后都要进入高温烘干炉进行烘烤固化，并依附固定于汽车轮罩表面，以实现耐腐蚀、耐磨损、抗石击、隔热减震、隔音降噪等多种优良性能，如图 1-3 所示。

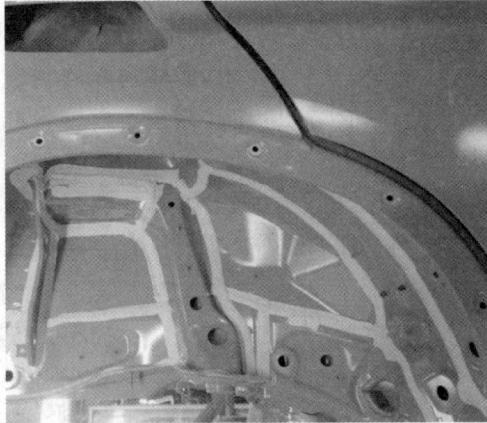

(a)

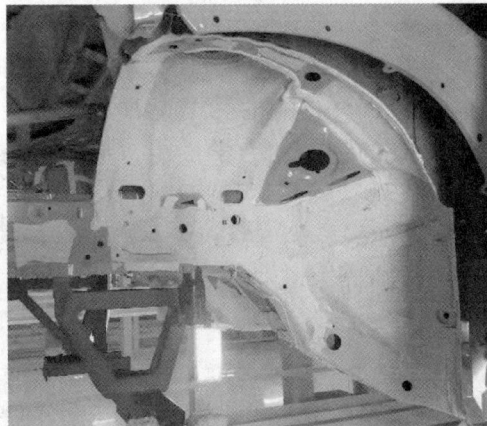

(b)

图 1-3　汽车轮罩表面喷涂 PVC 涂胶
（a）密封胶条；（b）扇面表层涂胶

目前，我国 PVC 材料的研究水平以及取得的成绩已经达到了国际先进水平。从先前需要从国外进口特殊 PVC 材料到如今已经可以自主研发生产各种各样的

PVC 材料，并且向国外出口产品，可以看出，我国的 PVC 材料的发展形势非常乐观，未来对 PVC 材料的需求也将越来越多。

1.2.2　机器视觉研究现状

20 世纪 60 年代中期，美国学者 L. R. 罗伯兹通过运用预处理、边缘检测、轮廓线构成、对象建模等技术理解多面体积木世界，从而发现了机器视觉技术。20 世纪 70 年代，机器视觉技术已经出现了应用系统。随着计算机技术的成熟以及摄像技术的进步，机器视觉技术的应用领域不断扩大，涵盖了工业、农业、医疗、航空、航天等国民经济的各个领域。在机器视觉技术的发展过程中，也产生了二维图像提取三维信息、视觉系统知识库等研究分支。

近些年，我国在机器视觉自动化技术领域取得了前所未有的发展，许多机器视觉技术产品也被国内外知名自动化公司推广使用。2010 年，我国机器视觉市场呈现爆发式增长，市场规模达到 8.3 亿元，同比增长 48.2%；2012 年，中国机器视觉市场步入后增长调整期，虽增长率较 2010 年有所下降，但仍保持着很高的发展水平。

在工业生产领域中，机器视觉是一种人工智能检测技术，其工作原理是模拟人的眼睛进行测量和判断。机器视觉具有检测效率高、自动化水平高、精准度高以及实时存储数据、易于实现信息集成与数据信息反馈等技术特点，不仅可以实现高效率生产，而且能加强自动化生产程度，并为实现计算机集成制造提供实现方法。此外，机器视觉技术能快速建立信息库，并为计算机集成应用打下基础。机器视觉系统的工作原理如图 1-4 所示。

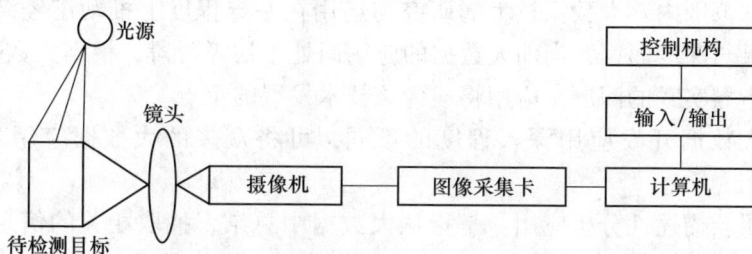

图 1-4　机器视觉系统工作原理

目前，机器视觉检测技术已经广泛应用于生产制造的各个领域：

（1）机器视觉检测技术主要针对精确度要求高达几纳米甚至更小数级的工业产品进行测量。例如航空航天领域芯片尺寸需要借助机器视觉人工智能技术进行检测，以确保芯片尺寸的精度。

（2）机器视觉检测技术可以对机械设备进行定位操作，通过机器视觉系统对定位孔定位喷涂，以确保生产线每次喷涂的效果一致性。

（3）机器视觉检测主要针对生产线上产品样本使用性能的检测，例如样本缺陷类型检测等。机器视觉检测样本具有多次一致性，这是人工很难实现的，并且此系统还可以替代人们在危险环境中进行工作。

1.2.3　大数据研究现状与趋势

近年来，全球数据规模呈现几何级数高速增长。国际信息技术咨询企业——国际数据公司（IDC）的报告显示，2020年全球数据存储量达到44ZB，到2030年存储量将达到2500ZB。目前，需要处理的数据量已经大大超过了处理能力的上限，从而导致大量数据因无法或来不及处理而处于未被利用、价值不明的状态，所以这些数据被称为"暗数据"。根据国际商业机器公司（IBM）的研究报告统计，大多数企业仅对全部数据的1%进行了分析应用。

目前，大数据的获取、存储、管理、处理及分析等相关技术已取得显著提高，但是大数据技术的基础理论研究仍处于萌芽期，大数据体系尚不完善。

首先，虽然大数据定义已经达成初步共识，但是许多本质问题仍然存在争议，例如：数据驱动与规则驱动的对立统一、"关联"与"因果"的辩证关系、"全数据"的时空相对性、分析模型的可解释性与鲁棒性等。

其次，大数据技术针对特定数据集和特定问题领域已经有不少专用的解决方案，是否有可能形成"通用"或"领域通用"的统一技术体系，有待未来的技术发展给出答案。

最后，大数据应用超前于理论与技术的发展，数据分析的结论往往缺乏坚实的理论基础，对这些结论的使用仍需保持谨慎的态度。

在全球范围内，大数据技术的研究与运用在一定程度上推动了经济的发展，但就其效果与深度而言，当前大数据的应用尚处于初级阶段，根据大数据分析预测未来、指导实践的深层次应用将成为该技术发展的重点。

按照大数据开发应用深入程度的不同，可将众多的大数据应用分为三个层次：

第一层，描述性分析应用：是指从大数据中总结、抽取相关的信息和知识，帮助人们分析发生了什么，并呈现事物的发展历程。如美国的DOMO公司从其企业客户的各个信息系统中抽取、整合数据，再以统计图表等可视化形式将数据蕴含的信息推送给不同岗位的业务人员和管理者，帮助其更好地了解企业现状，进而做出判断和决策。

第二层，预测性分析应用：是指从大数据中分析事物之间的关联关系与发展模式等，并据此对事物发展的趋势进行预测。例如，微软公司纽约研究院研究员David Rothschild通过收集和分析赌博市场、好莱坞证券交易所、社交媒体用户发布的帖子等大量公开数据，建立预测模型，对多届奥斯卡奖项的归属进行了预测。

2014 年和 2015 年准确预测了奥斯卡共 24 个奖项中的 21 个,准确率达 87.5%。

第三层,指导性分析应用:是指在前两个层次的基础上,分析不同决策导致的后果,并对决策进行指导与优化。例如,无人驾驶汽车分析高精度的地图数据和海量的激光雷达、摄像头等传感器实时感知数据,对车辆不同驾驶行为的后果进行预判,并据此指导车辆的自动驾驶行为。

一般而言,人们做出决策的流程通常包括认知现状、预测未来和选择策略三个基本步骤,这些步骤也对应了上述大数据分析应用的三个不同类型。不同类型的应用说明人类和计算机在决策流程中不同的分工和协作。例如:第一层次的描述性分析中,计算机仅负责将与现状相关的信息与知识展现给人类专家,而对未来态势的判断及对最优策略的选择仍然由人类专家完成。应用层次越深,计算机承担的任务就越复杂,提升的效率也就越高,产生的价值也就越多。

然而,随着大数据研究应用的不断深入,前期在分析应用中大放异彩的深度神经网络尚存在基础理论不完善、模型不可解释性、鲁棒性较差等问题。显然针对应用层次最深的决策指导性应用,当前已在人机博弈等非关键性领域取得了较好的应用效果,但在自动驾驶、政府决策、军事指挥、医疗健康等应用价值更高,且与人类生命、财产、发展和安全紧密关联的领域,若要真正获得有效的应用,仍然面临一系列待解决的重大基础理论与核心技术挑战。

目前,计算机大数据分析系统尚不能完成更多的任务,虽然已有很多成功的大数据应用案例,但仍远未达到我们的预期。在大数据应用实践中,描述性与预测性分析应用偏多,而决策指导性等更深层次的分析应用偏少,大数据应用仍处于初级阶段。随着应用领域的拓展、技术的提升、数据共享开放机制的完善以及产业生态的成熟,更大潜在价值预测性与指导性的应用将成为发展的重点。

1.3　主要研究工作

本书基于机器视觉检测技术,采用 CCD 黑白工业相机进行图像采集、数据传输以及图像处理,通过系统整体框架的搭建、主要检测技术的研究,最终实现对汽车轮罩 PVC 涂胶使用性能缺陷的检测。工作任务主要从系统框架搭建、检测技术研究、定位软件开发、喷涂检测标准、喷涂机器人调试、大数据 SPC 质量控制系统等几方面展开:

(1) 对汽车轮罩 PVC 涂胶使用性能缺陷进行总体分析,明确检测目的,分析检测系统的特点,设计汽车轮罩 PVC 涂胶检测系统的整体框架。

(2) 对实际工业现场环境进行分析,明确识别检测位置,确定工业相机、工业镜头及光源的类型特点,设计合理的汽车轮罩 PVC 涂胶图像采集系统,设计系统整体流程。

（3）最终完成以下两种 PVC 涂胶使用性能缺陷检测：一是汽车轮罩堵件安装遗漏区域缺陷检测；二是汽车底盘轮罩曲面 PVC 涂胶未喷涂缺陷区域检测。

1.4　章节安排

本书在实际检测应用的基础上，对 PVC 涂胶喷涂技术、机器视觉检测技术与大数据处理技术进行了系统的概述，并对汽车轮罩 PVC 涂胶机器视觉检测系统的整体设计流程做出了充分的说明，包括组成系统硬件部分的摄像机、镜头、光源控制器等各个硬件的选型，并概述了针对汽车轮罩 PVC 涂胶堵件安装遗漏缺陷和 PVC 涂胶未喷涂缺陷的具体算法，宜在实际检测中取得成功。本书主要分为 10 个部分：

（1）绪论。主要对 PVC 涂胶检测技术及机器视觉的研究背景及意义进行总体概述，并对本书的主要研究工作进行介绍。

（2）汽车轮罩 PVC 涂胶检测系统框架研究。主要对汽车轮罩 PVC 涂胶检测系统进行介绍，提出实现检测汽车轮罩 PVC 涂胶的目标，并说明检测系统的设计原理、工作流程以及硬件选型。

（3）汽车轮罩 PVC 涂胶检测技术研究。主要介绍汽车轮罩 PVC 涂胶的堵件安装遗漏缺陷和 PVC 涂胶未喷涂缺陷的具体检测方法。

（4）软件功能模块设计。主要在前期算法研究的基础上对数据库软件开发方案进行研究，主要对现场工作人员的软件需求进行分析，将软件分为不同的功能模块，对各功能模块进行设计及实现。

（5）曲面喷涂检测标准论述。详细说明曲面 PVC 涂胶喷涂检测的各项标准。

（6）PVC 喷涂机器人。详细论述了 PVC 涂胶喷涂机器人的结构、组成及调试。

（7）大数据质量控制系统研究。具体研究了基于 PVC 涂胶喷涂检测大数据的 SPC 质量控制系统。

（8）六西格玛工具的系统探析。系统分析了六西格玛的 20 大工具的使用理论。

（9）IATF16949 质量管理体系论述。主要说明了 IATF16949 质量管理体系的 5 大管理工具。

（10）结论与工作展望。对所设计的汽车轮罩 PVC 涂胶检测系统进行整体的分析与总结，最后对曲面喷涂智能检测技术的未来工作进行了展望。

2 曲面喷涂机器视觉检测系统框架

汽车曲面喷涂机器视觉智能检测系统是根据待检的汽车轮罩 PVC 涂胶区域分布的特点进行设计。该系统具有精度高、实时性强、稳定性好、故障率低、风险性低并能在恶劣工业环境下工作的特点。为了曲面喷涂机器视觉智能检测，避免后期算法的运算困难，必须采用先进、稳定、高效的硬件设备。

2.1 检测系统应用环境

汽车曲面喷涂机器视觉智能检测系统主要检测汽车轮罩 PVC 涂胶使用性能缺陷，其检测定位是汽车轮罩的永久堵件安装区域和 PVC 涂胶未喷涂区域。汽车轮罩 PVC 涂胶部分检测区域如图 2-1 所示。

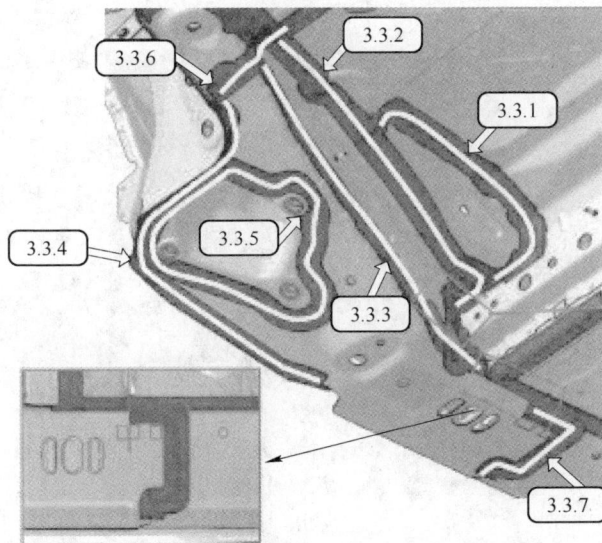

图 2-1 汽车轮罩 PVC 涂胶待检测区域

在涂装现场应用过程中，汽车轮罩 PVC 涂胶智能检测系统还受到以下因素影响：

（1）外部环境因素。在检测现场，由于其他机械设备工作时产生震动导致机械框架与硬件设备稳固性受影响；同时，镜头整洁性、光源亮度，室内温度与湿度等都会使采集图像出现异常差异，因此，需要大量采集样本图像进行系统对比，以精确检测位置。

（2）内部环境因素。由于机器视觉智能系统靠近人工喷涂 PVC 涂胶区域，且工业相机、镜头、光源固定不可移动，导致其不定期会被胶雾污染，从而使采集图像发生识别模糊，甚至不能识别等现象，如图 2-2 所示。

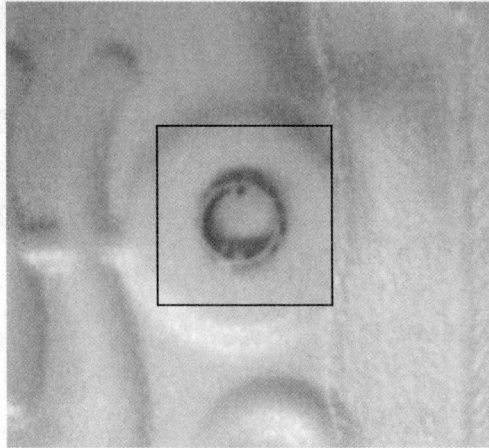

(a)

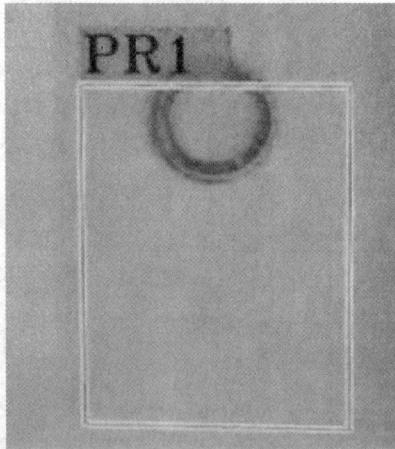

(b)

图 2-2　标准图像与异常图像对比

（a）标准图像；（b）异常图像

2.2　检测系统特征

根据汽车轮罩 PVC 涂胶机器视觉检测系统的设计目的以及应用环境，设计满足实际需求的机器视觉检测系统应具有以下的特征：

（1）软件与硬件协调通信。在检测系统中，软件与硬件必须持续地相互协调工作。当汽车轮罩移动至检测区域内，首先由软件控制硬件，再由硬件对图像进行获取；同时，还需要满足软件与硬件对电源、光照以及采集卡的要求，才能保证该检测系统设计的完整性。

（2）图像采集。机器视觉检测系统主要识别汽车轮罩PVC涂胶的表面区域。系统应获取足够多数量的图像，并保证获取的图像具有高度的清晰性与准确性；同时，为了获取有效图像，图像采集的外部接口需要由系统装置提供，并与工业相机相互控制。

（3）检测区域划分。汽车轮罩PVC涂胶的整体区域相对复杂，这需要分割出待检测区域与非检测区域。图2-3（a）所示为汽车轮罩位置，左侧亮色部位为

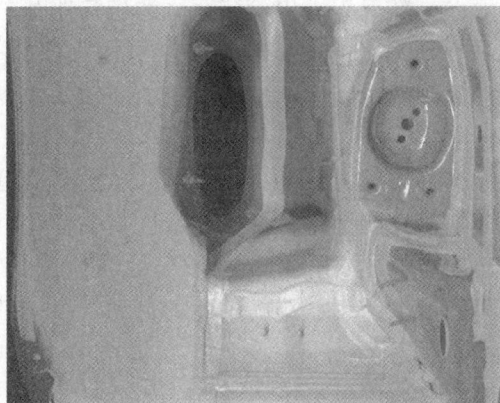

(a)

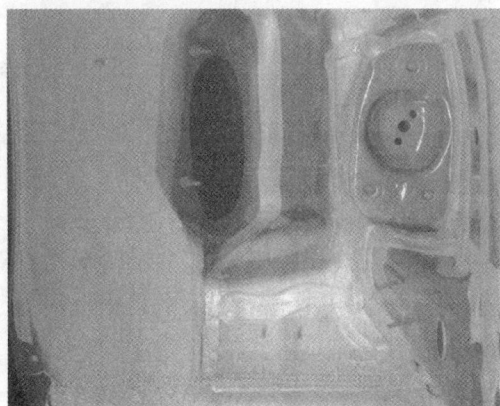

(b)

图2-3　汽车轮罩PVC涂胶区域

（a）汽车轮罩PVC涂胶背景区域；（b）汽车轮罩PVC涂胶待检测区域

检测区域，白色区域为 PVC 涂胶已喷区域。已喷涂区域与检测区域的图像应具有灰度差，以有利于汽车轮罩 PVC 涂胶使用性能的缺陷检测。图 2-3（b）所示为检测区域，应选择合适的定位孔为定点，以坐标值为半径长度进行分割，划分出检测区域，以有效提高检测效率。因此，汽车轮罩 PVC 涂胶检测系统要求对该输出图像能够进行自主有效的区域分割。

（4）数据信息。获取的产品样本检测数据既要说明检测结果是否符合工艺标准，又要准确地检测出不符合工艺标准的区域位置，以帮助企业分析缺陷样本发生的频率、缺陷样本的类型等检测结果，从而保证生产运行的稳定性。

（5）系统稳定性。在实际检测过程中，检测系统的应用环境容易变化。由于数条生产线不间断地工作，会引起连接的机械设备产生轻微的震动，这种微震会使获取图像的仪器（如光源、工业相机、镜头等）略微移动，因此需具有一定图像采集经验的技术人员准确识别出检测区域的偏移距离，调整设备位置。即使是最微小的震动，对于高精度的汽车轮罩 PVC 涂胶检测系统来说都会造成一定的检测偏差。因此，为了满足实际工作的要求，必须使机器视觉检测系统具备极高的稳定性。

（6）系统高效性。传统的人工 PVC 涂胶检测方法不仅检测效率低、检测误差大，而且无法记录详细的检测信息，从而导致样本的使用性能受到影响。机器视觉检测系统可以快速地对样本进行检测，不仅可以实时准确地储存检测数据，而且还可以作为后期查证依据，明显提高企业的自动化生产效率，加快生产制造业的智能工业化进程。

2.3　检测系统设计

2.3.1　系统通信链路

汽车轮罩 PVC 涂胶机器视觉检测系统的主要工作流程：首先，由定位传感器向 PLC 系统传输被测车辆进入检测区域信号，PLC 接收到信号后，向机器视觉检测系统内图像采集单元发送触发脉冲，并进行图像采集；其次，由主控程序进行图像单元抓取，并实时传输给算法程序进行图像分析，经过算法分析后的图像及检测信息传输回主控制程序；最后，主控制程序将接收的结果图像及检测信息存储至数据库。详细的检测系统通信链路如图 2-4 所示。

2.3.2　曲面镜头采样

目前，最常见的具有曲面镜头的工业相机就是鱼眼相机，其是指带有鱼眼镜头的相机。鱼眼镜头是一种极端的广角镜头，其焦距极短且视角接近或等于 180°

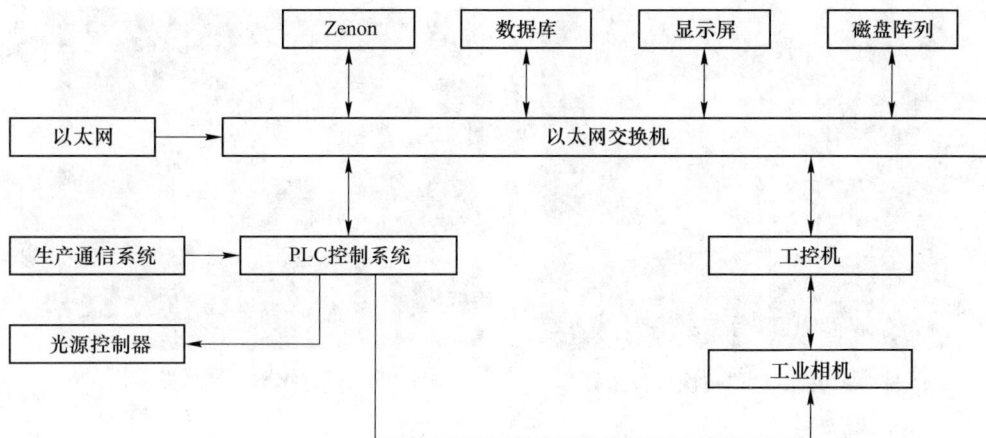

图 2-4 系统通信链路

的镜头，如图 2-5 所示。机器视觉检测系统常见相机
有 Balser 鱼眼相机和富士鱼眼镜头。其中 Balser 鱼眼
相机产自德国，像素为 5MP；富士鱼眼镜头产自日
本，拍摄视角为 185°，焦距为 2.7mm。由于车身轮
罩曲面区域非常符合镜头的一次采样成型操作，因
此进行了不同区域位置的成像采样分析，具体如图
2-6~图 2-9 所示。

图 2-5 鱼眼镜头

　　鱼眼镜头非常适用于轮罩曲面区域的一次性成
像采样，但由于鱼眼镜头焦距比较小，必须深入到
轮罩中才能拍摄到理想的采样图片，因此，对于始终处于运动状态的车身底盘拍
摄并不适用。另外，由于鱼眼镜头的成像有一定的形变，对于关键区域的 PVC
涂胶喷涂测量算法也表现出一定的不确定性。

图 2-6 右前轮罩一次成像采样

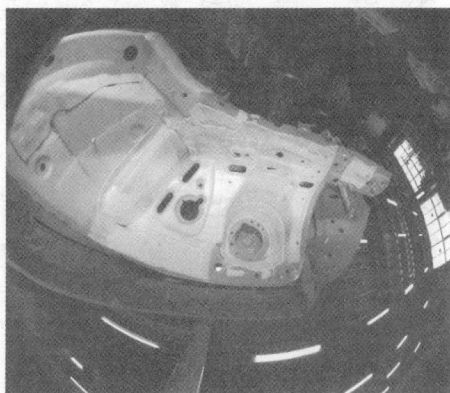

图 2-7 左前轮罩一次成像采样

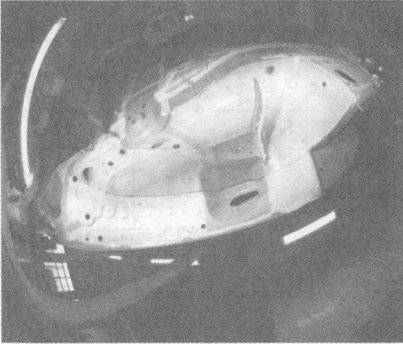

图 2-8　右后轮罩一次成像采样　　　　　图 2-9　左后轮罩一次成像采样

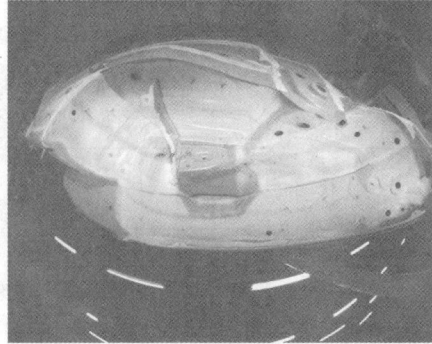

2.3.3　工业相机分类

在机器视觉检测系统中，工业相机的主要作用是将输入的光信号转变成输出的电信号，因此工业相机的选择直接影响机器视觉系统采集的图像效果，同时工业相机的型号也需符合整体系统的运行模式，如图像分辨率等。

工业相机按照不同的参数标准可分为如下几类。

（1）按照采集图像色彩值划分，可分为黑白工业相机和彩色工业相机。黑白工业相机将输入光信号转变成为输出灰度值，从而呈现灰度图像，黑白工业相机信号转化如图 2-10 所示。彩色工业相机成像模式又分为 3CCD 模式和拜尔模

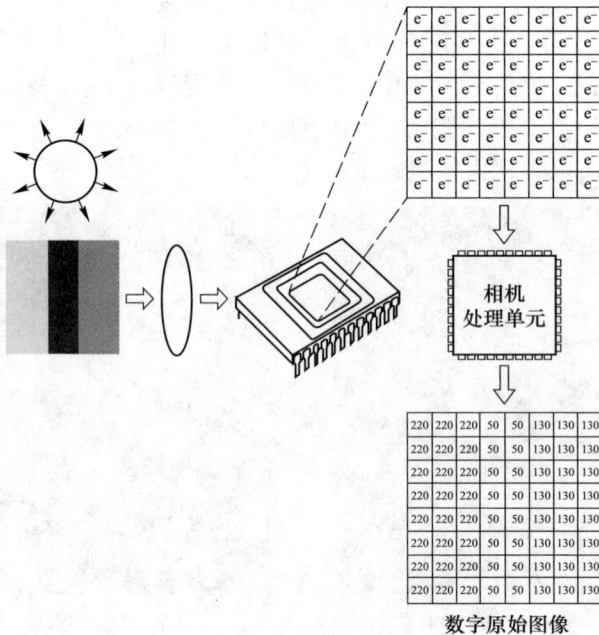

图 2-10　黑白相机信号转化图

式，如图 2-11 所示，能识别出红、绿、蓝三种光信号。当采集图像质量要求较低时，可以选用黑白工业相机；当采集图像质量要求较高且需要区分色彩时，宜选用彩色工业相机。但在相同分辨率条件下，若无需分割采集图像中的色彩，则应选择黑白工业相机，因为黑白工业相机的精度高于彩色工业相机。

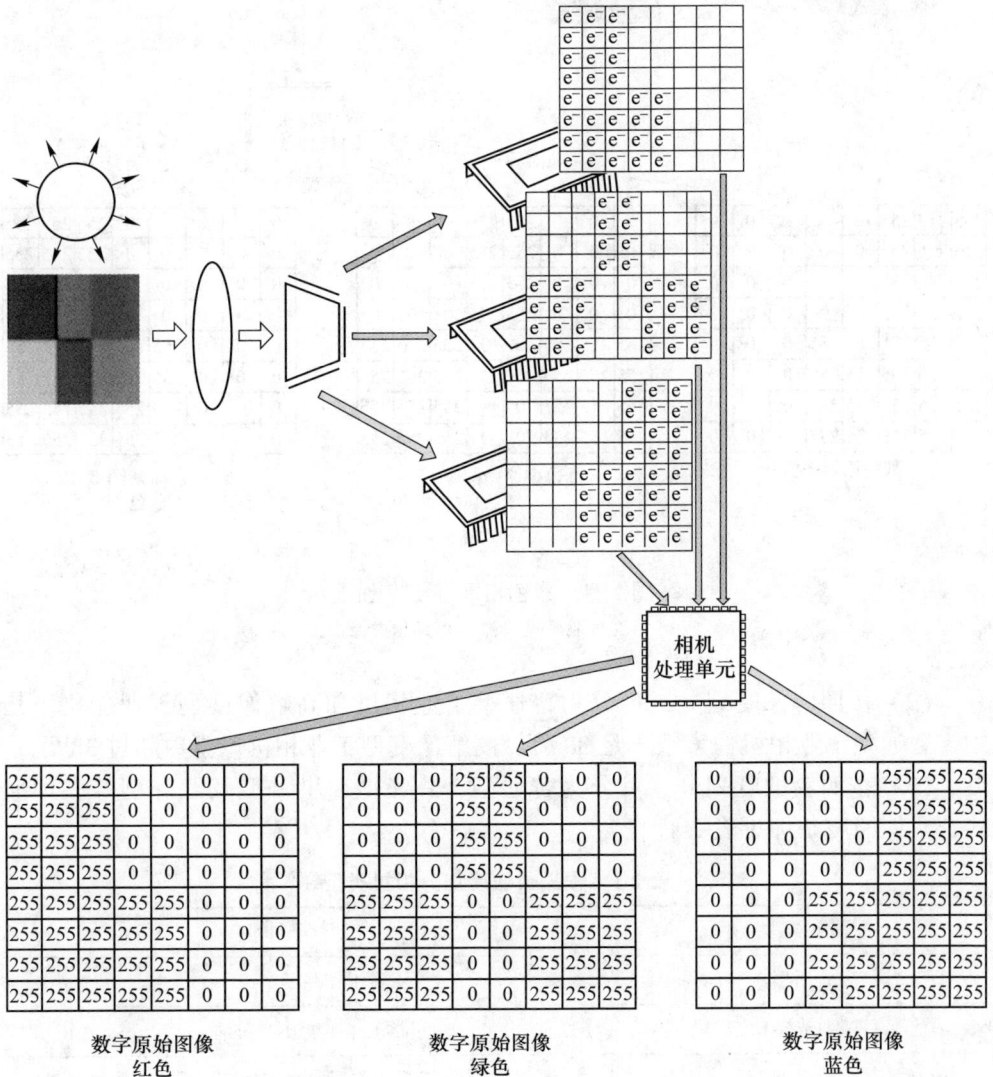

数字原始图像　　　　　　数字原始图像　　　　　　数字原始图像
红色　　　　　　　　　　　绿色　　　　　　　　　　蓝色

(a)

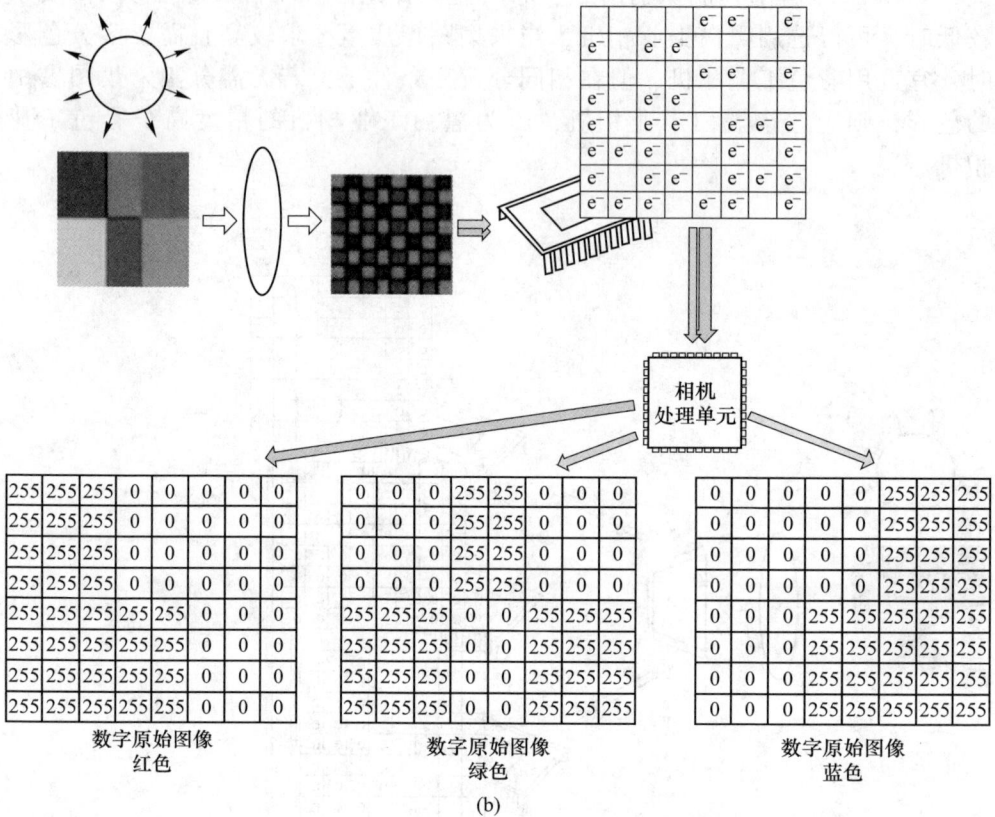

图 2-11　彩色相机信号转化图

（a）3CCD 成像模式；（b）拜尔成像模式

（2）按照解像度划分，可分为普通型工业相机和高解像度型工业相机。其中，普通型工业相机像素数不足 38 万，高解像度型工业相机像素数超过 38 万。

（3）按照灵敏度划分，可分为普通型、月光型、星月型及红外型等多种形式，具体照度条件见表 2-1。

表 2-1　根据灵敏度划分相机类型

相机类型	照度条件
普通型	正常工作照度 1~3Lux
月光型	正常工作照度 0.1Lux 左右
星月型	正常工作照度 0.01Lux 以下
红外型	红外灯照明，在没有光线情况下仍可以成像

（4）按照光敏面尺寸大小划分，可分为 1/4in❶、1/3in、1/2in、2/3in、1in相机。具体尺寸见表2-2。

表2-2 根据光敏面尺寸划分相机类型

光敏面尺寸/in	宽×高/mm×mm	对角线/mm
1/4	3.2×2.4	4
1/3	4.8×3.6	6
1/2	6.4×4.8	8
2/3	8.8×6.6	11
1	12.7×9.6	16

（5）按照芯片类型可以分为 CCD 工业相机和 CMOS 工业相机。CCD 工业相机具有体积小、色彩还原度高、低噪声等特点，是机器视觉检测系统中工业相机的首选；CMOS 相机具有价格低、色彩还原性差、噪声大等特点，在图像质量要求较低的场合下应用比较广泛。两种工业相机的芯片在光信号转换为电信号方式上存在差异。对于 CCD 工业相机，光线照射到像元上，像元产生电荷，电荷依靠输出电极进行传输，同时转变为脉冲信号输出；对于 CMOS 工业相机，像元中的电荷自动转变为电压，同时产生数字信号。两种传感器的具体传输方式如图2-12 所示。

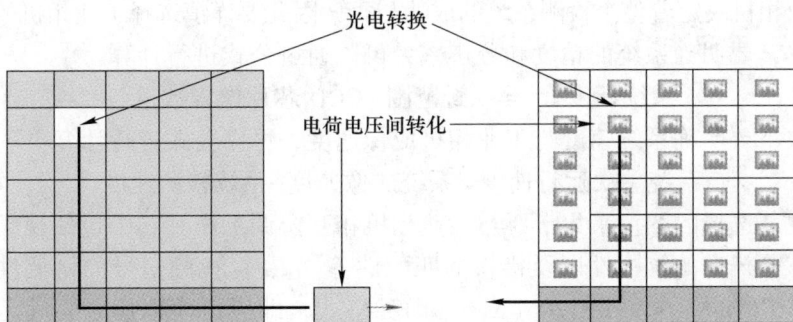

图2-12 传输方式图

（6）按照传感技术中照靶面的类型划分，可以分为面阵工业相机和线阵工业相机。两种相机包括面扫描和线扫描两种重要的传感器架构，面扫描工业相机常用于图像直接输出在显示器上；线扫描工业相机常用在静止画面中对连续运动产品进行高分辨成像，如纺织、刷子、玻璃等产品的连续生产。

---

❶ 1in（英寸）= 2.54cm。

　　线扫描工业相机的特点是精确、速度快、跟踪平稳、高光源强度，线扫描遵循以下原则：（1）对运动态的检测目标进行快速抓取；（2）对可旋转的检测目标边缘进行图像处理；（3）对全部检测目标进行一维测量；（4）对检测物体图像进行清晰度处理。而面扫描工业相机的特点比较单一，只具有一次扫描一幅图像的特点，因此在应用方面也具有一定的局限性。

　　目前，线扫描相机的检测速率在 65FPS 左右，适用于连续动态检测目标的精准检测，可以利用下面的运动目标公式计算工业相机的扫描速度。

$$T_s = FOV/(R_i S_p)$$

式中　FOV——某个方向的照相机视场；

　　　　R_i——图像分辨率；

　　　　S_p——检测目标在照相机前通过的速度。

　　当拍摄样本处于高速运动状态时，拍摄的曝光时间应该缩短，因此应提高电子快门的速度，以尽量减少图像模糊情况的发生。利用曝光时间估量如下：

$$T = FO/(L S_p)$$

式中　T——曝光时间；

　　　　F——CDD 相机像素尺寸；

　　　　O——检测目标大小；

　　　　L——CDD 相机芯片尺寸；

　　　　S_p——运动速度。

　　工业相机决定着整个检测系统的成功与否，因此要谨慎选择工业相机的类型。

　　首先，要明确系统的精度和分辨率，可以通过公式进行计算：

$$系统精度_{X/Y} = 视野范围/CCD 芯片像素数量$$

　　其次，要明确系统速度与工业相机成像速度，可由公式进行计算：

$$系统单次运行速度 = 系统成像速度 + 系统检测速度$$

　　再次，选择的图像采集卡要与工业相机相互协调工作，其中包括视频信号的协调性、分辨率的统一性以及接口的匹配性等。（1）视频信号的协调性，视频信号中有 CCIR 格式和 RS170（EIA）两种格式，即黑白模拟信号要满足采集卡的工作条件。（2）分辨率的统一性，分辨率中每一种板卡只支持一定分辨率范围内的工业相机。（3）接口的匹配性，确定工业相机与板卡接口是否匹配。如 CameraLink、GIGE、CoxPress、USB 3.0 等。（4）除此之外，采集卡必须具有多通道特殊功能，适合多部工业相机同时拍摄。

　　最后，应该比较工业相机的价格，选择出最优性价比的工业相机。

2.3.4　工业相机选用

　　在实际检测系统中，由于 PVC 涂胶的检测精度要求为 0.01mm 且无检测色彩要求，因此在同分辨率下，选择精度较高的黑白工业相机。

汽车轮罩喷涂 PVC 涂胶的作业方式为流水线式，且匀速连续规则生产，因此选用逐行扫描型工业相机。

待检测的汽车轮罩 PVC 涂胶区域的大小为 195mm×190mm，故选取 2 台完全相同的 CCD 工业相机分别对汽车左右两侧的轮罩进行拍摄；由于选取的工业相机最小检测范围为 800mm×600mm，为了增强图像的拍摄效果，需要扩大工业相机的 10%视野，故检测范围需设置为 800mm×660mm。此时的工业相机 X 方向的分辨率为 800/0.18/2＝2222.22 像素，Y 方向的分辨率为 600/0.18/2＝1833.33 像素。

根据汽车轮罩 PVC 涂胶检测需求，工业相机的分辨率应该设置在 2222.22×1833.33 像素以上。为了预留一定的分辨率，确定选用 2560×1920 像素的工业相机作为机器视觉检测系统的工业相机，检测图像如图 2-13 所示。

(a)

(b)

图 2-13 像素对比

（a）2222.22 像素×1833.33 像素；（b）2560 像素×1920 像素

检测系统工业相机的工作环境为室温（32~40℃），其工作时间长达 18h，所以选用故障率低、稳定性好的 CCD 工业相机；又由于汽车轮罩在检测过程中易发生运动偏差，所以应适当放大视野。经过分析计算，选用分辨率为 2560Pixel×1920Pixel、像素为 500 万的 CCD 工业相机时图像清晰度最佳，因此曲面喷涂机器视觉检测系统选用 500 万像素的黑白 CCD 工业相机。

2.3.5　工业相机镜头

在机器视觉检测系统中，镜头的主要作用是在图像传感器的光敏面上呈现出检测样本的图像。镜头的性能直接决定了相机的拍摄效果及图像的清晰程度，甚至会影响机器视觉系统的整体性能。因此，在设计机器视觉检测系统时，要正确选择光学镜头。

工业镜头选配时需要选择与 CCD 工业相机接口尺寸相匹配的镜头。不同型号的 CCD 相机对应的尺寸见表 2-3。

表 2-3　不同型号的 CCD 相机对应的尺寸

CCD 相机	水平/mm	垂直/mm	对角/(°)
1/4 型	3.6	2.7	4.5
1/3 型	4.8	3.6	6.0
1/2 型	6.4	4.8	8.0
2/3 型	8.8	6.6	11.0
1 型	12.8	9.6	16.0

根据工业镜头检测对象，选择 2/3~1/3in 的 CCD 相机进行检测。

在选择工业镜头时，一般参照以下几种参数进行分析：

（1）分辨率。镜头对检测物细节分辨的能力。

（2）对比度。也称明锐度，即在检测图像中最亮和最暗区域的对比程度。

（3）景深。当镜头聚集于被检测物某点时，此点处的景物清晰呈现在显示屏上，而这点前后指定范围内的景物也较为清晰，镜头的这种记录得"比较清晰"的被检测物纵深的范围称为景深，又可称为"虚化"，即背景虚化程度。

（4）相对孔径最大值与光圈系数。相对孔径指光束入射镜头时有效的孔径（D）与焦距（f）之比，即相对孔径=D/f。光圈系数是相对孔径的倒数，即光圈系数=f/D。

根据焦距、视角、相对孔径和像面尺寸等参数选择光学镜头，其中焦距大小直接决定成像物体在传感器中图像的尺寸。镜头的分辨率受相对孔径的直接影响，一方面，镜头的选择主要依据工业相机的型号并获取大小合适的成像面；另一方面，镜头的焦距根据实际工作距离来计算并确定，一般利用以下公式进行计算：

$$M_i = \frac{H_i}{H_o} = \frac{D_i}{D_o}$$

$$D_o = \frac{F(1 + M_i)}{M_i}$$

$$F = \frac{D_o M_i}{1 + M_i}$$

$$LE = D_i - F = M_i F$$

式中　M_i——放大倍数；

　　　H_o——物高；

　　　H_i——像高；

　　　D_i——像距；

　　　D_o——物距；

　　　LE——镜头范围；

　　　F——镜头焦距。

2.3.6　工业相机镜头选用

在实际试验环境中，工业镜头距离汽车轮罩的高度为 120mm，选用的 CCD 相机尺寸为 1/3in。根据实际工作距离，分别选用焦距为 14mm、16mm 和 25mm 三种焦距镜头对汽车轮罩同一位置进行安装测试试验，如图 2-14 所示。

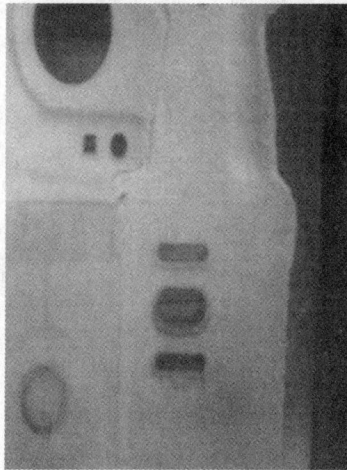

(a)

(b)

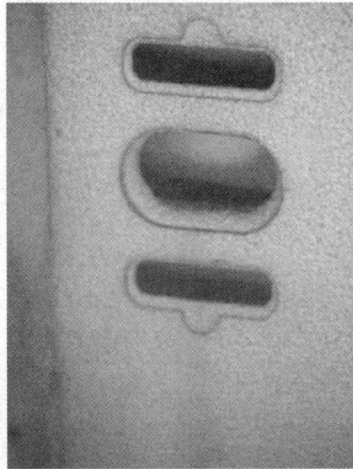

(c)

图 2-14 三种焦距镜头测试试验

（a）14mm；（b）16mm；（c）25mm

　　试验结果表明：焦距为 14mm 的镜头拍摄出的图像偏小，不利于对图像进行分析；焦距为 16mm 的镜头成像效果清晰，有益于分析产生结论；焦距为 25mm 的镜头，成像结果被放大，检测目标成像不完整。综上所述，选择焦距为 16mm 的镜头作为最佳检测镜头。

2.3.7　检测光源特点与选用

　　检测光源作为机器视觉检测系统中的重要组成部分，其作用是向被检测物体投射出合理的光线，尽可能高质量地突出被拍摄物体的特征点，将需要检测区域与不需要检测区域通过明显的视觉效果进行区分。光源因素对实际数据的输入以及应用效果至少有35%的影响，较好的光源是提高系统分辨率、降低噪声以及简化处理软件算法的必要前提。因此，光源相对整个系统来说是不可缺少的一部分，是机器视觉图像采集的关键点。

"均匀照明，去除反光"是光源和照明设计的原则。由于应用于机器视觉系统照明没有特定的设备，所以要根据特定的实例来选择或设计光源及照明设备。依照被测物体的材料、颜色以及光源的光谱、强度、方向等作进一步分析，重点突出被测物体的特征量，保证采集到高质量的图像信息，因此，光源的选择需要注意四个方面：一是光源的类型；二是光源的照明方式；三是光源照明的颜色；四是光源的照射亮度。

依照表2-4及表2-5的检测特性选取和设计汽车轮罩PVC涂胶检测所需的光源类型照明方式。

表 2-4　汽车轮罩 PVC 涂胶检测工艺参数

检测目标	检测结果
工作距离	800~850mm
检测节拍	90s/car
温度	32~40℃
干湿度	68%

表 2-5　光源种类的划分

光源分类标准	具体内容
按照型号划分	LED灯、卤素灯以及电致发光管
按照形状划分	条形光源、方形光源以及圆形光源

对光源的形状进行研究时，分别对线性光源和条形光源进行实际安装测试，检测结果为条形光源呈均匀光线，且应用在大尺寸特征的成像场合相对合理；线性光源呈低强度照射，且应用在小尺寸特征的成像场合相对合理。因此，检测系统选择条形光源。

由于LED条形光源具有尺寸较小、使用寿命长、使用效率高、发出热量低、光照稳定性强等诸多优点。所以选择了LED条形光源作为检测系统的照明光源。

不同照明方式对比见表2-6，由表2-6可知，亮视场式和暗视场式是最适合检测系统光源照明的两种照明方式，对两种照明方式进行对比试验，结果如图2-15所示。

表 2-6　不同照明方式对比

照明方式	检测特点	光线效果
亮视场式	机器视觉中最常用的方式	明亮
暗视场式	表面有划痕或杂质检测	略暗
透视式	外轮廓或检测物体在透明材质内检测	直射
发射式	外轮廓或检测物体内侧位置检测	散射
颜色照明式	颜色差异区分	彩色
平行光式	反光目标检测	平行

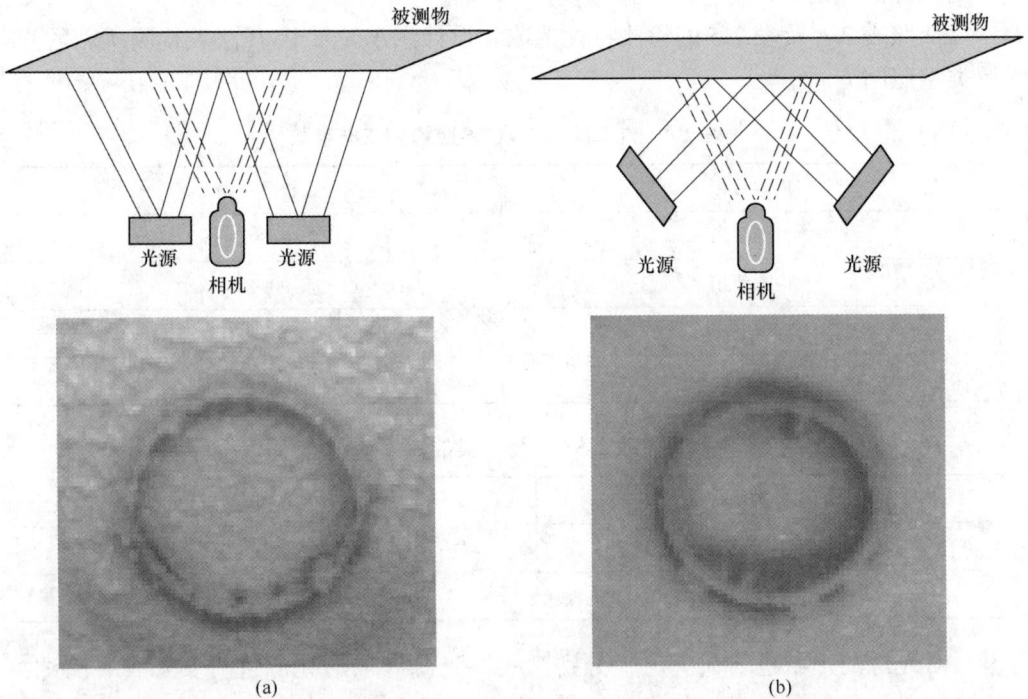

图 2-15　照明方式

(a) 亮视场式；(b) 暗视场式

对比图 2-16（a）与（b）可知，图 2-16（a）的图像比较明亮且对比度高，因此检测系统光源的照明方式为明场照明。

对白、红、蓝、绿四种光照颜色的光进行照射对比研究，结果如图 2-17 所示。

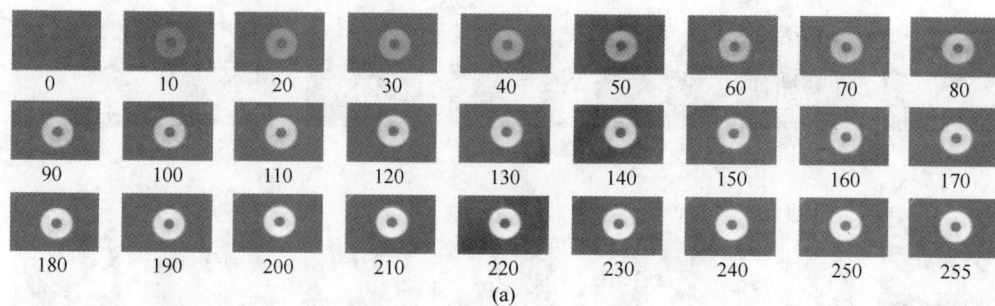

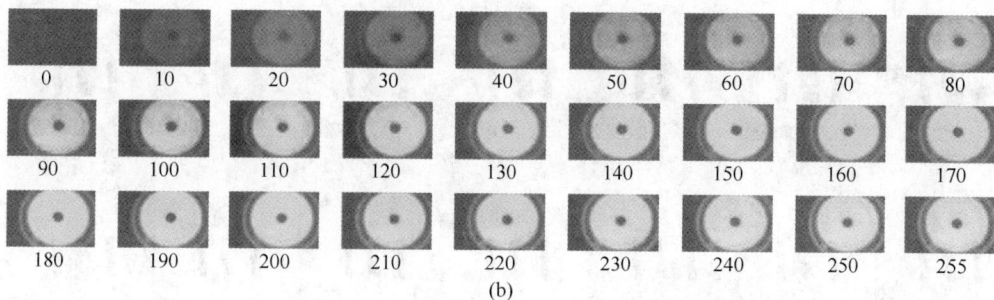

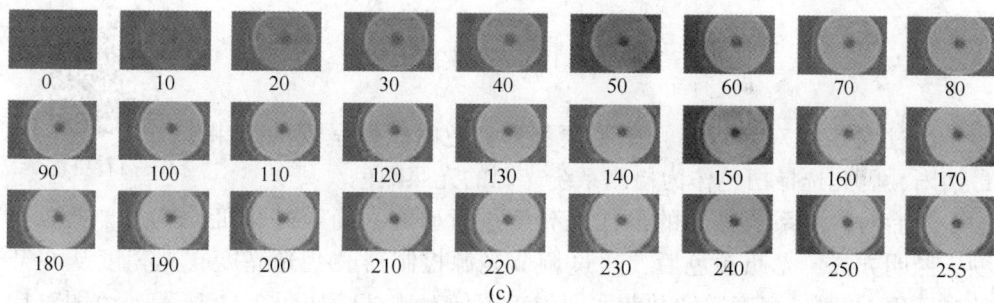

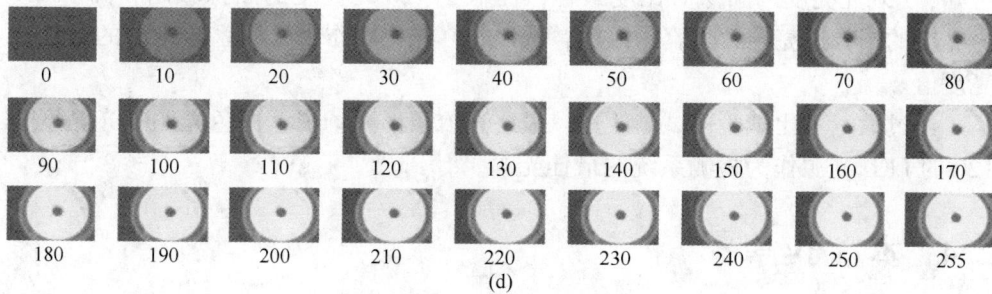

图 2-16 光照颜色对比

（a）白色光照；（b）红色光照；（c）蓝色光照；（d）绿色光照

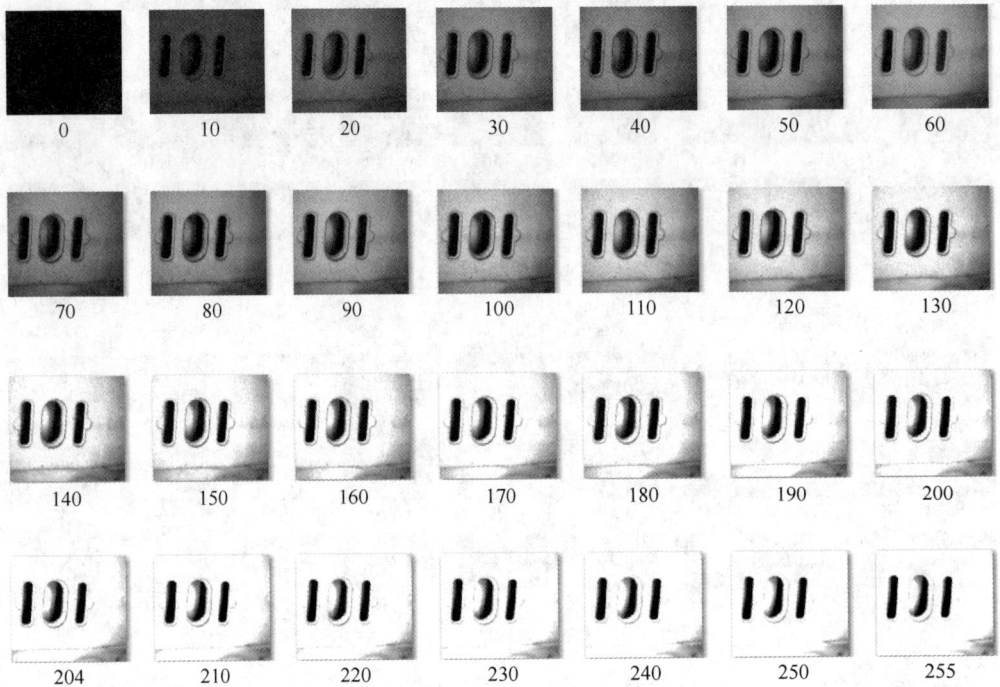

图 2-17　光亮度对比

扫一扫看更清楚

　　通过图 2-17 对比可知，光照颜色为白色时图像呈现的效果最清晰，因此选择白色作为检测系统光源的光照颜色。

　　之后对检测系统光源的最佳光亮度进行研究，确定好相机、镜头、光源类型、照明方式、光照颜色后，通过调节光源控制器改变光亮度，光亮度从 0 开始，以每 10 级光亮度递增并获取图像，图像对比试验如图 2-11 所示。由图对比可知，120 光亮度的图像对比度最佳，而低于 120 光亮度的图像较暗，高于 120 光亮度的图像过亮导致失真。因此，选取 120 光亮度作为检测系统光源的最佳光亮度值。

　　经过大量对比试验调试与改进，最终选取条形明场视、白色光照、光亮度为 120 的 LED 光源作为检测系统的最佳光源。

2.4　本章小结

　　本章主要对汽车轮罩 PVC 涂胶检测系统框架进行阐述，并对硬件系统中的相机、镜头、光源的型号参数进行了分析研究。根据其最优的工作状态，选择了

500 万像素的 CCD 工业相机、16mm 焦距的工业镜头和 120 灰度级明场照明为白色光照的 LED 条形光源，并把选取的相机、镜头、光源等硬件设备应用到实际视觉检测系统中进行实验。实验结果表明，系统每天可以正常工作 18h，可满足检测系统的运行稳定性。

3　汽车轮罩曲面喷涂检测技术

汽车轮罩曲面PVC涂胶喷涂检测技术首先对轮罩处涂胶的使用性能缺陷进行应用场景分析；其次建立堵件安装遗漏和PVC涂胶未喷涂两种缺陷的检测算法；最后建立汽车轮罩PVC涂胶检测系统中的软件与硬件平台，并进行缺陷检测分析，根据研究结果得到缺陷特性并选择出最优的算法，使检测系统实现高效、稳定运行的目标。

3.1　应用场景分析

在汽车轮罩处喷涂PVC涂胶的过程中，由于检测系统存在诸多不可控的随机因素，因此会产生多种使用性能缺陷。汽车轮罩PVC涂胶的使用性能缺陷主要有两种：一种是堵件安装遗漏缺陷，即堵件未成功安装到车身工艺孔中，如图3-1（a）所示；另一种是PVC涂胶未喷涂缺陷，即PVC涂胶未喷涂区域的位置和大小不符合生产工艺的标准，如图3-1（b）所示，其YL方向长度值不符合PVC涂胶的喷涂标准。

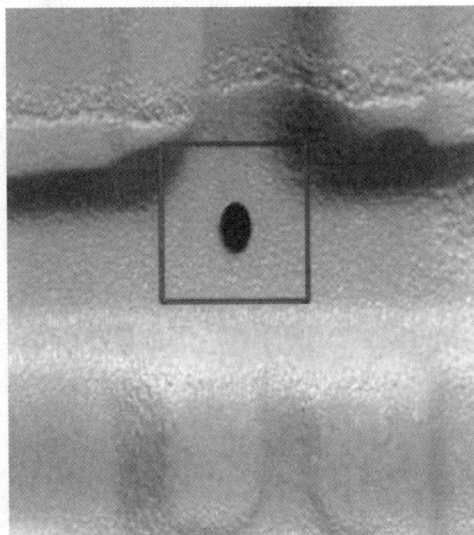

(a)

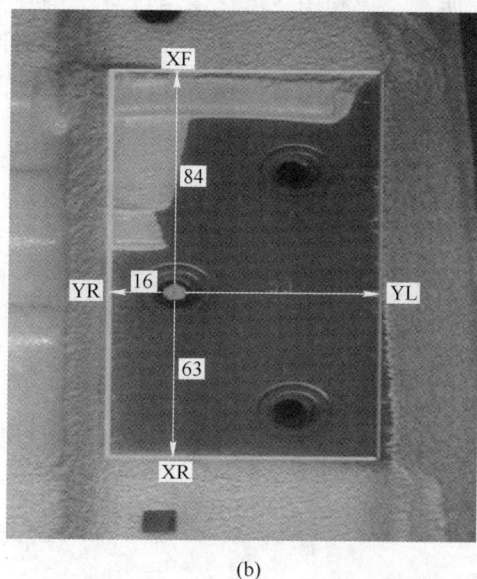

(b)

图 3-1　汽车轮罩 PVC 涂胶使用性能缺陷

（a）堵件安装遗漏缺陷；（b）PVC 涂胶未喷涂缺陷

　　对汽车轮罩 PVC 涂胶进行视觉检测分析时，需要从汽车轮罩的各个方向检测堵件安装遗漏缺陷与 PVC 涂胶未喷涂缺陷，直到汽车轮罩的图像完全被采集为止，系统只需要进行一次性图像采集与图像处理。由于需检测不同的 PVC 涂胶使用性能缺陷，因此对两种缺陷采用不同的检测算法。而且在检测系统的工作环境中，存在一定程度的光照不均和部分硬件设备震动等现象，会影响系统采集图像的稳定性，因此需要进一步保证系统硬件设备的先进性与稳定性。

　　汽车轮罩 PVC 涂胶检测相机选择 500 万像素的巴斯勒黑白 CCD 工业相机，镜头选择与相机配套的巴斯勒镜头，其焦距为 16mm。由于检测汽车轮罩时，PVC 涂胶位置相对于相机水平匀速地运动，而且只有在光源均匀照射的条件下才能保持样本缺陷区域显示更加明显，因此选用条形白色光照的 LED 光源作为照明光源。

3.2　堵件安装遗漏缺陷检测

　　在堵件安装遗漏缺陷检测中，图 3-2（a）所示采集到的缺陷图像是堵件未被成功安装到汽车轮罩的工艺孔上。缺陷图像中有类似堵件大小的圆形黑点，且图像背景亮度高，黑点与背景形成明显的灰度差。因此，首先采用灰度变换增强法

与中值滤波法改善图像质量，再利用二值化阈值计算法得到目标区域，最后运用
Blob 分析法剔除图像中的伪缺陷区域。如图 3-3 所示，以堵件安装孔的中心位置
作为矩形区域的中心，灰度值明显变化的位置作为矩形区域的 4 个边界，该矩形
区域的图像即为堵件图像。

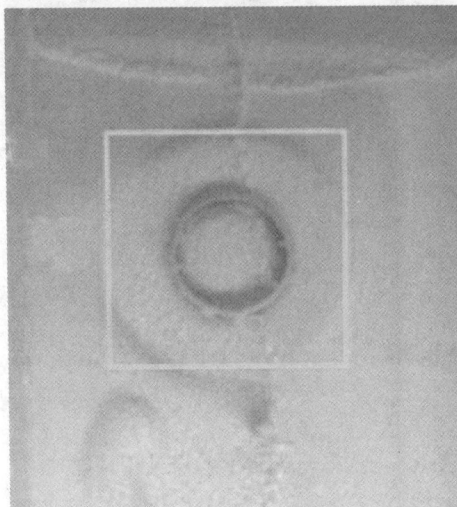

(a)

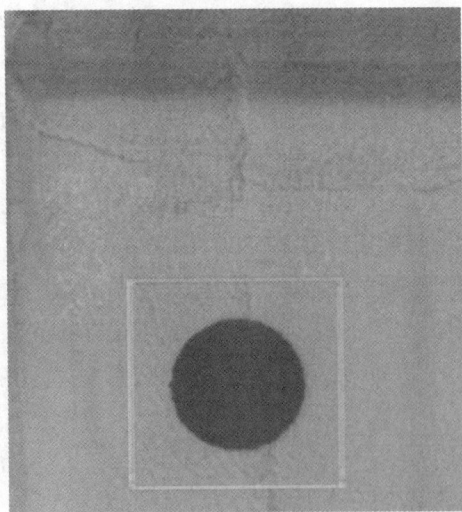

(b)

图 3-2　汽车轮罩 PVC 涂胶堵件安装对比

（a）未安装堵件；（b）已安装堵件

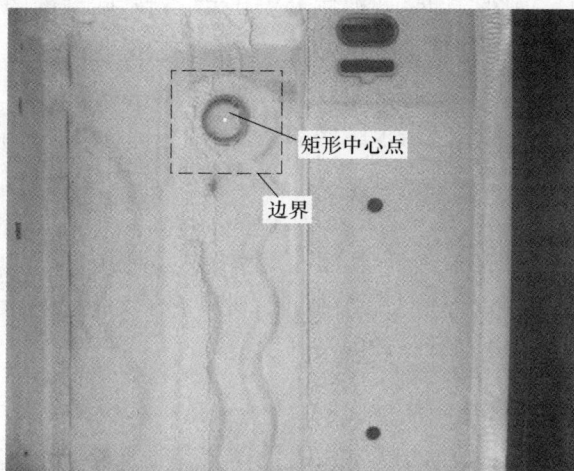

图 3-3 堵件安装遗漏缺陷检测方法分析

3.2.1 图像增强

3.2.1.1 灰度变换法

对系统采集的图像进行图像增强时，灰度值是一项非常重要的指标。灰度是指把黑色设定为基准颜色，采用不同饱和度的黑色来显示图像。灰度值是指黑色与白色的比值，而灰度进度条表示灰度值呈现的比例图示，如图 3-4 所示。灰度值百分比越高，其颜色越黑；反之，灰度值百分比越低，颜色越白。汽车轮罩曲面 PVC 涂胶喷涂检测技术主要采用灰度变换法对采集对象进行图像增强。

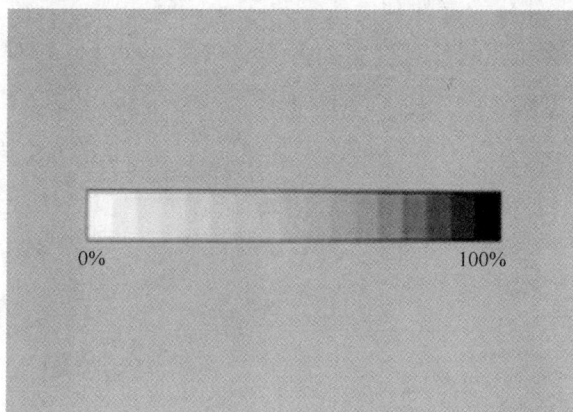

图 3-4 灰度进度条

灰度变换法，又称为图像灰度变更处理技术，其是机器视觉系统中最根本、最重要、最有效的一项图像增强处理技术，其主要对空间域的图像进行处理。灰度变换法的工作原理是根据某种映射关系，按照特定的函数关联对原图像中每一个像素灰度值进行逐点改变。灰度变换法的使用与像素点的位置无关，该方法的重点是设计一种满足图像增强需求的函数。

假设原图像素的灰度值为 $D = f(x, y)$，处理后图像像素的灰度值为 $D' = g(x, y) = T[f(x, y)] = T(D)$，则 $g(x, y) = T[f(x, y)]$。其中，函数 $T(D)$ 称为灰度变换函数，主要表示灰度值前后变换的关系；$f(x, y)$ 是原图像位置在 (x, y) 处的灰度值；$g(x, y)$ 是图像处理后对应的灰度值。将灰度变换法应用在图像处理中，能够大幅度提升图像的清晰度。

3.2.1.2　线性变换与非线性变换

灰度变换法的计算方式分为线性变换和非线性变换两种方式，具体如下：

（1）线性变换。假设原图像的灰度值 $D = f(x, y)$ 在 $[a, b]$ 数值区间内，将原图像经过处理后，得到新图像 $g(x, y)$ 的灰度值由 $[a, b]$ 区间扩大至 $[c, d]$ 区间，则线性变换可表示为下面公式：

$$g(x, y) = \frac{d - c}{b - a}[f(x, y) - a] + c$$

由此可知，对输入图像的灰度值做线性扩大或缩小，映射函数为一维线性函数，该函数的斜率 $k = \frac{d - c}{b - a}$，横截距为 $\frac{a - b}{c - d}$，纵截距为 c，如图 3-5（a）所示。

（2）非线性变换。若图像总的灰度级数为 L，其中大部分图像像素的灰度级分布在 $[a, b]$，小部分像素的灰度级超出了此区间，则可以在 $[a, b]$ 区间内作线性变换，将超出此区间的灰度变换为常数或保持不变，即对不同范围的灰度级进行拉伸或压缩处理，具体见下式：

$$g(x, y) = \begin{cases} c, & 0 \leqslant f(x, y) < a \\ \dfrac{d - c}{b - a}[f(x, y) - a] + c, & a \leqslant f(x, y) \leqslant b \\ d, & b < f(x, y) < L \end{cases}$$

$$g(x, y) = \begin{cases} \dfrac{d - c}{b - a}[f(x, y) - a] + c, & a \leqslant f(x, y) \leqslant b \\ f(x, y), & 其他 \end{cases}$$

其中，(a,b) 是原图像的像素点，(c,d) 是变换函数输出的像素点。与线性变换相比，非线性变换使用更灵活，既可以选择变化敏感区域的灰度级，也可以去除无关背景的灰度级。图像总的灰度级为 $L=256$，若 $c=0$，$d=255$，则原图中小于灰度值 a 的数值都设定为 0，大于灰度值 b 的数值都设定为 255，在 $[a,b]$ 区间内的灰度值变换至 $[0,255]$ 区间。此时图像的灰度值对图像效果的增强作用最为显著，适用于汽车轮罩 PVC 涂胶堵件安装遗漏缺陷的图像增强。

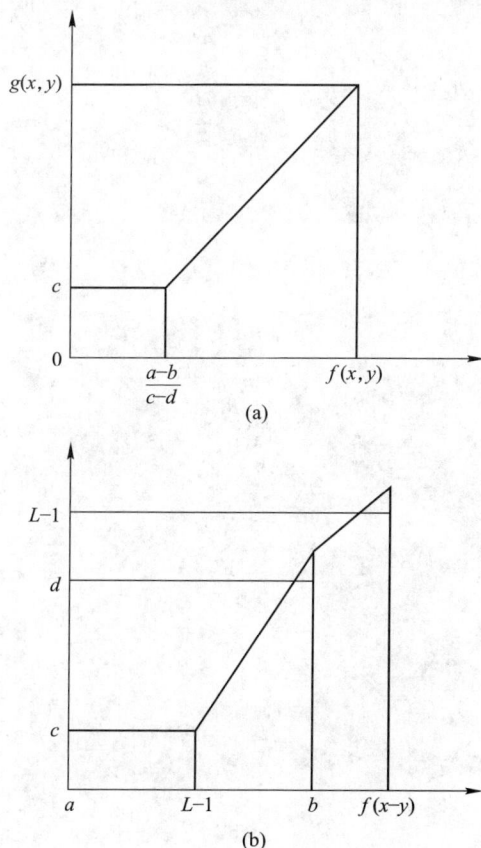

图 3-5　不同类型的灰度变换法

（a）线性变换函数；（b）非线性变换函数

以图 3-1（a）中的堵件安装遗漏缺陷的图像为例，分别采用线性和分段线性对其进行灰度变换，结果如图 3-6 所示。由图 3-6（a）可知，线性灰度变换法不仅提高了背景区域的灰度值，而且也改善了目标区域的黑白亮度比，使整个图像的亮度得到了增强，所以背景仍会对目标区域的分割造成干扰。

由图 3-5（b）可知，非线性灰度变换法增大了特定范围内像素的灰度值，

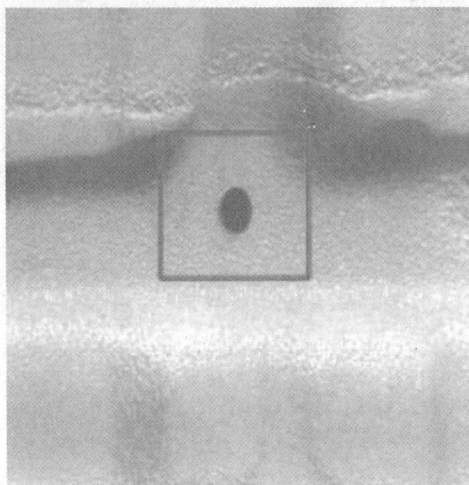

(a)

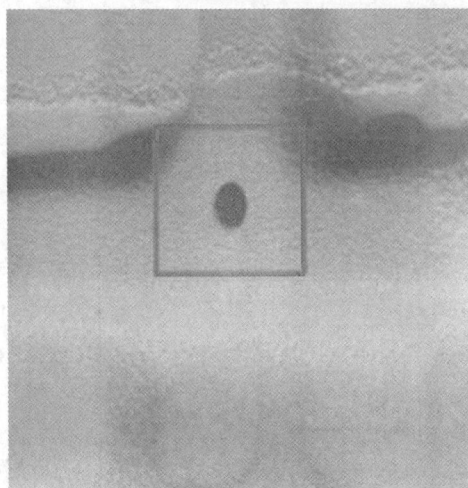

(b)

图 3-6　图像灰度变换结果

（a）线性灰度变换；（b）非线性灰度变换

将 0 或 255 设定为不在特定范围内像素的灰度值，使得背景区域内一些像素点的灰度值都变换为 0，因此增强了目标区域显示图像的效果，同时也减少了背景区域影响目标区域的概率。因此，汽车轮罩 PVC 涂胶堵件安装遗漏缺陷选择非线性灰度变换方法增强原图像的清晰度，经过多次试验对比得出 $a=30$，$b=140$，$c=0$，$d=256$ 时的非线性灰度变换的图像增强效果最优。

3.2.1.3 灰度直方图

灰度直方图通常用来表示像素在图像灰度值中出现的次数，横坐标用灰度值来表示，纵坐标用像素出现的频率来表示。灰度直方图可以明显呈现出图像的像素点集中的灰度值范围，通过灰度直方图的对比，可以选择出最优的灰度预处理对比度，具体如图 3-7 所示。

（1）低亮度图像。像素重点聚集在低灰度值区域部分，如图 3-7（a）所示。

（2）高亮度图像。像素重点聚集在高灰度值区域部分，如图 3-7（b）所示。

（3）30%黑白亮度比图像。像素重点聚集在中灰度值区域部分，且呈现中间双峰形状，如图 3-7（c）所示。

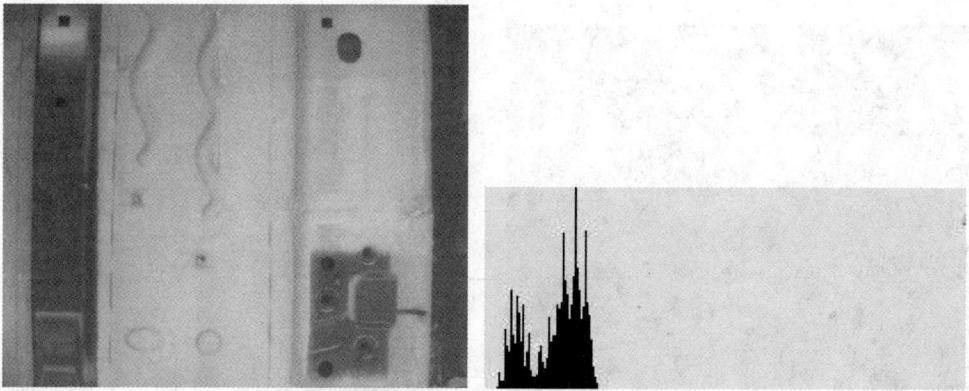

(a)

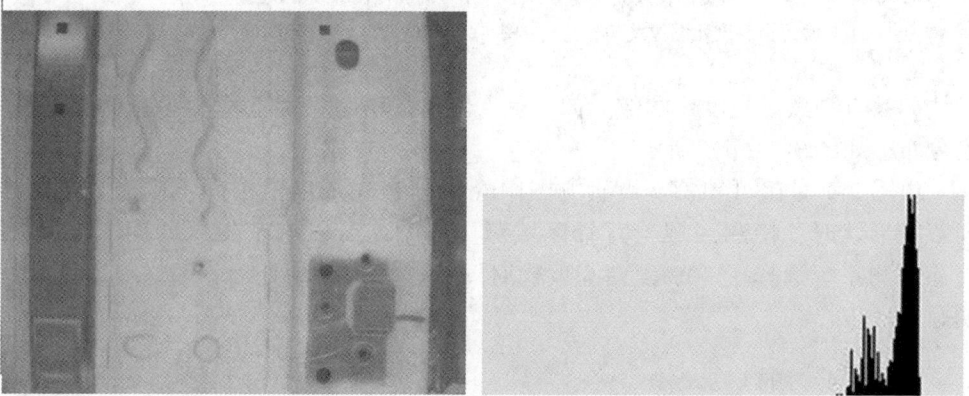

(b)

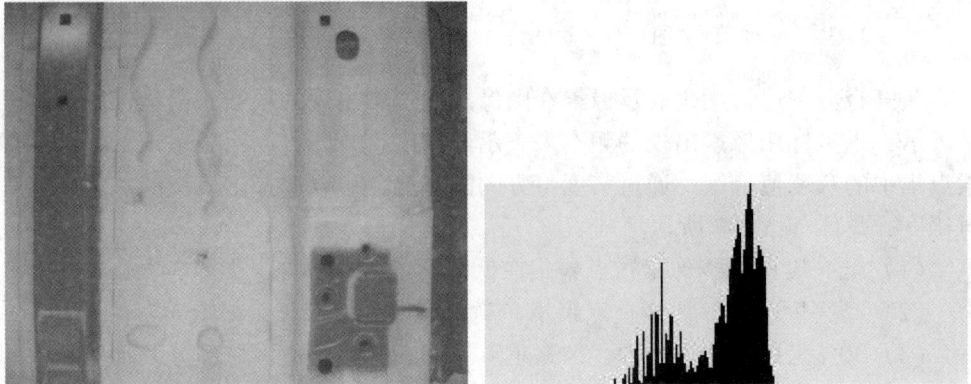

(c)

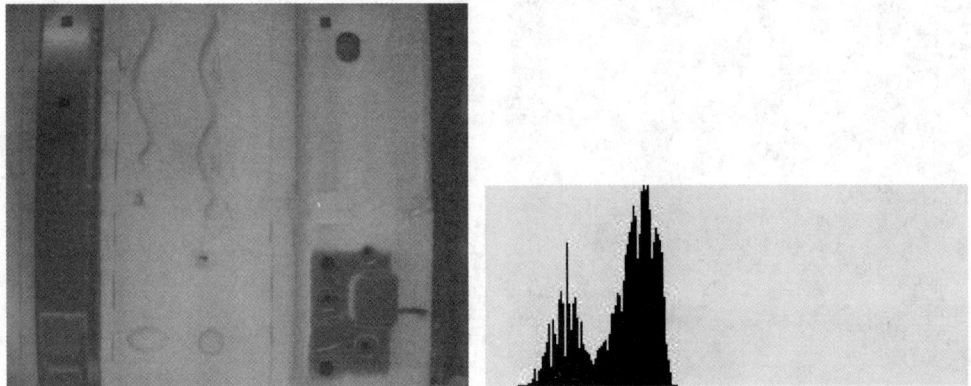

(d)

图 3-7 黑白亮度比图像及其灰度直方图

(a) 低亮度图像及其灰度直方图；(b) 高亮度图像及其灰度直方图；

(c) 30%黑白亮度比图像及其灰度直方图；(d) 70%黑白亮度比图像及其灰度直方图

（4）70%黑白亮度比图像。像素重点聚集在较低灰度值区域部分，且像素均匀分布，如图 3-7（d）所示。

由图 3-7 对比可知，灰度直方图中像素分布在灰度值中间范围，且呈现中间双峰形状时，检测区域与背景区域对比鲜明。所以汽车轮罩曲面 PVC 涂胶喷涂检测系统选择了 30%黑白亮度比对图像进行灰度预处理，图像对比度效果明显。

3.2.1.4 图像滤波法

图像滤波法是图像增强的另一种方法，是在尽可能保留检测图像细节特征的基础上，抑制图像噪声的方法。其是图像进行预处理操作的核心方法，处理后得到的结果图像可作为后续图像分析的可靠依据。

　　针对检测样本的特点，为了使汽车轮罩 PVC 涂胶检测系统拥有更好的检测效果，分别利用均值滤波法与中值滤波法对原图像进行分析处理。对采集到的汽车轮罩 PVC 涂胶堵件安装遗漏缺陷图像分别使用均值滤波法与中值滤波法进行图像增强处理。结果如图 3-8 可知，均值滤波法对图像中的噪声有较好的抑制效果，但是破坏了图像的平滑度，致使图像中细节特征信息丢失，且目标区域对比度效果极差，导致分割区域出现误差；而中值滤波法既能抑制噪声，又能保留图像中的细节特征信息，处理后的图像分割区域比较明确，因此汽车轮罩曲面 PVC涂胶喷涂检测系统采用了中值滤波法对图像进行增强处理。

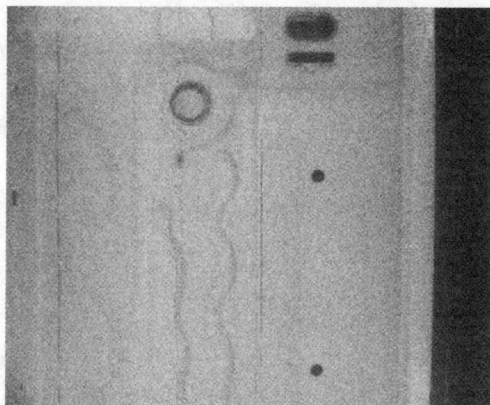

(a)

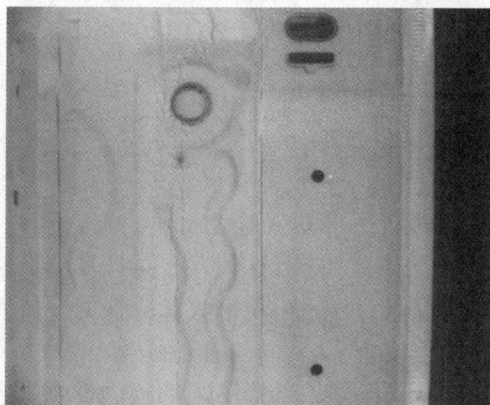

(b)

图 3-8　图像滤波结果

（a）均值滤波；（b）中值滤波

3.2.2　区域分割

通过采用灰度变换法及中值滤波法对图像进行处理，图像清晰度得到了明显改善，但为了使检测区域与背景区域分离，还需要将图像进行分割。二值化阈值计算是图像预处理中常见的分割方法，其具有高效运算和易操作等优点。

汽车轮罩 PVC 涂胶检测环境相对复杂，在含有缺陷的 PVC 涂胶图像中，缺陷区域占全部区域的比例很小。因此，对图像进行二值化阈值计算，能够分析出图像中灰度的特性，主动选取出分割图像的最佳阈值。在汽车轮罩 PVC 涂胶图像的分割过程中，二值化阈值计算方法采用的是迭代循环的方式，即将整个图像选取的阈值进行循环处理，直到循环停止显示出数值，将该数值作为二值化计算的标准阈值。

设 $f(x, y)$ 是图像在位置 (x, y) 处的像素灰度值，假设 $f(x, y)$ 是检测图像的阈值，然后对检测区域与背景区域的阈值中心值进行计算，若假设的阈值与检测区域及背景区域阈值的中心值相等，则迭代结束，并以假定的阈值进行二值化操作。

利用下面公式进行初始阈值 T_0 的计算。

$$T_0 = \frac{g_i + g_u}{2}$$

式中　g_i——最大灰度值；

g_u——最小灰度值。

利用初始阈值 T_0 的数值，把获取的图像划分成检测区域和背景区域，并完成两者灰度值的平均计算，分别用 A_b 和 A_f 表示，并用下面公式进行计算。

$$A_b = \left[\sum_{g=g_i}^{T_0} g \times h(g) \right] \Big/ \left[\sum_{g=g_i}^{T_0} h(g) A_f \right] = \left[\sum_{g=T_0+1}^{g_u} g \times h(g) \right] \Big/ \left[\sum_{g=T_0+1}^{g_u} h(g) \right]$$

根据初始阈值 T_0 公式进行所求阈值迭代循环，若 $T_k = T_k + 1$，则为所求得的图像阈值，否则根据上面公式继续进行迭代，直至计算出最佳的阈值。

利用最佳阈值对图像进行划分，可压缩大部分数据，从而减少图像占据空间的容量，使后期的计算过程较为容易，提高检测速率。图像分割利用图像中检测区域目标特征、位置、形状等区别，选择不同的阈值将原图像划分成各自独立的区域，确定出每个像素点的区域类型，即检测区域或背景区域，并将两者分割出来。

为了选择最佳分割汽车轮罩 PVC 涂胶图像的阈值，作者对堵件安装区域的图像进行了阈值试验，图 3-9 所示为涂胶堵件安装区域原图，图 3-10 所示为阈值试验结果图。

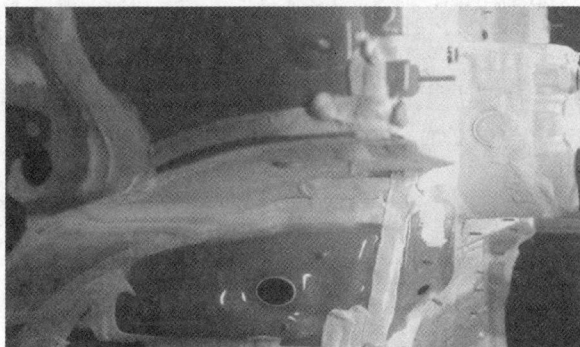

图 3-9 涂胶堵件安装区域原图

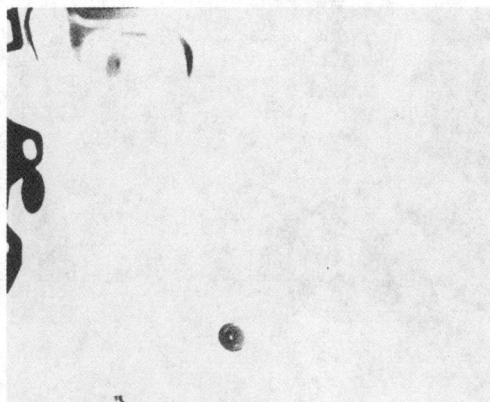

(a)

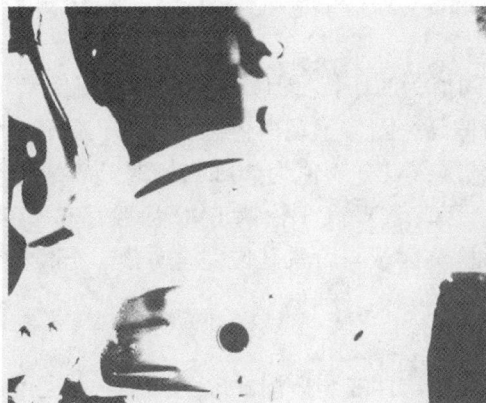

(b)

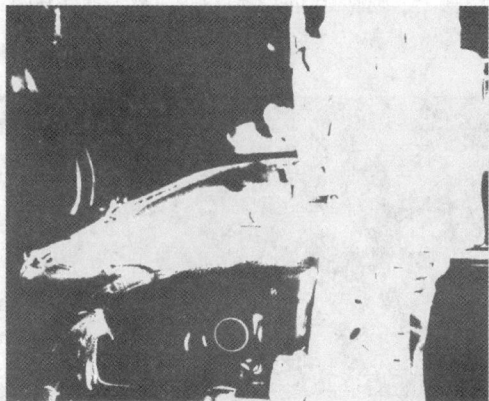

(c)

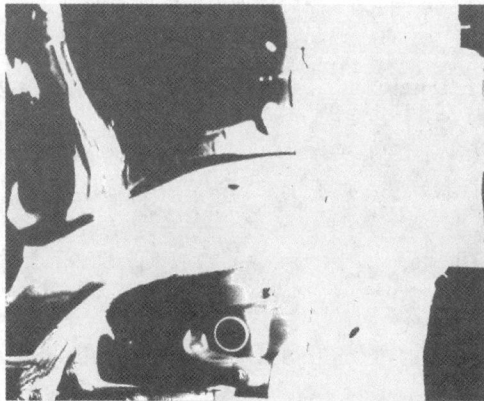

(d)

图 3-10　阈值对比

（a）阈值 30；（b）阈值 50；（c）阈值 70；（d）阈值 90

由图 3-10 可知，阈值为 30 时，图像灰度值高，图像呈现白色区域多；阈值为 50 时，图像灰度值偏高，图像呈现白色区域较多；阈值为 90 时，图像灰度值低，图像呈现黑色区域多；只有阈值为 70 时，图像灰度值合理，图像检测区域与背景区域完全分离。因此，对汽车轮罩 PVC 涂胶堵件安装区域的图像进行分割，选择阈值为 70 时检测区域与背景区域完全分离，分割效果最佳。

3.2.3　伪缺陷剔除

对汽车轮罩 PVC 涂胶堵件安装遗漏缺陷的图像，经二值化阈值分割处理后，在缺陷区域将出现可疑区域，也称为伪缺陷区域，如图 3-11 所示。为了准确地判断出该缺陷区域是否真的是缺陷区域，可以采用 Blob 分析法剔除伪缺陷区域。Blob 是指图像中的一块连通区域，Blob 分析法就是寻找出图像中灰度突变的区域，并进行区域提取和标记，这些灰度突变的区域往往具有特征值。首先对 Blob 进行标记，标记后的 Blob 表示相对应的前景目标，然后计算 Blob 的几何特征，如形状、面积、外接矩形等，这些特征都能够作为跟踪的数据依据。采用该方法能够剔除堵件安装遗漏缺陷图像中的伪缺陷，具体的流程分析图如图 3-12 所示。

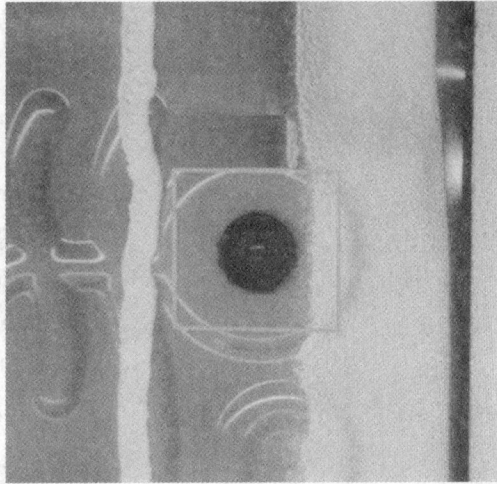

图 3-11　伪缺陷

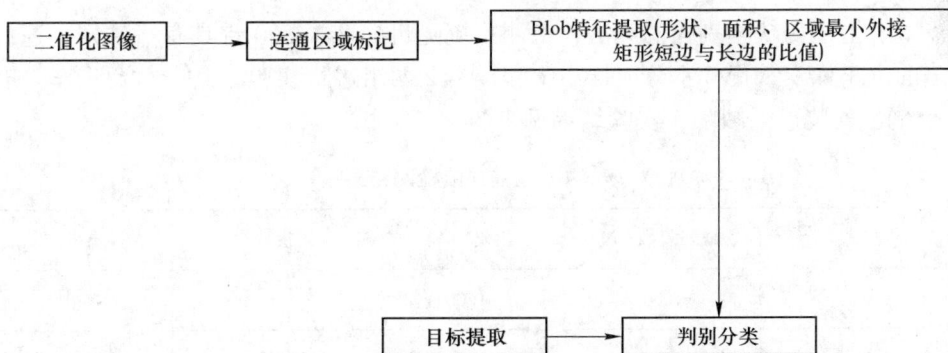

图 3-12　Blob 分析流程

判断 Blob 区域是属于缺陷区域还是伪缺陷区域，需要对比标准 Blob 区域与待测 Blob 区域的特征值。当待测 Blob 区域的特征值在标准 Blob 特征值允许的误差范围内，则该待测的 Blob 区域为缺陷区域，反之为伪缺陷区域。

根据缺陷区域的形状特点，按照 Blob 区域特征，进行如下缺陷分析：

（1）区域面积 S：区域面积 S 是指 Blob 区域范围的大小，Blob 区域内像素点的总数就是该 Blob 区域面积的特征值。

（2）区域最小外接矩形：区域最小外接矩形如图 3-13 所示，短边 L_1 与长边 L_2 的比值为 D，如下面公式所示：

$$D = \frac{L_1}{L_2}$$

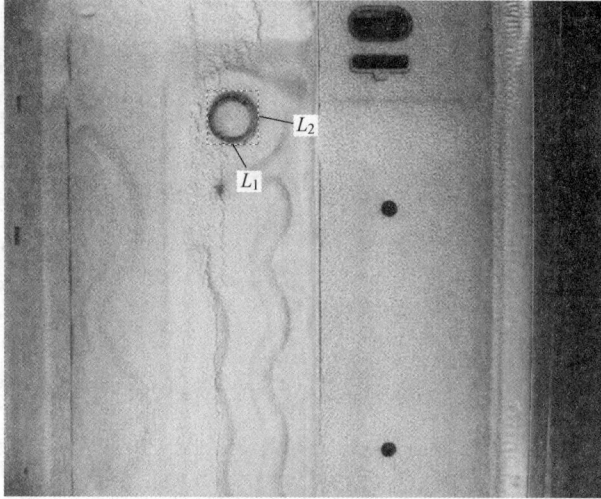

图 3-13　缺陷区域最小外接矩形

基于上述伪缺陷剔除的算法，检测系统随机抽取了 300 台具有堵件安装遗漏缺陷的汽车样本，把样本分成样本 1 和样本 2 两组进行实验，其中每台汽车具有 16 个堵件安装遗漏缺陷，实验结果见表 3-1。

表 3-1　遗漏缺陷检测结果

样本序号	缺陷总数/个	检出数/个	误检数/个	检出率/%
1	1600	1600	0	100
2	3200	3187	13	99.80

由表 3-1 可知，样本 1 的堵件安装遗漏缺陷全部被正确检出，而样本 2 却出现检测误判现象。通过分析处理算法，导致误检的主要原因如下：

（1）如果工业相机的镜头保护罩被胶雾污染，图像经过划分后会导致缺陷区域划分模糊，从而造成相对应的区域特征发生变化，致使出现漏检或误检等情况。

（2）由于视觉检测区域与人工喷涂操作区域相邻，难免会使 PVC 涂胶的胶雾喷到 LED 光源上，导致照明亮度降低，使得图像背景区域与缺陷区域灰度值相近，系统无法准确识别区域特征，易将背景区域误判为缺陷区域。

3.2.4　检测分析

为了验证汽车轮罩 PVC 涂胶使用性能检测系统的有效性，针对汽车轮罩堵件安装遗漏缺陷区域进行了图像检测分析。根据最佳设计原则，选取焦距为 16mm 的镜头、500 万像素的 CCD 相机和 120 灰度级明场照明白色光照的 LED 条形光源，对随机选取的 1000 台汽车进行检测分析，汽车轮罩堵件安装区域的图像均经过实际汽车生产线进行拍摄，并根据以上图像处理算法进行判定与分类，实际检测数据见表 3-2。

表 3-2　检测数据统计表

检测样本	检测数量/台	未报警数量/台	报警数量/台	正确率/%	误报警率/%
符合标准	970	965	5	99.48	0.52
不符合标准	30	29	1	96.67	3.33
总计	1000	994	6	99.40	0.60

在实际检测过程中，基于机器视觉汽车轮罩 PVC 涂胶检测系统对堵件安装遗漏缺陷进行了检测，正确率达到了 99.40%。结果说明，检测系统在细节部分存在误判情况，这是由于光照强度不同，导致系统选择轮罩边界时将堵件与轮罩细小凸起部分产生混淆，从而导致误判。汽车在生产线上运行过程中会发生微小震动，导致系统在选择定位孔时产生偏移，从而输出错误图像。出现误判或输出错误图像均需要进一步改进图像处理算法，使检测系统更加准确、高效和稳定地运行。因此，该检测系统对汽车轮罩 PVC 涂胶堵件安装遗漏缺陷的检测准确率达到了 99% 以上，可有效满足实际生产的需求。

3.3　未喷涂缺陷检测

汽车轮罩 PVC 涂胶未喷涂缺陷是指汽车轮罩上 PVC 涂胶未喷涂区域的位置和大小不符合生产工艺的标准，如图 3-14 所示。在汽车轮罩 PVC 涂胶未喷涂缺陷检测中，未喷涂区域的位置和形状复杂多样，为了使系统更加高效准确地检测此类缺陷，检测算法除了使用灰度变换法、中值滤波法和二值化阈值计算方法外，为了突出未喷涂缺陷的边缘特征，还采用了高提升滤波法对图像进行锐化处理，利用 Sobel 边缘检测算子对 PVC 涂胶未喷涂区域进行检测。

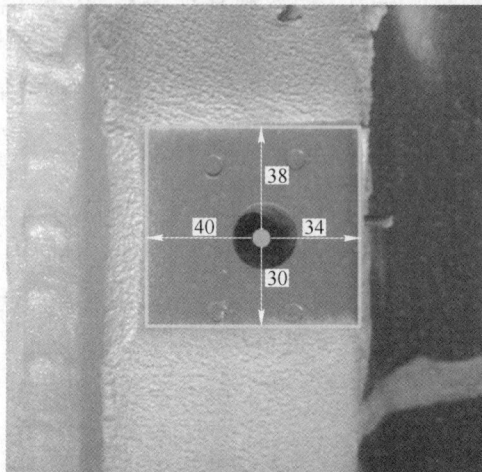

(a)

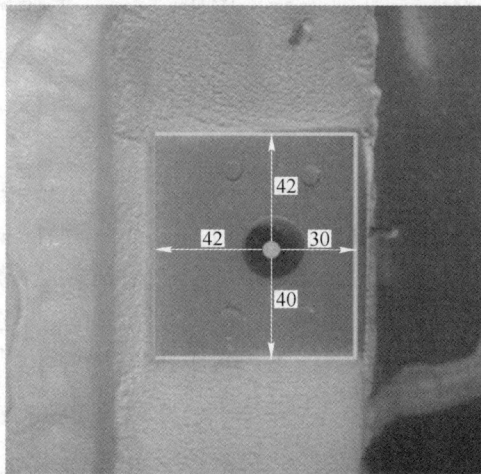

(b)

图 3-14　汽车轮罩 PVC 涂胶未喷涂对比

(a) 符合标准；(b) 不符合标准

3.3.1　图像锐化

图像锐化是通过增强高频分量来减少图像的模糊程度，使检测图像的边缘与轮廓细小位置加倍显露，增强灰度反差而使图像变得清晰的方法。实现图像锐化可以有多种方法，如一阶微分边缘增强法、二阶微分边缘增强法、高提升滤波方法等，其中高提升滤波法具有运算速度快、效果明显等优点，具体表达公式如下：

$$g(x, y) = f(x, y) + k[f(x, y) - \bar{f}(x, y)]$$

式中 $f(x, y)$ ——原始图像；

    $\bar{f}(x, y)$ —— $f(x, y)$ 模糊图像；

    k ——系数，系数越大对图像边缘的增强效果越明显。

对汽车轮罩 PVC 涂胶未喷涂图像进行锐化处理，结果如图 3-15 所示。锐化后的图像比原始图像轮廓边缘更加清晰，缺陷区域可更加突出。

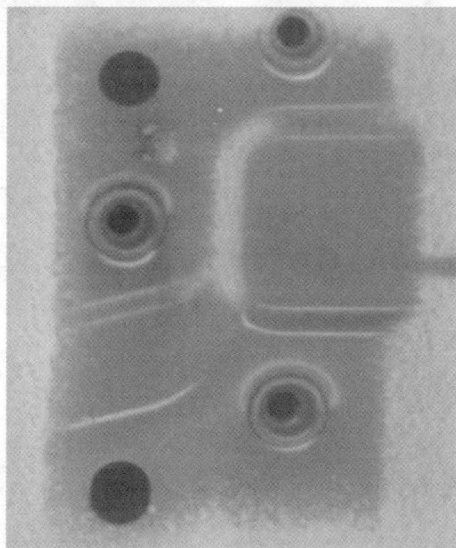

(a)

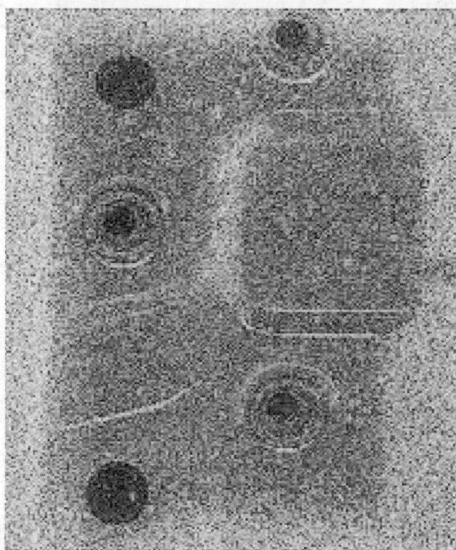

(b)

图 3-15 锐化前后图像对比

（a）锐化前；（b）锐化后

3.3.2　边缘检测

在汽车轮罩 PVC 涂胶检测系统获取的图像上，可以发现 PVC 涂胶未喷涂缺陷与背景区域存在一定的分界线，故检测此类缺陷可以采用边缘检测算子，其实质是标定出图像中亮度变化明显的点。常用的检测算子有 Prewitt、Roberts、Sobel等。针对机器视觉汽车轮罩 PVC 涂胶未喷涂缺陷检测，使用了 Sobel 边缘检测算法，Sobel 边缘检测算法中偏导数的计算公式如下：

$$g_x = f'_x(x,\ y) = f(x+1,\ y-1) + 2 \times f(x+1,\ y) + f(x+1,\ y+1) -$$
$$f(x-1,\ y-1) - 2 \times f(x-1,\ y) - f(x-1,\ y+1)$$

$$g_y = f'_y(x,\ y) = f(x-1,\ y+1) + 2 \times f(x,\ y+1) + f(x+1,\ y+1) -$$
$$f(x-1,\ y-1) - 2 \times f(x,\ y-1) - f(x+1,\ y-1)$$

梯度幅值为：

$$M(x,\ y) = \sqrt{g_x^2 + g_y^2} \quad 或 \quad M(x,\ y) \approx |g_x| + |g_y|$$

Sobel 算子的卷积模板如图 3-16 所示。

-1	-2	-1
0	0	0
1	2	1

-1	0	1
-2	0	2
-1	0	1

图 3-16　Sobel 边缘检测算子模板

使用图 3-16 两个模板分别对每一个像素做卷积运算，取两个值的绝对值之和作为梯度幅值输出，运算结果为一幅灰度图像。选取合适的梯度阈值 T，图像中灰度值大于 T 的像素点被认为是边缘点。对汽车轮罩 PVC 涂胶未喷涂缺陷图像进行边缘检测，结果如图 3-17 所示，边缘检测图像中存在不同面积及形状的区域，图像边缘的对比度明显增强，使得检测图像的轮廓更加突出。

3.3.3　检测分析

为了验证汽车轮罩 PVC 涂胶视觉检测系统对 PVC 涂胶未喷涂缺陷检测的有

(a)

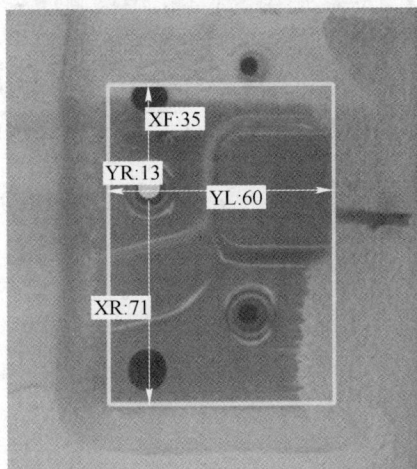

(b)

图 3-17 缺陷检测结果

(a) 边缘检测图像；(b) 缺陷检测结果

效性，从实际生产现场选取 1000 台汽车作为检测样本进行检测，统计结果见表
3-3。

表 3-3 检测数据统计

检测样本	检测数量/台	未报警数量/台	报警数量/台	正确率/%	误报警率/%
符合标准	995	994	1	99.90	0.10
不符合标准	5	2	3	60.00	40.00
总计	1000	996	4	99.60	0.40

由表 3-3 可知，汽车轮罩 PVC 涂胶未喷涂缺陷基本被系统正确检出，且检测正确率达到 99% 以上。因此，基于机器视觉的汽车轮罩 PVC 涂胶检测系统对 PVC 涂胶未喷涂缺陷检测具有一定的有效性和稳定性，满足了实际生产的需求。

3.4 本章小结

本章主要分析了汽车轮罩 PVC 涂胶的堵件安装遗漏缺陷及 PVC 涂胶未喷涂缺陷，并分别对这两种缺陷的图像处理算法进行了研究。

堵件安装遗漏缺陷检测采用了非线性灰度变换法与中值滤波法，以增强图像的清晰度，基于二值化阈值处理算法对目标区域与背景区域进行分割，并采用 Blob 分析法剔除图像中的伪缺陷。

PVC 涂胶未喷涂缺陷检测采用非线性灰度变换法和中值滤波法，并使用高提升滤波法对图像进行锐化处理，运用 Sobel 边缘检测算法得到目标区域，利用长边与短边比值及面积特征点作为判断未喷涂缺陷的依据。

基于以上算法，利用检测系统分别对堵件安装遗漏缺陷区域和 PVC 涂胶未喷涂缺陷区域进行了检测，检测结果验证了缺陷检测算法的可行性，这对提高汽车的生产效率具有一定的实用价值。

4　PVC 涂胶检测与定位软件

汽车轮罩曲面 PVC 涂胶喷涂机器视觉检测系统不仅可以识别堵件安装遗漏缺陷和 PVC 涂胶未喷涂缺陷，还能将检测数据存于数据库中，方便工作人员日后查询。通过检测与定位软件对工业相机实现智能控制，可以采集汽车左右两侧的轮罩图像，同时对采集到的图像进行处理与分析，从而获取样本的缺陷信息。检测与定位软件开发的目的是建立集控制系统、编码运算处理系统、查询系统为一体的 PVC 涂胶控制管理系统，同时改善用户界面，因为其直接影响到 PVC 涂胶检测系统的检测精度。

4.1　软件开发需求

检测与定位软件的主要功能是处理分析工业相机采集的图像。对汽车轮罩 PVC 涂胶使用性能进行检测时，软件需要通过汽车轮罩 PVC 涂胶的图像处理算法，判断图像中 PVC 涂胶是否存在缺陷，并输出判断结果及其检测数据。对实际生产线上的汽车轮罩 PVC 涂胶进行智能检测时，检测与定位软件需要与实际工业现场的生产通信系统建立联系，输出每日的车辆信息，例如时间、车型、车号、驱动方式、产量等。因此，软件需要设计合理的处理算法，将生产信息与汽车轮罩 PVC 涂胶检测系统的 PLC 通信系统联系在一起，使机器视觉检测系统稳定运行。

检测与定位软件需要提供良好的人机交互功能，为了便于现场技术人员的管理，检测软件需要设计用户界面。软件界面设计应满足画面简洁、功能完善、操作容易、维护方便等要求。由于该软件分别对汽车轮罩 PVC 涂胶堵件安装遗漏缺陷和未喷涂缺陷进行检测识别，因此得到的数据结果也不相同。考虑以上因素，需要对软件的界面提供用户输入口，支持用户针对不同的车型、不同的汽车轮罩 PVC 涂胶使用性能缺陷，建立不同的检测窗口，以实现汽车轮罩 PVC 涂胶使用性能的检测识别功能。

检测与定位软件还必须具有较高的应用性，方便软件与多个工业相机、多种算法以及多项相关功能进行相互协调，并在工业领域中为更多的检测系统提供有力的保障，同时满足实际的检测与定位要求。

4.2　软件开发环境

检测与定位软件开发主要采用 C++语言，并在 Qt Creator 开发环境下，利用 Windows 操作系统平台，结合 Qt 与 OpenCV 函数库完成。

4.2.1　Qt 函数库

Qt 是一种应用率很高的界面设计函数库，又称为跨系统界面设计库，其可以实现在 Windows7、Windows10、Windows XP 等各类操作系统上运行。Qt 具有函数类型多、跨系统性好、独立安装性高及简单易学等特点。Qt 以 C++作为开发语言，允许用户利用组件编程，其中信号与槽是 Qt 的核心，软件技术人员借助信号和槽将相互独立的对象绑定在一起，完成两者之间的通信。相比 GUI 工具包中一些主要信息机制，Qt 的主要作用是改变程序的复杂性，并且提高程序安全性能与应用性能。设计人员在 Qt Creator 这种跨系统开发环境下，能够高效简易地开发出 Qt 应用程序。

4.2.2　OpenCV 函数库

OpenCV 是指可以跨系统运行的计算机视觉函数库，其中涵盖了 600 余种函数，实现了多种算法通用的目标。随着 OpenCV 软件技术不断进步，基本实现了数字 3.0 时代，其中涵盖了大量与机器视觉技术相关联的 C++函数和处理图像运用的各种算法，这使得 OpenCV 在图像处理矩阵技术上具有了高速的运算能力，并且与 Qt 一样可以实现在多种操作系统平台上的应用。

开发人员不仅可以在 OpenCV 中对原函数进行直接调取和使用，并且还可以根据实际需求对函数进行修改和优化，因为其具有开发简单、灵活高效的特点。OpenCV 主体分为 CXCORE 模块、CV 模块、ML 模块、HighGUI 模块及 CuAux 模块，部分模块如图 4-1 所示。

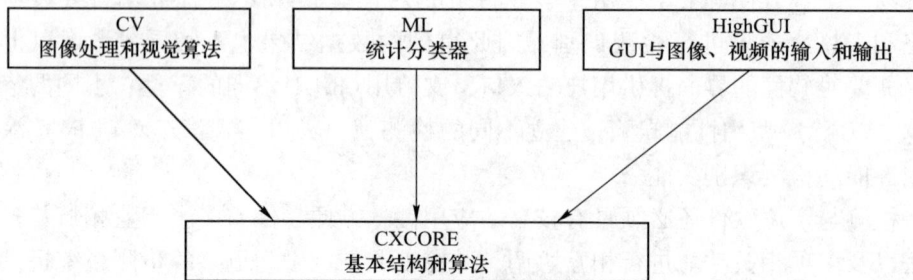

图 4-1　OpenCV 的基本结构

4.3 软件流程设计

检测与定位软件主要负责检测汽车轮罩 PVC 涂胶使用性能，检测流程如图 4-2 所示。对于已经测试完毕且参数已经保存的车型，可以直接加载参数，否则需要重新测试并写入参数，这需要根据不同的车型进行合适的优化与更改。在机器视觉系统检测过程中，要同时触发二台 CCD 工业相机分别对汽车左右两侧轮罩进行图像采集，并通过检测软件处理图像。若检测样品存在堵件安装遗漏缺陷

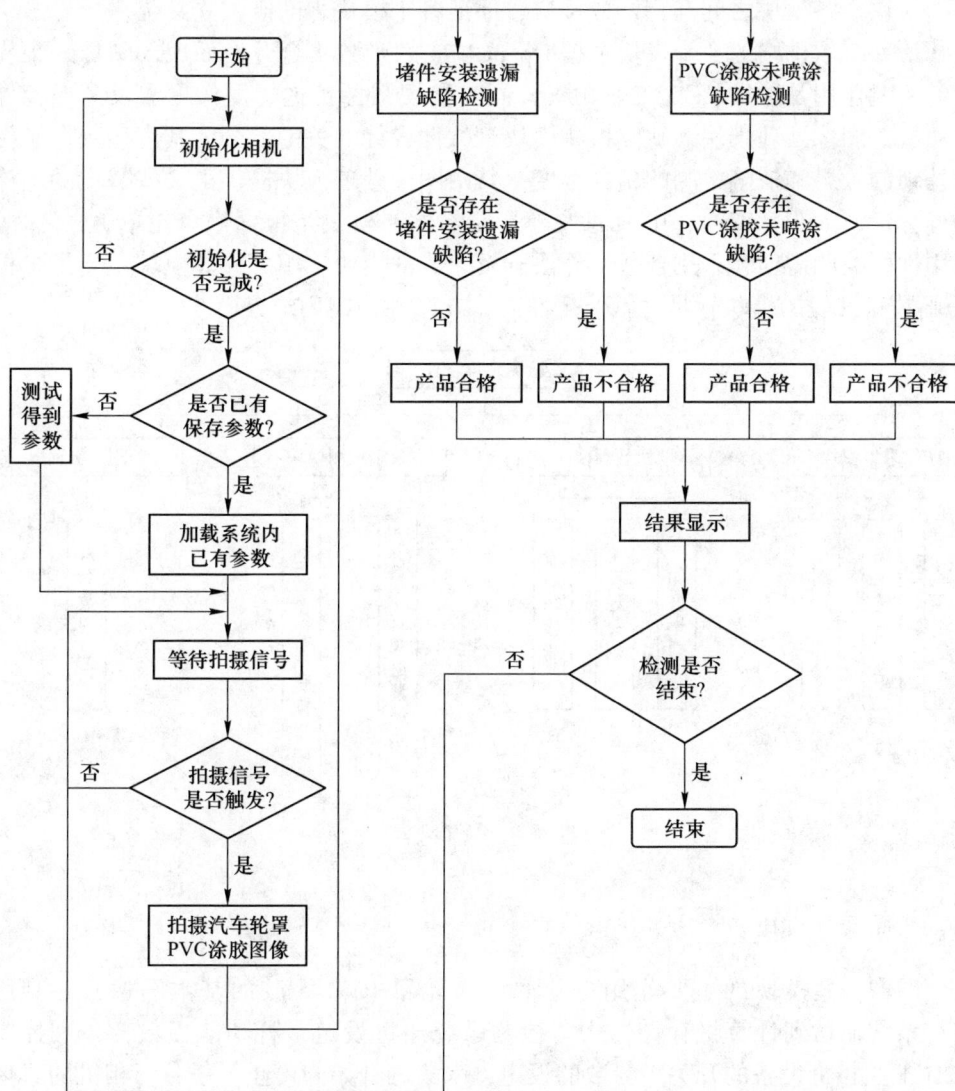

图 4-2 汽车轮罩 PVC 涂胶缺陷检测流程

和 PVC 涂胶未喷涂缺陷，则直接判定该区域 PVC 涂胶喷涂不符合工艺标准，同时显示输出检测结果。

4.4　软件功能模块设计

检测与定位软件主要根据模块化设计原则，将复杂的问题进行简单化处理，使软件具有完整的逻辑性与运行调试的易控制性。如图 4-3 所示，软件主要由 4 个功能模块组成，主要包括图像采集模块、图像处理模块、缺陷检测模块及用户界面模块。各模块之间互相开放接口，保证各个模块之间既独立又统一。

该系统软件中的 4 个模块根据 OpenCV 中的函数集合开发而成。图像采集模块的主要作用是触发 CCD 工业相机，同时实现图像传递、图像提取及图像存储等功能。图像处理模块、缺陷检测模块是软件设计的关键部分，其直接决定了图像处理的效果和缺陷检测的精准程度。其中图像处理模块提供了一些基本的图像处理算法，如灰度变换、中值滤波等。缺陷检测模块是根据汽车轮罩 PVC 涂胶使用性能检测需求，采用合适的算法开发完成的模块。用户界面模块主要是根据 Qt 函数库开发的模块，是一款便捷性高、友好性强的用户界面。

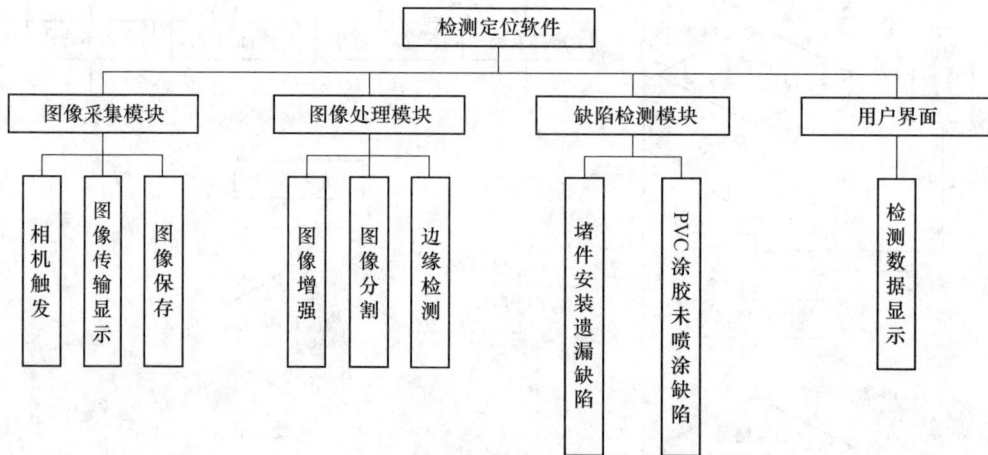

图 4-3　软件模块

4.4.1　图像采集模块

图像采集模块的主要作用是获取汽车轮罩 PVC 涂胶的基本图像，并利用 PLC 系统输送到计算机存储器中。检测系统通过设定多种功能函数，分别控制 CCD 工业相机设备的开关、参数的设定、采集的开始与停止等任务，相机的具体工作流程如图 4-4 所示。其中，参数设定项便于现场技术人员调试工业相机的曝光时间、快门速率等参数，调整参数界面如图 4-5 所示。

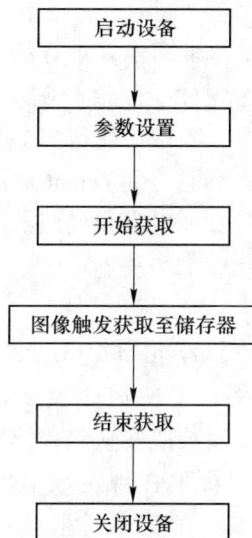

```
┌──────────────┐
│   启动设备    │
└──────────────┘
        ↓
┌──────────────┐
│   参数设置    │
└──────────────┘
        ↓
┌──────────────┐
│   开始获取    │
└──────────────┘
        ↓
┌──────────────────────┐
│  图像触发获取至储存器  │
└──────────────────────┘
        ↓
┌──────────────┐
│   结束获取    │
└──────────────┘
        ↓
┌──────────────┐
│   关闭设备    │
└──────────────┘
```

图 4-4　相机工作流程

No-Paint Area Distance Threshold (mm)	a1	a2	a3	a4	Distance Range
B1 Bigger	37.9	27.6	30	45.8	20
B1 Smaller	65.4	26.1	16.3	19.6	20
E1 Bigger	52.1	49	37.9	25.3	20
E1 Smaller	62.1	16.3	19.6	32.7	20
B2 Area	9.4	52	47.3	22	20
B4 Area	100	51.6	81.6	18.4	20
E4 Area	100	18.4	63.9	53.9	20
B6 Bigger	50	60.2	74.1	16.9	20
B6 Smaller	5.2	39.8	10.4	29.4	20
E6 Area	8.7	28.7	8.7	67.8	20
A7 Area	23.5	21.4	30	24.5	20
F7 Area	32	32	20	21.4	20

Update No-Paint Area Parameters

图 4-5　相机曝光参数设置界面

4.4.2　图像处理模块

图像处理模块的主要功能是保证图像处理算法能够正常运行，图像处理模块支持灰度变换、图像滤波、图像锐化、阈值分割、边缘检测、Blob 分析等功能。以上各种相关算法，如灰度变换、图像锐化等，主要是基于 OpenCV 函数代码库的支持实现，而相对烦琐的算法不能得到 OpenCV 函数代码库的支持，如二值化阈值计算、边缘检测等，此时需要独立完成代码的编写。

4.4.3　缺陷检测模块

缺陷检测模块主要负责实现汽车轮罩 PVC 涂胶使用性能检测的算法，包括堵件安装遗漏缺陷检测算法以及 PVC 涂胶未喷涂缺陷检测算法，其中算法主要根据判别标准进行选定。在堵件安装遗漏缺陷检测算法中，采用特征值对比法来辨别真伪缺陷区域。如果区域特征值在规定数值内，则该区域被判定为缺陷区域；反之，该区域为伪缺陷区域。在 PVC 涂胶未喷涂缺陷检测算法中，根据区域面积及其最小外接矩形长宽比值剔除伪缺陷区域。

4.4.4　用户界面模块

用户界面模块是人与机器进行交流互动的窗口，主要作用是方便人与系统进行信息交互。基于查询便捷、维护方便、功能齐全、界面简洁等开发原则，开发设计汽车轮罩 PVC 涂胶使用性能检测系统的用户界面，主要包括登录界面、缺陷检测界面、参数设置界面和检测数据查询界面等。

4.4.4.1　登录界面

登录界面主要有限制登录权限、保留登录痕迹、维护用户信息安全等功能，如图 4-6 所示。此界面包含用户名接口、密码接口、确定与取消接口以及创建新用户接口。操作人员需要确认无车辆进入汽车轮罩 PVC 涂胶检测区域时，才能进行检测系统的登录操作，在输入正确的用户名及密码后进入检测系统的主界面。

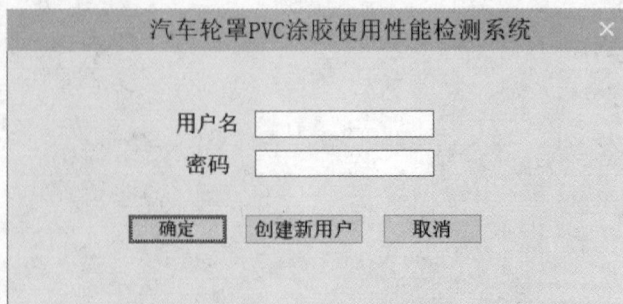

图 4-6　软件登录界面

4.4.4.2 缺陷检测界面

汽车轮罩 PVC 涂胶缺陷检测界面如图 4-7 所示，主要包括汽车轮罩 PVC 涂胶检测系统、相机及光源参数设定、目标车辆参数设定、报警列表和事件列表等接口。

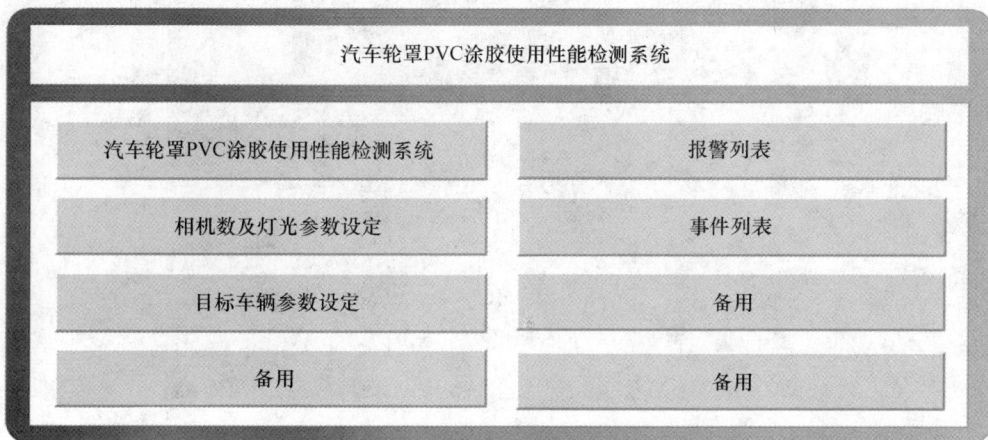

图 4-7　缺陷检测主界面

4.4.4.3 参数设置界面

当首次对汽车轮罩 PVC 涂胶进行使用性能检测时，需要对 PVC 涂胶未喷涂缺陷检测参数进行设置，如图 4-8 所示。设置参数时，应根据生产工艺标准文件

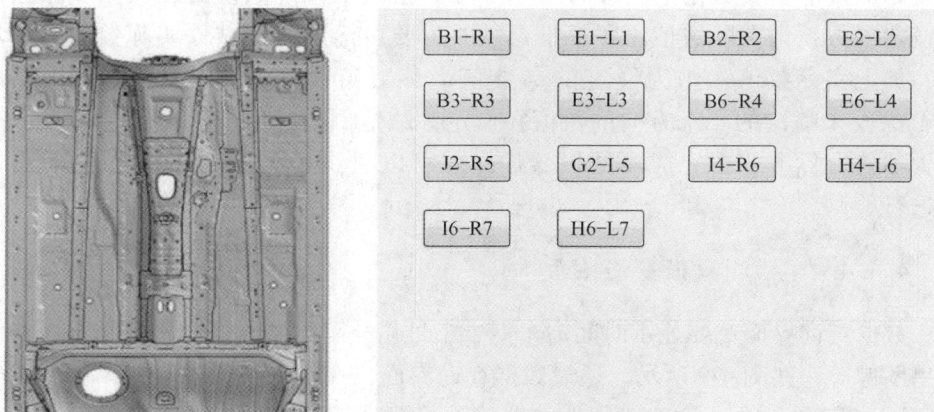

(a)

(b)

图 4-8　PVC 涂胶未喷涂缺陷检测参数设置界面

(a) 检测参数设置界面 1；(b) 检测参数设置界面 2

及实际测量的真实数值进行设置。当实际数值大于标准数值时，根据实际数值来设定参数；当实际数值小于标准参数时，要用标准数值减去实际数值的平均值，加上实际数值，作为设定的参数值。参数值设定误差为 ±5mm，检测的 PVC 涂胶未喷涂的 4 个方向的数值在设定参数范围内即符合生产工艺标准，否则为不符合标准。在完成参数设置后，就可以对汽车轮罩 PVC 涂胶的使用性能进行检测。

4.4.4.4　检测数据查询界面

数据查询界面主要显示时间、车型、车号、缺陷类型、样本检测结果及检测结果图像等，如图 4-9 所示。通过数据查询界面，操作人员可以直接了解在某个时间段汽车轮罩 PVC 涂胶使用性能缺陷的检测情况，方便操作人员及时改正缺陷，以提高汽车生产的准确率。

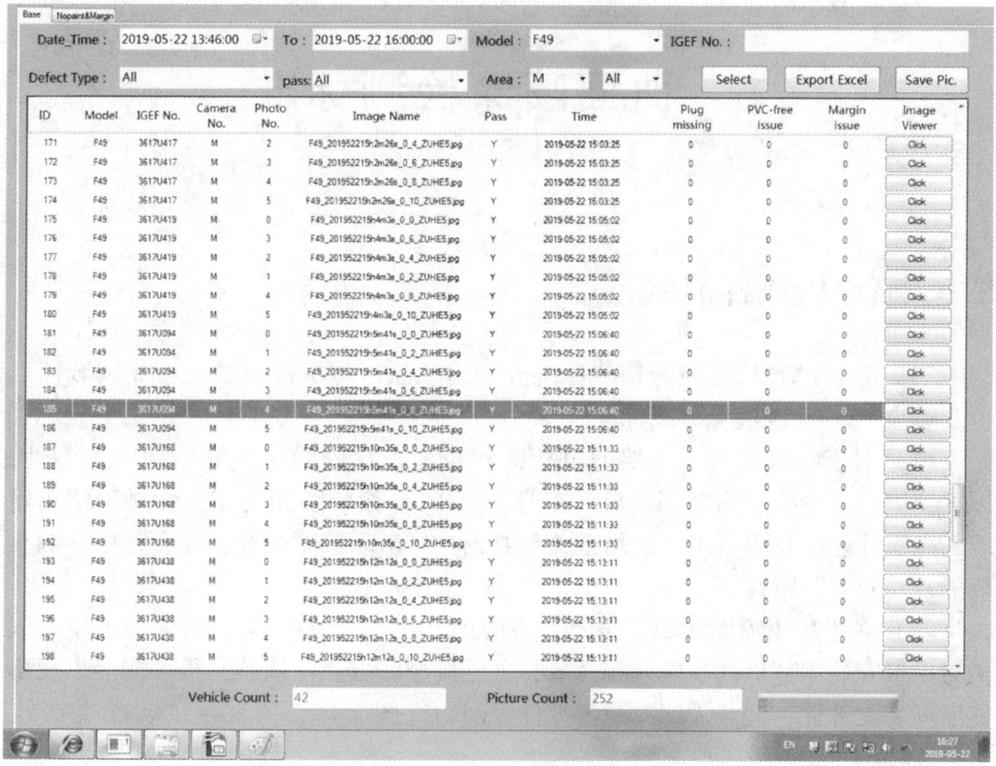

图 4-9 检测数据查询界面

4.5 本章小结

本章主要进行了汽车轮罩 PVC 涂胶机器视觉检测系统的定位软件设计及应用，分别对软件开发需求、开发环境、流程设计、图像采集模块、图像处理模块、缺陷检测模块以及用户界面模块等方面进行了深入分析。基于 Windows 操作系统平台以 Qt Creator 作为开发环境，结合 Qt 与 OpenCV 函数库，采用 C++语言完成了汽车轮罩 PVC 涂胶检测软件的开发研究；同时，介绍了软件模块化设计方案，对软件中的各个功能模块进行了概括，各个功能模块相互协作共同构成了整个机器视觉检测软件系统。

5　曲面喷涂检测标准

5.1　喷涂检测标准概述

　　车身轮罩 PVC 涂胶喷涂检测标准分别为喷涂区域标准、禁止喷涂区域标准以及喷涂 PVC 涂胶边缘界线标准。

　　（1）对于喷涂区域，主要通过检测相机检查涂胶膜层的完整性和均匀性，以准确识别出少喷、漏喷等现象。车身轮罩 PVC 涂胶喷涂的完整性对于整车轮罩的降噪性能以及耐石击性能均至关重要，一旦出现漏喷问题，将会直接影响车辆的外观及其防腐性能。

　　（2）对于禁止喷涂区域，需要严格避免 PVC 涂胶的污染，因为禁止喷涂区域是轮罩安装零部件的装配接触区域，一旦接触区域存在残胶，很可能会出现不能紧固装配部件，甚至无法安装零部件等问题（图 5-1），从而导致装配生产线

图 5-1　禁止喷涂区域安装零部件

停线返修，直到返修的 PVC 涂胶工作结束，才能恢复生产。如果不能严格控制禁止喷涂区域处的 PVC 涂胶，可能会导致车辆零部件装配时存在异响或者松动等问题。

（3）对于喷涂 PVC 涂胶边缘界线，其位置必须清晰准确，否则可能使得预留区域过大，从而影响车辆轮罩的防腐性能；反之，过小将导致安装部件贴合不到位而产生松动。

5.2 禁止喷涂区域标准

图 5-2 所示为某车身轮罩 PVC 涂胶禁止喷涂区域的位置设计图。针对禁止喷涂 PVC 涂胶区域的界线标准设定，将车身 PVC 喷涂基准位置与实际安装零部件位置对比之后，最终确认可测量的公差范围标准。

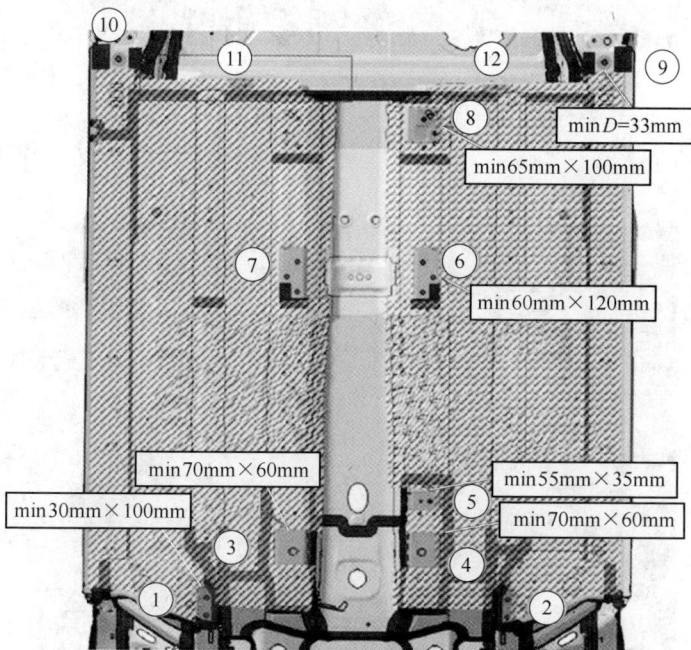

图 5-2　轮罩禁止喷涂区域位置设计

图 5-3~图 5-14 详细说明了每个禁止喷涂 PVC 区域大小以及基于定位孔的公差范围。

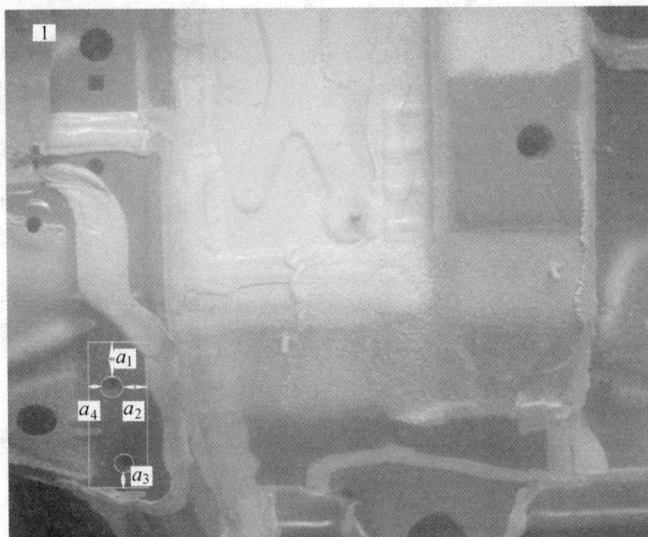

图 5-3　禁止喷涂区域 1

$a_1 = 15\text{mm} \pm 5\text{mm}$；$a_2 = 15\text{mm} \pm 5\text{mm}$；$a_3 = 15\text{mm} \pm 5\text{mm}$；$a_4 = 15\text{mm} \pm 5\text{mm}$

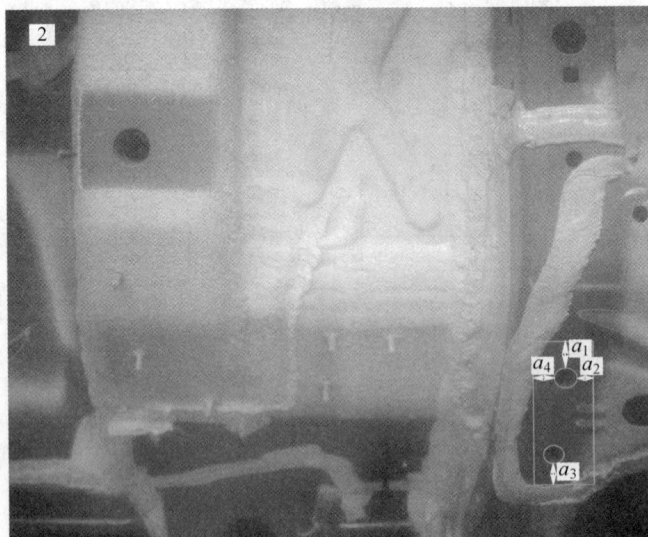

图 5-4　禁止喷涂区域 2

$a_1 = 15\text{mm} \pm 5\text{mm}$；$a_2 = 15\text{mm} \pm 5\text{mm}$；$a_3 = 15\text{mm} \pm 5\text{mm}$；$a_4 = 15\text{mm} \pm 5\text{mm}$

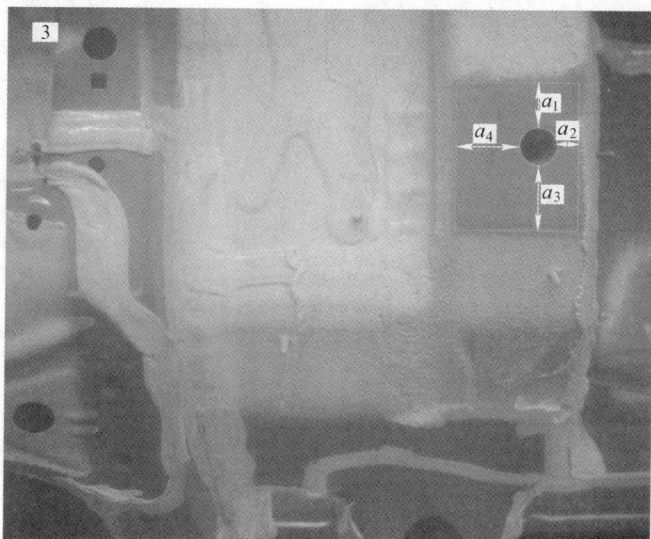

图 5-5 禁止喷涂区域 3

$a_1 = 30\text{mm}\pm5\text{mm}$; $a_2 = 15\text{mm}\pm5\text{mm}$; $a_3 = 45\text{mm}\pm5\text{mm}$; $a_4 = 40\text{mm}\pm5\text{mm}$

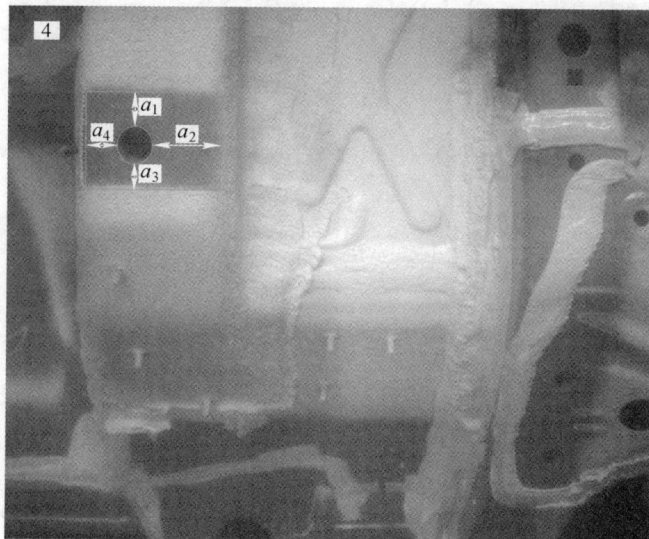

图 5-6 禁止喷涂区域 4

$a_1 = 20\text{mm}\pm5\text{mm}$; $a_2 = 40\text{mm}\pm5\text{mm}$; $a_3 = 15\text{mm}\pm5\text{mm}$; $a_4 = 30\text{mm}\pm5\text{mm}$

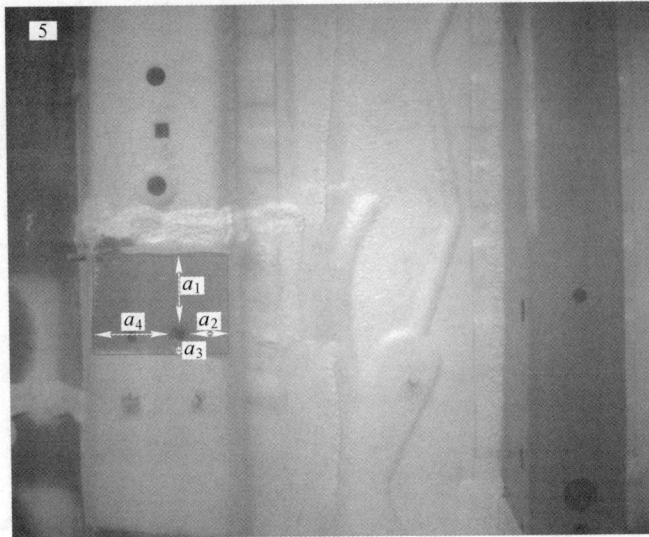

图 5-7　禁止喷涂区域 5

$a_1 = 40\text{mm} \pm 5\text{mm}$；　$a_2 = 25\text{mm} \pm 5\text{mm}$；　$a_3 = 10\text{mm} \pm 5\text{mm}$；　$a_4 = 50\text{mm} \pm 5\text{mm}$

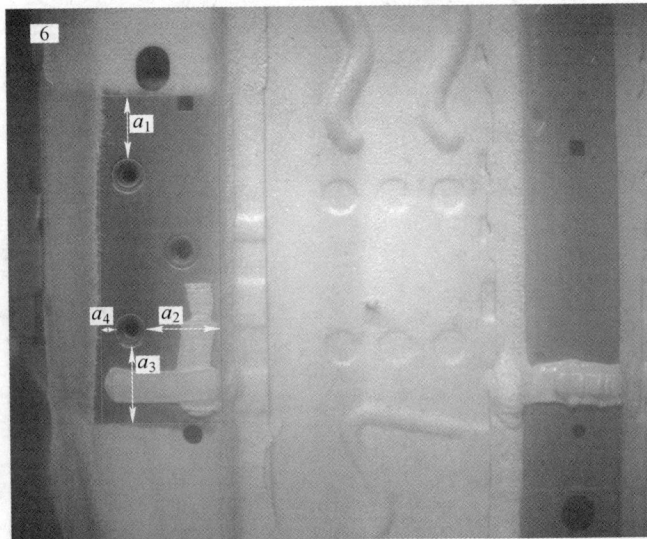

图 5-8　禁止喷涂区域 6

$a_1 = 40\text{mm} \pm 5\text{mm}$；　$a_2 = 40\text{mm} \pm 5\text{mm}$；　$a_3 = 50\text{mm} \pm 5\text{mm}$；　$a_4 = 10\text{mm} \pm 5\text{mm}$

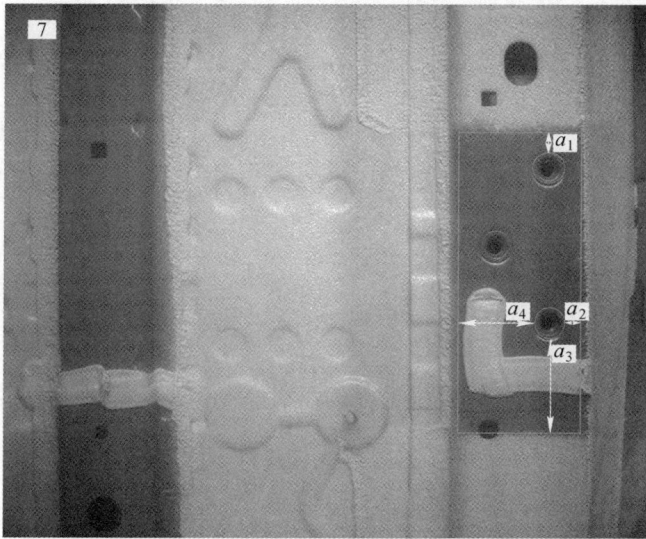

图 5-9　禁止喷涂区域 7

$a_1 = 40\text{mm} \pm 5\text{mm}$；$a_2 = 10\text{mm} \pm 5\text{mm}$；$a_3 = 50\text{mm} \pm 5\text{mm}$；$a_4 = 40\text{mm} \pm 5\text{mm}$

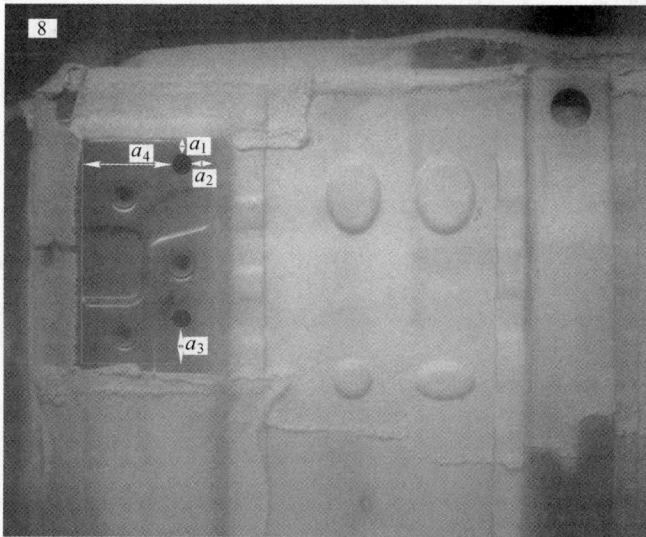

图 5-10　禁止喷涂区域 8

$a_1 = 10\text{mm} \pm 5\text{mm}$；$a_2 = 15\text{mm} \pm 5\text{mm}$；$a_3 = 25\text{mm} \pm 5\text{mm}$；$a_4 = 50\text{mm} \pm 5\text{mm}$

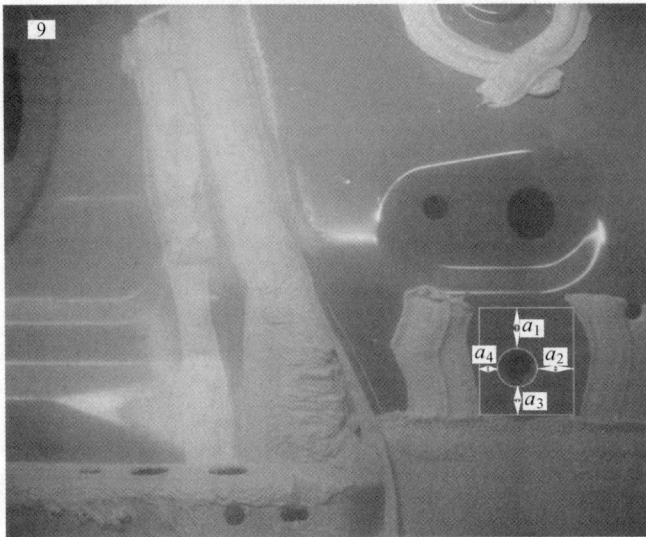

图 5-11　禁止喷涂区域 9

$a_1 = 15\text{mm} \pm 5\text{mm}$；$a_2 = 15\text{mm} \pm 5\text{mm}$；$a_3 = 10\text{mm} \pm 5\text{mm}$；$a_4 = 10\text{mm} \pm 5\text{mm}$

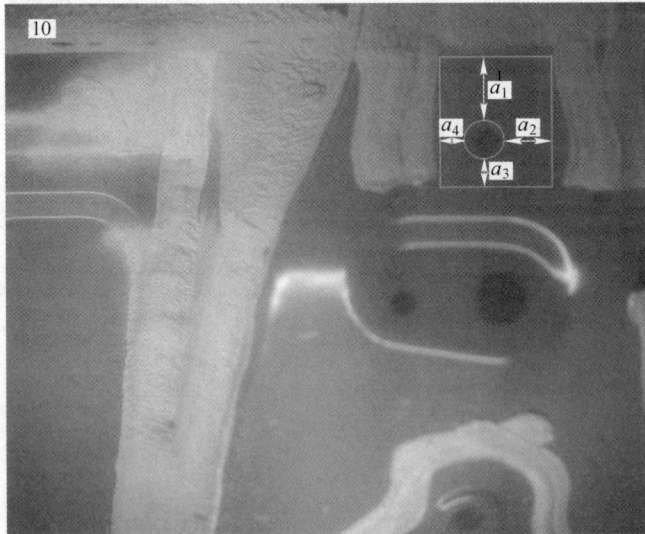

图 5-12　禁止喷涂区域 10

$a_1 = 15\text{mm} \pm 5\text{mm}$；$a_2 = 15\text{mm} \pm 5\text{mm}$；$a_3 = 15\text{mm} \pm 5\text{mm}$；$a_4 = 10\text{mm} \pm 5\text{mm}$

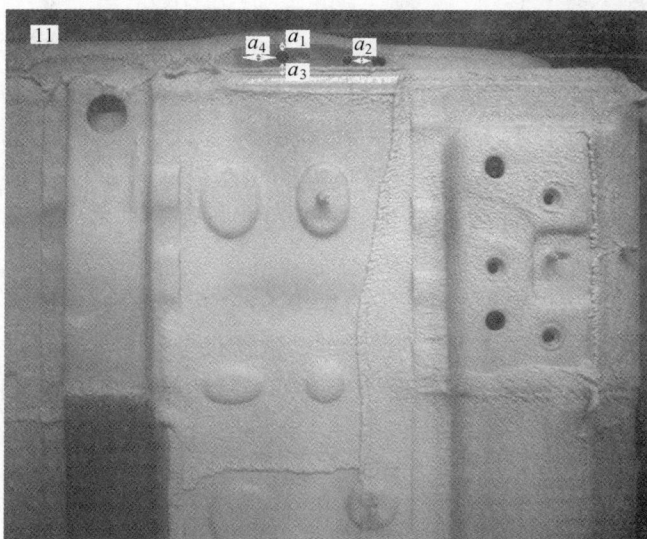

图 5-13 禁止喷涂区域 11

$a_1 = 10\text{mm} \pm 5\text{mm}$；$a_2 = 20\text{mm} \pm 5\text{mm}$；$a_3 = 10\text{mm} \pm 5\text{mm}$；$a_4 = 25\text{mm} \pm 5\text{mm}$

图 5-14 禁止喷涂区域 12

$a_1 = 10\text{mm} \pm 5\text{mm}$；$a_2 = 25\text{mm} \pm 5\text{mm}$；$a_3 = 10\text{mm} \pm 5\text{mm}$；$a_4 = 40\text{mm} \pm 5\text{mm}$

5.3　涂胶边缘界线标准

　　PVC 涂胶喷涂边缘界线必须清晰明确，且与工艺要求范围及工件安装接触边缘一致。在通常情况下，不稳定的边缘界线与机器人在施工过程中动作稳定性差或者 PVC 喷嘴严重磨损有着直接的关系。

　　边缘界线的不稳定性会造成涂胶喷雾的飞溅，导致车身表面受到污染。同时，边缘界线的模糊不清也会给智能相机采样识别操作带来困难，这将导致大量的误报警或缺陷的遗漏。

　　正是由于这种边缘界线模糊与边缘界线不稳定，将会带来质量评价困难等问题，使得在实际生产过程中无法找到基准，从而仅凭借主观判断进行放行操作或者返修操作。图 5-15 和图 5-16 所示为合格的界线边缘，图 5-17 和图 5-18 所示为不合格的界线边缘。

图 5-15　PVC 涂胶喷涂边缘界线合格（一）

图 5-16　PVC 涂胶喷涂边缘界线合格（二）

图 5-17　PVC 涂胶喷涂边缘界线不合格（一）

图 5-18　PVC 涂胶喷涂边缘界线不合格（二）

清晰且有规则的 PVC 涂胶喷涂界线是衡量机器人喷涂能力与喷涂质量的关键性指标。通常通过界线的稳定性以及外观性，就可以直接评估出 PVC 涂胶喷涂机器人的稳定性与精确度。因此，在实际生产过程中，应该实时关注 PVC 涂胶喷涂边缘界线的变化。如果出现模糊不清或异常波动的情况，应该立即对喷涂机器人进行检查，以防止问题严重化，导致批量返修甚至生产线停线。

模糊不清的界线会导致残余胶雾的飞溅，由于胶雾颗粒很小，附着在车身表面很难被人眼发现，一旦遗漏后随车辆进入 PVC 烘干炉烘干，会形成批量的 PVC 涂胶固化颗粒，车辆将会进入修补工序返修，严重时甚至导致整车报废。

5.4   本章小结

本章主要对汽车轮罩 PVC 涂胶喷涂检测标准进行明确的阐述，并对 PVC 涂胶禁止喷涂区域标准及 PVC 涂胶喷涂边缘界线标准进行详细的举例说明。通过对实际生产案例图片进行分析，阐述了机器视觉智能检测 PVC 涂胶喷涂边缘的公差范围。从研究结果可以看出，不按检测标准喷涂 PVC 涂胶，将会带来 PVC 涂胶的质量问题及功能缺陷，甚至是安全问题。因此，在车辆智能喷涂工艺中，必须设计出一套可以实时检测 PVC 涂胶状态的机器视觉智能系统。

6　PVC 喷涂机器人

6.1　机器人主体结构

PVC 涂胶机器人智能系统主要包括机器人系统和喷涂工艺系统两大部分，其中机器人系统主要由机器人本体单元和电控柜控制单元组成；喷涂工艺系统主要由喷涂工艺控制单元和喷涂胶枪单元组成。

6.1.1　机器人本体单元

机器人系统主要包含机器人本体 6 个轴、控制柜和连接线路等，第 7 轴为附加轴，其可根据实际需求进行选择，机器人系统结构如图 6-1 所示。

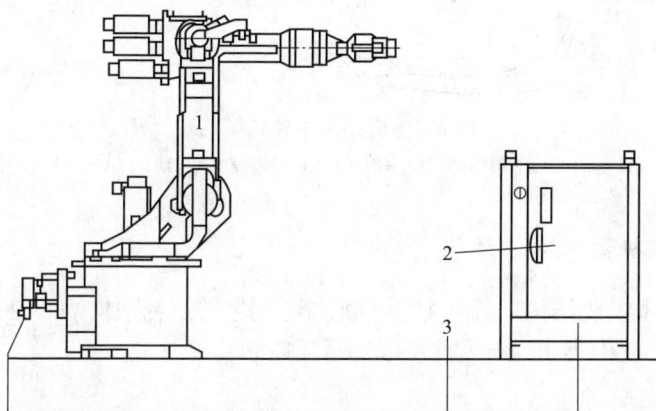

图 6-1　机器人系统结构
1—机器人设备；2—控制柜；3—连接线路

6.1.1.1　机器人本体轴

机器人本体运动有 6 个轴，具体结构如图 6-2 所示。(1) 轴 1，绕轴作旋转运动，轴 1 和轴 2 的驱动装置壳体在基体上绕垂直线作旋转运动；(2) 轴 2，绕轴作旋转运动，回转体在轴 1 和轴 2 驱动装置壳体处绕轴作旋转运动；(3) 轴 3，绕轴作旋转运动，机臂 2 在回转体处绕轴作旋转运动；(4) 轴 4，绕轴作旋转运动，手轴在机臂法兰上作旋转运动；(5) 轴 5，绕轴作旋转运动，手轴；

（6）轴 6，手轴绕轴作旋转运动，手轴在附加法兰上作旋转运动。

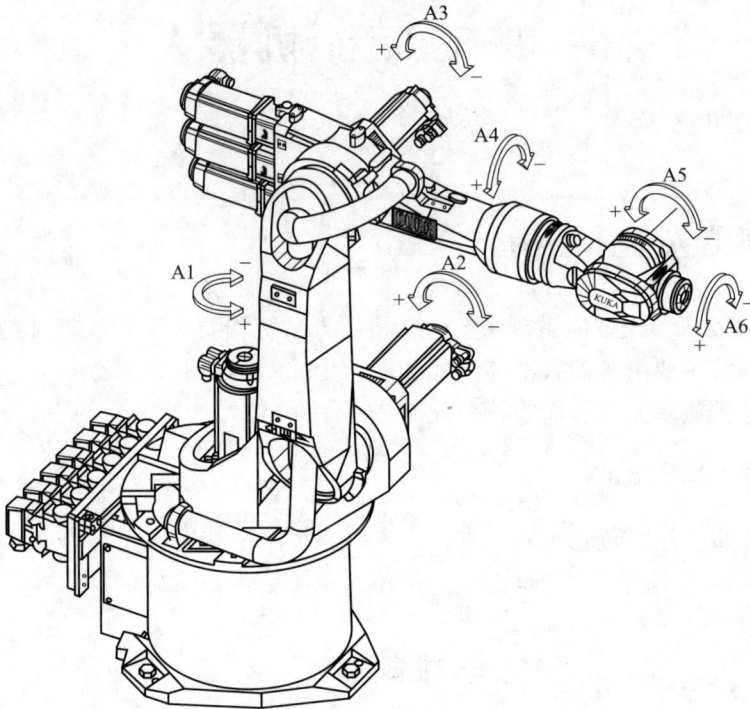

图 6-2 机器人本体轴结构

A1—轴 1；A2—轴 2；A3—轴 3；A4—轴 4；A5—轴 5；A6—轴 6

6.1.1.2 机器人本体结构

机器人本体主要结构单元包括基础底架、水平转台壳体 A1/A2、机臂 1（回转体）、机臂 2 及中央手（手轴），如图 6-3 所示。

A 基础底架轴 1

基础底架是机器人的基座，是机器人的静止部件，壳体 A1/A2 及机臂 1（回转体）、机臂 2 和手轴在其上面作旋转运动。在基础底架的法兰上，安装着轴 A1 的专用减速齿轮。在该法兰内部集成了一个可双向工作的挡块，其对软件限制运动区域进行机械保护，并在水平转台处配备了一个大挡块，其将绕轴线 1 的旋转角度最大限制为 370°，具体的基础底架结构图如图 6-4 所示。

B 轴 1 和轴 2 驱动装置壳体

轴 1 和轴 2 驱动装置壳体与基础底架（水平转台）及机臂 1（回转体）相结合。壳体 A1/A2 在 A1 齿轮传动装置上有一个轴承，壳体 A1/A2 上的轴 A1 驱动装置被垂直拧入 A1 齿轮传动装置，在壳体 A1/A2 的侧面内部装有轴 A2 驱动装

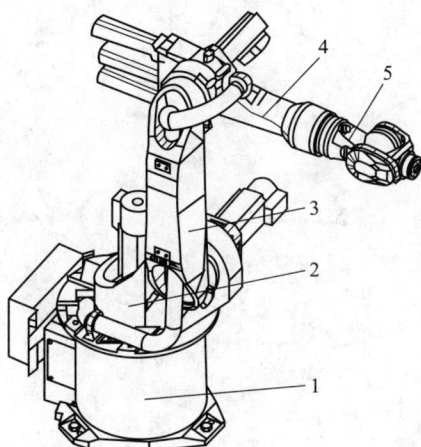

图 6-3 机器人本体结构

1—基础底架；2—水平转台壳体 A1/A2；3—机臂 1（回转体）；4—机臂 2；5—中央手（手轴）

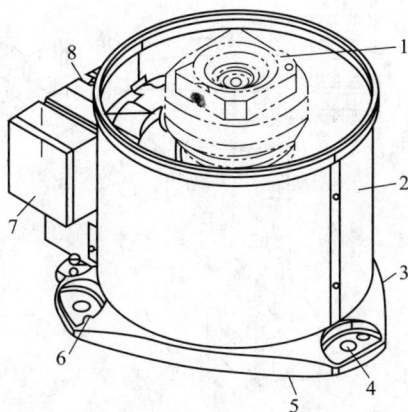

图 6-4 基础底架结构

1—A1 齿轮传动装置；2，6—护罩；3—基础底架壳体；4—紧固孔（3 个）；
5—底部法兰；7—接线盒（可选）；8—法兰

置及其齿轮传动装置，图 6-5 所示为壳体 A1/A2 结构。

C 机臂 1

在机臂 1（回转体）上，在顶部的为轴 3 齿轮传动装置，在底部的为轴 2 齿轮传动装置，其绕着旋转轴 A2 转动，可用绕轴旋转范围通过带有缓冲器功能的机械限位止挡进行限制，轴 3 结构图如图 6-6 所示。在正常操作中，限位止挡并不接触，其运动通过机器人控制器进行限制。

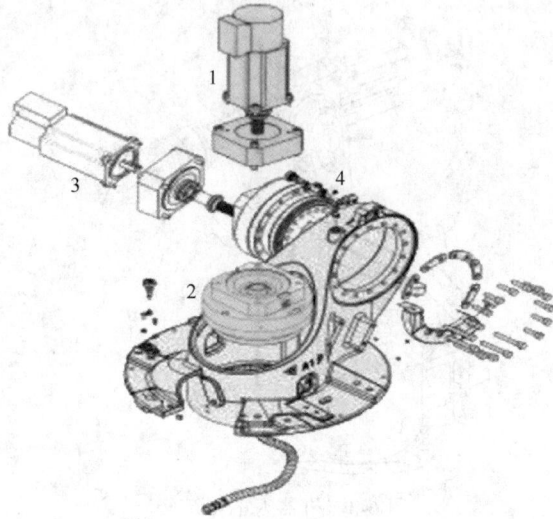

图 6-5　壳体 A1/A2 结构

1—A1 驱动装置；2—A2 驱动装置；3—A2 齿轮传动装置；4—A1 齿轮传动装置

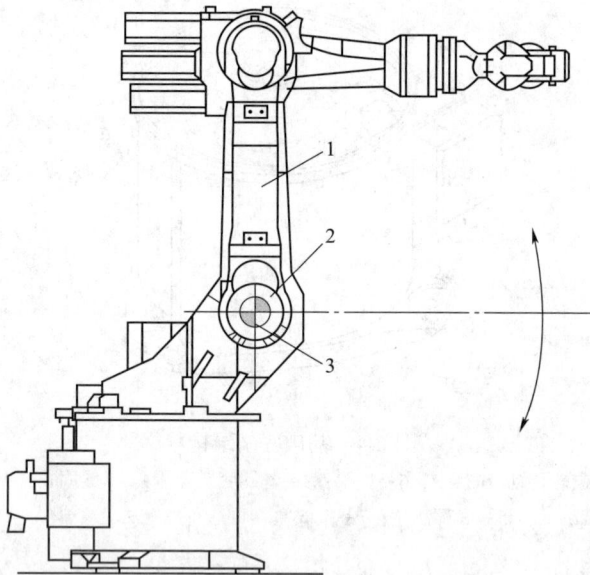

图 6-6　轴 3 结构

1—机臂 1；2—轴 A2 驱动装置；3—旋转轴 A2

在轴 2 齿轮传动装置处，连接着 A2 驱动装置，该齿轮传动装置是机臂 1 在壳 A1/A2 上的支撑。在轴 3 齿轮传动装置处，连接着 A3 驱动装置，该传动装置是机臂 2 在机臂 1 上的支撑，机臂 1 的结构如图 6-7 所示。

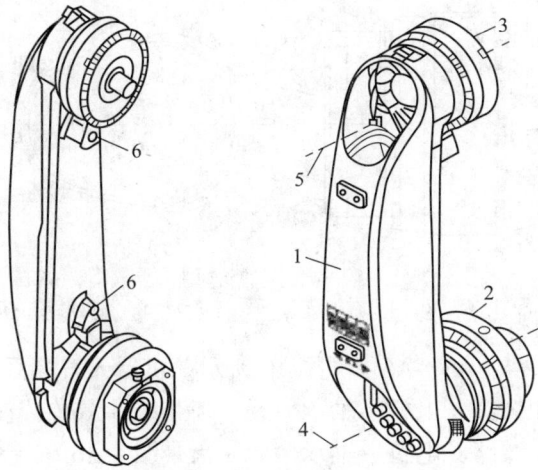

图 6-7　机臂 1 结构

1—机臂；2—A2 齿轮传动装置；3—A3 齿轮传动装置；4—旋转轴 A2；5—旋转轴 A3；6—测量芯子

D　机臂 2

在轴 3 齿轮传动装置处连接着机臂 2，该齿轮传动装置支撑着轴 3 驱动装置，同时也是该驱动装置的组成部分。选定的机臂旋转轴在正常负载下不需要配重进行质量平衡。在机臂 2 的前端有一个法兰，手轴拧在其上面。在机臂 2 的后端，连接有轴 A4、A5 和 A6 三个驱动装置，机臂 2 的结构如图 6-8 所示。

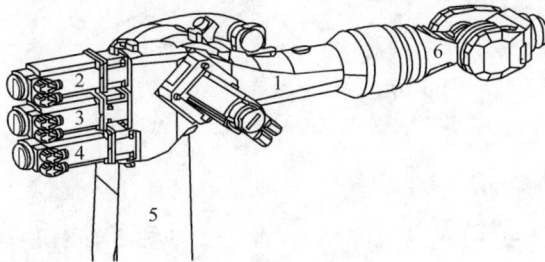

图 6-8　机臂 2 的结构

1—机臂 2（壳体）；2—轴 5 驱动装置；3—轴 6 驱动装置；4—轴 4 驱动装置；5—机臂 1；6—手轴

E　手轴结构

机器人配备一个三轴线手轴，手轴被拧到机臂 2 的法兰上，手轴的轴 4、5 和 6 可以彼此独立运动，图 6-9 所示为手轴结构。

F　手轴的驱动装置

全部 3 根轴的轴线从电机到手轴法兰的驱动都通过机臂 2 和齿带（轴线 A4 和 A5）单独进行传递。

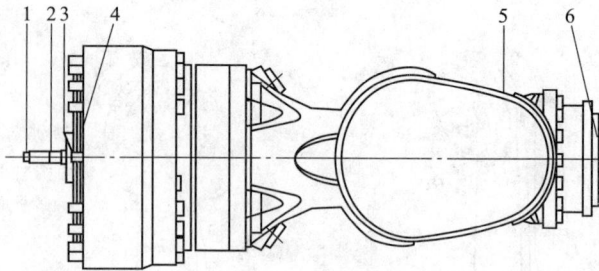

图 6-9　手轴结构

1—轴 A4；2—轴 A5；3—轴 A6；4—附加法兰（手-机臂）；5—测量装置；6—工具用附加法兰

　　手轴驱动装置 A4、A5、A6 如图 6-10 所示。机器人智能系统的 3 条驱动线路组成如下：（1）A4 线路：电机—轴承单元—齿带级—A6 轴上的空心轴—连接至手轴轴端；（2）A5 线路：电机—轴承单元—齿带级—A6 轴上的空心轴—连接至手轴轴端；（3）A6 线路：电机—法兰—机臂 2 中的轴—连接至手轴轴端。

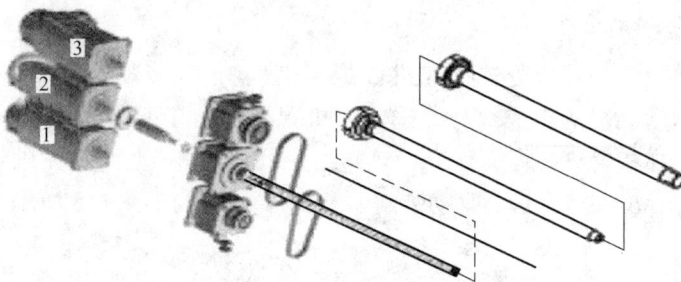

图 6-10　手轴驱动装置 A4、A5、A6

1—A4 电机；2—A6 电机；3—A5 电机

　　G　机器人伺服电机和齿轮箱

　　每个轴都有独立的伺服电机驱动，1 轴、2 轴和 3 轴有独立的齿轮箱，4 轴、5 轴和 6 轴的齿轮箱在手轴处，如图 6-11～图 6-14 所示。

6.1.2　机器人本体工艺控制设备

　　机器人本体工艺控制设备主要任务是控制系统的喷涂压力和监控流量，从而实现不同的工艺需求。在 PVC 涂胶机器人上，主要使用压力流量控制设备（PCL），如图 6-15 所示。

　　材料压力调节器用于压缩空气控制，其材料出口压力与控制压力成比例。通过由 PCL 提供的压力和容量实际值，过程控制器计算出调节器的控制器输出，从而补偿闭环控制系统中不同的材料属性。

图 6-11　轴 1 驱动装置

（1，2 为轴）

图 6-12　轴 2 驱动装置

（1，2 为轴）

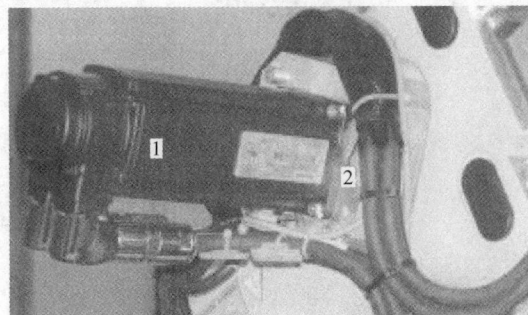

图 6-13　轴 3 驱动装置

（1，2 为轴）

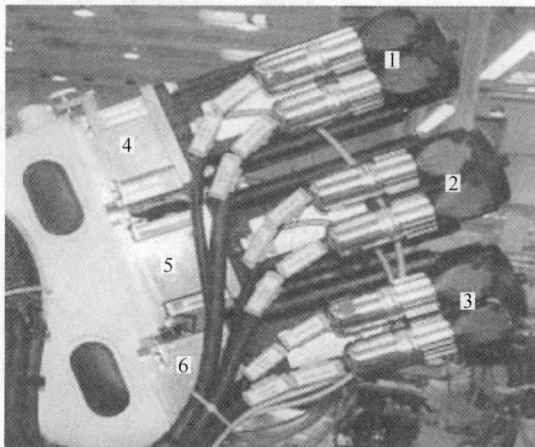

图 6-14　轴 4、5 和 6 驱动装置

（电机 1 和 4 联轴器对应 4 轴驱动设备；电机 2 和 5 联轴器对应 5 轴驱动设备；

电机 3 和 6 联轴器对应 6 轴驱动设备）

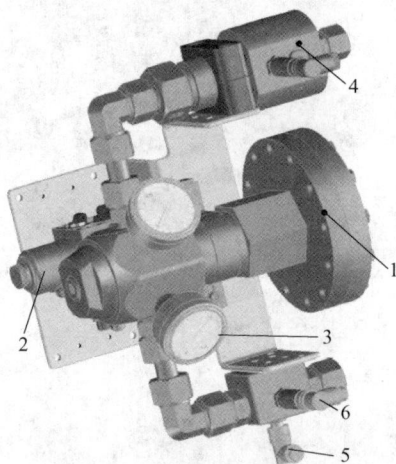

图 6-15　PCL 设备图

1—胶粘剂高压调节器；2—泄载阀；3—压力计；4—流量计；5—温度传感器；6—压力转换器

6.1.3　机器人本体喷涂胶枪设备

　　Sealing 3D 喷枪是一种喷涂装置，也是喷涂机器人系统的一个重要组成部件，其可以在车身的特定部位上喷涂 PVC 胶，例如安装在机器人的 A6 轴法兰盘上进行喷涂。Sealing 3D 喷枪有 3 个角度，因此可以实现不同位置的喷涂工艺。

6.1.3.1 喷涂装置结构

喷涂装置由旋转穿导件和喷头单元组成；旋转穿导件是喷涂装置的主体，所有入口、喷头及其部件均与之相连；喷头拧在旋转穿导件的轴上，可以实现不同方向的喷涂。喷涂装置结构如图 6-16 所示。

图 6-16 喷涂装置结构

1—带法兰的旋转穿导件；2—喷头；A—软管保护座

6.1.3.2 旋转穿导件

旋转穿导件（图 6-17）包括一个静止部件和一个可旋转部件，前者连接至机器人手轴的静止部分，后者拧到手轴的旋转法兰上。旋转穿导件的静止部分是一个圆柱形壳体，下侧连接着矩形连接块。

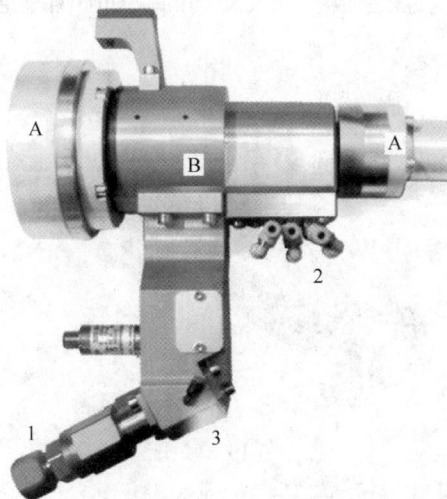

图 6-17 旋转穿导件

A—旋转穿导件可旋转区域；B—旋转穿导件静止区域；

1—涂料接头；2—气动阀控制气流接头；3—循环控制阀接头

旋转穿导件内部结构如图 6-18 所示。

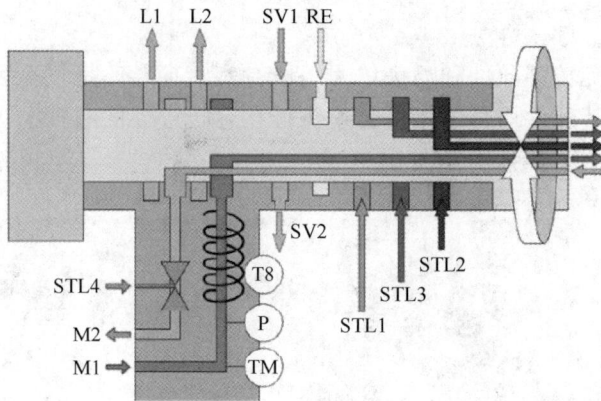

图 6-18　旋转穿导件内部结构

M1—涂料供应口；M2—涂料返回口；STL1—阀 1 控制气流；STL2—阀 2 控制气流；
STL3—阀 3 控制气流；STL4—循环控制阀；RE—备用；SV1—分离剂供应；SV2—分离剂返回；
L1，L2—泄漏控制开口；P—压力传感器；TM—涂料温度传感器；T8—加热温度传感器

6.1.3.3　喷头

喷头拧在旋转穿导件的轴上，包括法兰管、法兰板、气动阀、喷嘴座。法兰管为中空管，其将旋转穿导件连接至喷头前部，旋转穿导件轴的 5 个通道通过钢管引导至喷头的法兰板。法兰板、带气动阀的块和喷嘴座通过螺栓装配形成一个单元，如图 6-19 所示。

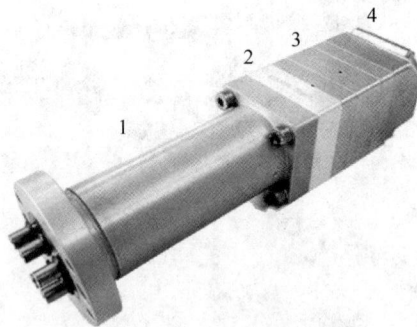

图 6-19　喷头

1—法兰管；2—法兰板；3—带气动阀的块；4—喷嘴座

机器人的运动由机器人本体部分完成，喷涂工作由工艺控制系统和喷枪完成。以上研究了机器人本体、喷胶工艺控制设备及喷枪等涂胶机器人的主要结构，通过内部分解对主要设备做出了详细分析。

6.2 机器人主要元器件

机器人工作站主要有 3 类控制柜，包括电源控制柜（PSMP）、机器人工作站控制柜（SCMP）和机器人控制柜（RCMP）。

每个控制柜的具体功能作用不一样。（1）电源控制柜：转换和分配供电给不同的设备（图 6-20）。（2）机器人工作站控制柜：内部主要有西门子可编程逻辑控制器（PLC）和输入输出模块，控制整个机器人站的工作逻辑（图 6-21）。（3）机器人控制柜：控制机器人的运动轨迹和喷涂工艺（图 6-22）。

图 6-20　电源控制柜

图 6-21　机器人工作站控制柜

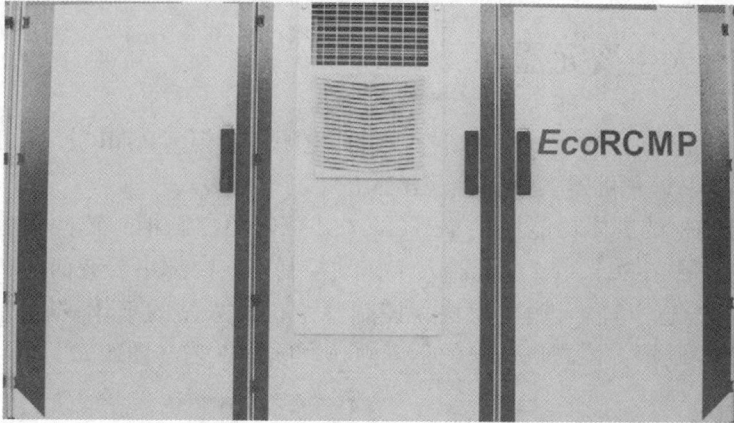

图 6-22　机器人控制柜

6.2.1　电源控制柜

6.2.1.1　电源控制柜结构

电源控制柜具有一个附有风机的控制柜壳体，所有电气部件均安装在内部的安装板上，其中包括 230V AC 的单熔断器、室内照明及插座、用以电源保护开关的 400V AC 的单熔断器、用于门执行器的带轴加长件的主开关、通过接线端子的外部电源、风扇、230V AC 变压器及连接器面板等。电源柜总览如图 6-23 所示。

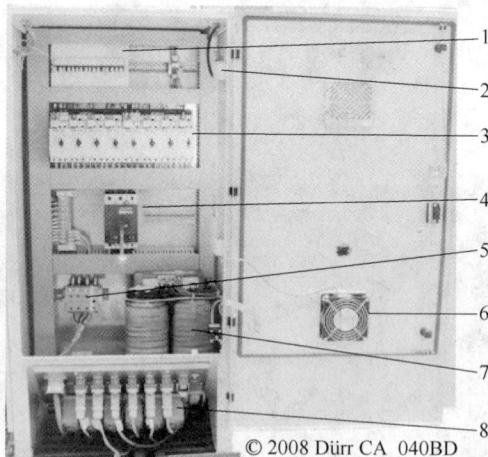

© 2008 Dürr CA_040BD

图 6-23　电源柜总览

1—单熔断器（230V AC）；2—室内照明及插座；3—单熔断器（电源保护开关，400V AC）；
4—带轴加长件的主开关，用于门执行器；5—通过接线端子的外部电源；
6—风扇；7—230V AC 变压器；8—连接器面板

6.2.1.2　电源控制柜元件

A　主开关

电源柜有一个主开关，其接通时会将门锁定。在主开关断开之后，开关的输入侧仍然有电。图 6-24 所示为带轴加长件的主开关，用以开启和关闭设备。

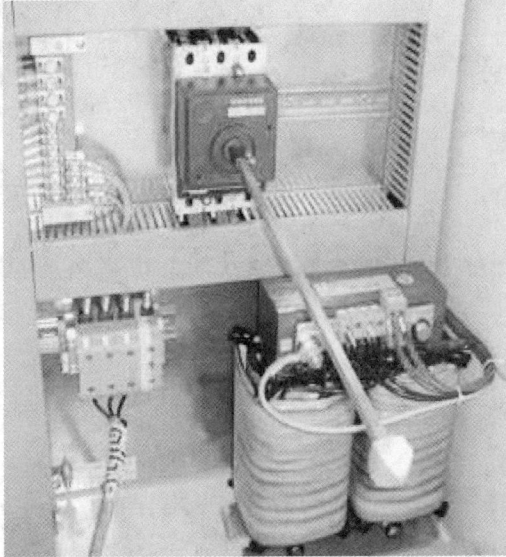

图 6-24　带轴加长件主开关

B　自动断路器和接触器

自动断路器和接触器是为机器人供电的 230V 断路器和 400V 接触器。空气断路器是断路器的一种，只要电路中电流超过额定电流就会自动断开开关。空气开关是低压配电网络和电力拖动系统中非常重要的一种电器，其集控制和多种保护功能于一身，除能完成接触和分断电路外，且能对电路或电气设备发生的短路、严重过载及欠电压等进行保护，同时也可以用于不频繁地启动电动机。

当线路发生一般性过载时，过载电流虽不能使电磁脱扣器工作，但能使热元件产生一定热量，促使双金属片受热向上弯曲，推动杠杆，使搭钩与锁扣脱开，将主触头分断，切断电源。当线路发生短路或严重过载电流时，短路电流超过瞬时脱扣整定电流值，电磁脱扣器产生足够大的吸力，将衔铁吸合并撞击杠杆，使搭钩绕转轴座向上转动，从而与锁扣脱开，锁扣在反力弹簧的作用下将三副主触头分断，从而切断电源。图 6-25 所示为自动断路器和接触器。

C　变压器

控制柜中变压器（图 6-26）变压比为 400V/230V，将控制柜的 400V 电压变成 230V 电压提供给机器人、控制柜设备及备用等。

图 6-25　自动断路器和接触器

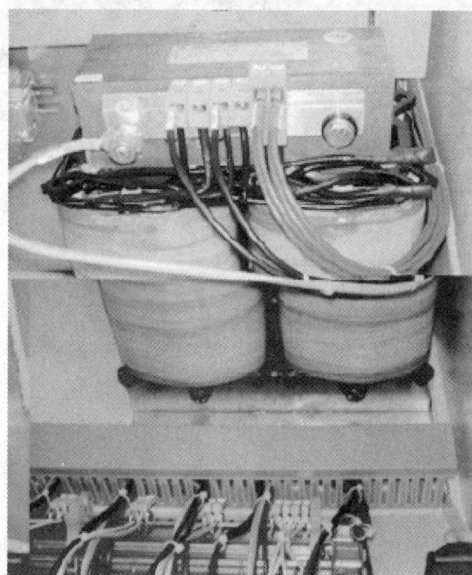

图 6-26　变压器

6.2.2　机器人工作站控制柜

机器人工作站控制柜总览如图 6-27 所示，控制柜内主要包含的元件有安全栅、单相空气开关、连接端子、空气开关、接触器、PLC CPU、PN/PN COUPLE、24V 直流电源、交换机、SiemensET200S、UPS 备用电源、界面监控电脑等。

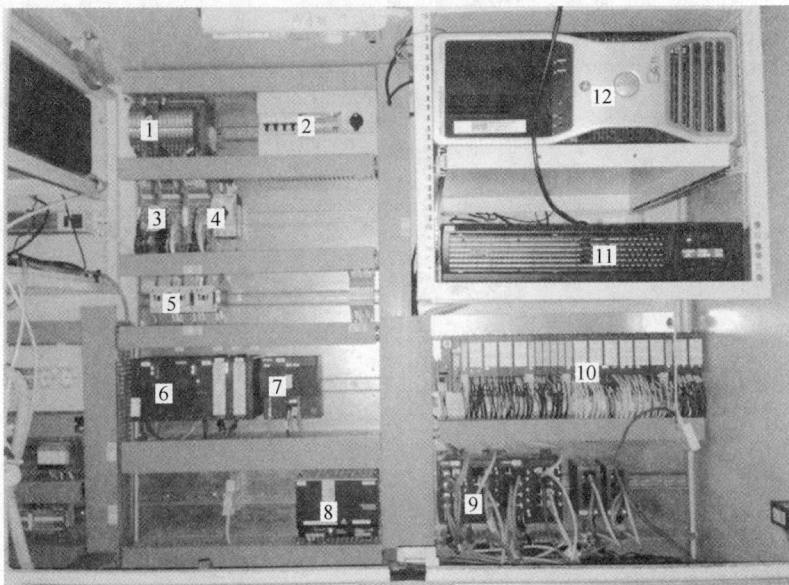

图 6-27 机器人工作站控制柜总览
1—安全栅；2—单相空气开关；3—连接端子；4—空气开关；5—接触器；6—PLC CPU；
7—PN/PN COUPLER；8—24V 直流电源；9—交换机；10—SiemensET200S；
11—UPS 备用电源；12—界面监控电脑

6.2.2.1 PLC CPU

可编程逻辑控制器（PLC）用于控制整套喷漆设备。Siemens CPU319F-3 PN/DP（图 6-28）为安全性 CPU，故障安全型 CPU 具有很高的处理性能、大容量程序存储器和程序框架，用于构建故障安全型自动化系统，以提高工程的安全需求。PLC CPU 可以通过内置 PROFINET 接口（PROFIsafe）或通过内置 PROFIBUS DP 接口（PROFI SAFE）连接故障安全 I/O 模块，也可连接 ET200M 的故障安全 I/O 模块，在应用中可以集中式或分布式地操作标准模块，同样所有安全信号的处理也是在 PLC 中完成。

6.2.2.2 交换机

SCALANCE X 工业以太网交换机种类齐全，是交换式工业以太网络的核心，其既支持 SNMP 和 WEB 诊断，也支持 PROFINET 诊断，因此提供了工业级设计的可靠性、可用性和维护简便性。图 6-29 所示为交换机。

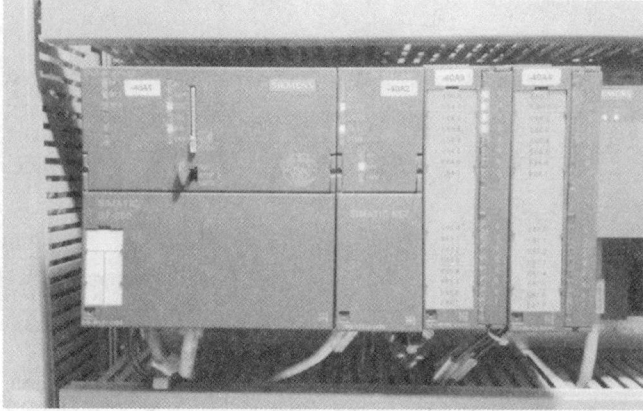

图 6-28　CPU319F-3 PN/DP

图 6-29　交换机

6.2.2.3　耦合器 PN-PN COUPLER

分布式 I/O PN/PN 耦合器耦合模块，用于连接 2 个传输 PROFI SAFE 数据的 PROFINET 网络。耦合器通过 RJ45 插入式接头与 PROFINET 网络进行连接，PN/PN 耦合器是将 2 个以太网子网连接并交换数据，主要负责机器人站外系统与机器人站进行数据通信交换。图 6-30 所示为 PN/PN COUPLE。

6.2.2.4　UPS

UPS（图 6-31）即不间断电源（uninterruptible power supply），是一种含有储

图 6-30 PN/PN COUPLE

能装置的不间断电源，主要用于给部分对电源稳定性要求较高的设备提供不间断的供电。当突然断电后，UPS 之后的设备会保持状态并不会由于突然断电二次关闭，UPS 会持续供电一段时间。当 UPS 储存的电耗尽后，后续设备才断电。为了防止突然断电，可以使用 UPS 即不间断电源来保存数据，并且在发现突然断电后可以通过人为操作对 UPS 之后的设备进行正常关闭。

图 6-31 UPS

6.2.2.5 输入输出模块

ET200S（图 6-32）输入模块是把现场的传感器信号采集上来，然后在 PLC 中进行逻辑处理，最后把逻辑处理的状态通过输出模块传输到执行机构，以控制机构工作。

6.2.2.6 安全栅

安全栅（safety barrier）是安装在安全电路和非安全电路之间，将供给安全电路的电压或电流限制在一定安全范围内的装置，PVC 生产线使用的安全栅为隔离式安全栅，见图 6-33。

图 6-32　ET200S

图 6-33　安全栅

6.2.3　机器人控制柜

　　机器人控制柜总览如图 6-34 所示，控制柜内主要包含的元件有机器人控制柜空调、伺服驱动器、滤波器、UPS 电源、Phoenix 模块、ET200S、机器人控制器、安全栅、空气隔离开关等。

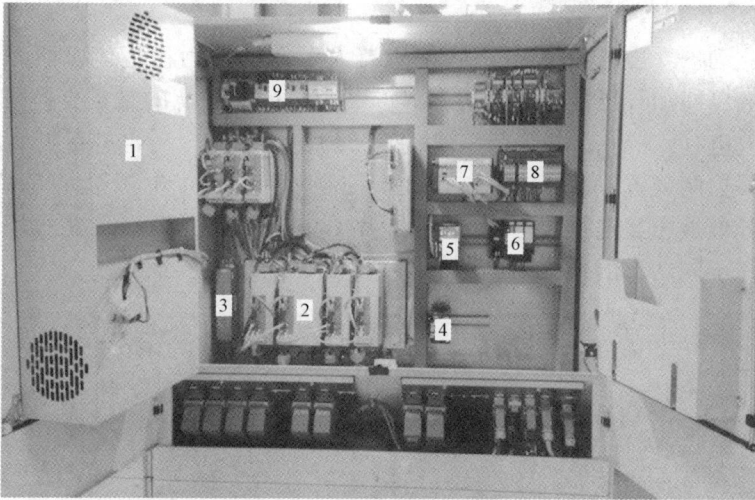

图 6-34　机器人控制柜总览

1—机器人控制柜空调；2—伺服驱动器；3—滤波器；4—UPS 电源；5—Phoenix 模块；

6—ET200S；7—机器人控制器；8—安全栅；9—空气隔离开关

6.2.3.1　机器人控制器

机器人控制有不同的网络接口，有机器人内部控制的 Sercos Ⅲ 接口、Profinet 接口、以太网接口等。图 6-35 所示为机器人控制器。

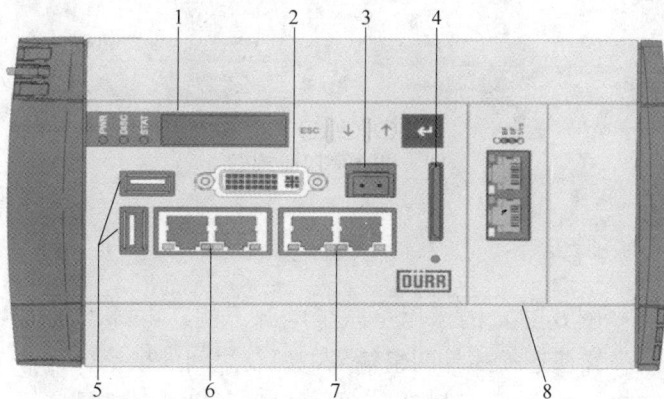

图 6-35　机器人控制器

1—带 LED 和按键的显示屏；2—监控器；3—24V 电源；4—SD 卡槽；

5—USB 接口；6—用于网络通信的以太网接口；

7—Sercos 接口，用于与处理和驱动部件通信；8—Profinet 从属接口 X1/X2

6.2.3.2　伺服驱动器

伺服驱动器（图 6-36）是用来使机器人工作的动力机构，机器人驱动器可将电能、液压能和气压能转化为机器人的动力。值得注意的是，更换马达驱动时需断电后放电（500V），并等待一段时间，检测电压安全后再进行更换。

驱动器控制装置 Indradrive CS 由一个控制单元和一个电源单元组成，这两个组件不可分离地相互连接在一起。Bosch Rexroth 驱动控制元件，根据不同应用情况可以选择不同功率的伺服驱动器。

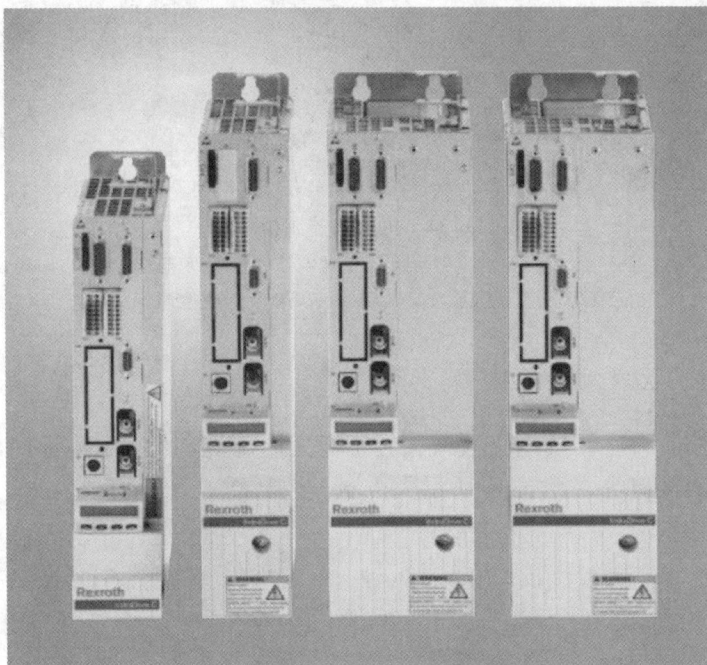

图 6-36　伺服驱动器

6.2.3.3　滤波器

电源滤波器（图 6-37）的作用是减少电源干扰，电源干扰可以分为普通模式和共通模式两类。普通模式是两组输入电源线之间的杂讯，这种杂讯通常是在关机和开机时产生；共通模式是指因为器材接地不良，又或是广播无线电及马达电磁、日光节能灯镇流器、风扇可控硅调速等引发的干扰。

6.2.3.4　Phoenix 模块

Phoenix 模块（图 6-38）是由 Sercos Ⅲ 总线耦合器、8 个输入、4 个输出、

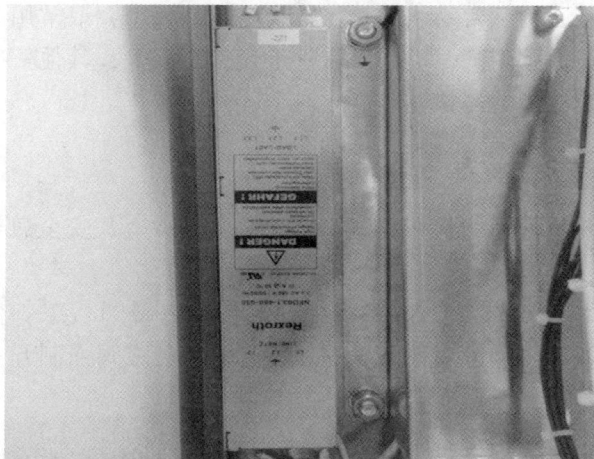

图 6-37 滤波器

24V DC、500mA 及 I/O 连接器组成。该总线模块支持 Sercos Ⅲ 协议，具有 4 个数字量输出和 8 个数字量输入，分别控制机器人的气路和胶路。

图 6-38 Phoenix 模块

以上对机器人控制柜部分进行了分析，对每个柜子内的重要元件也做了研究。机器人控制柜是机器人运动的必要部分，控制机器人运动和喷涂；机器人站控制柜部分作为站逻辑的控制部分，用于控制进站出站逻辑等相关信号；电源控制柜主要用于给各个部分提供不同电压的电源。

6.3 机器人调试

机器人在完成初始调试、设备具备功能后，在验收之前还需要完成一些相关的测试任务，来验证调试后的状态是否符合要求。其中，最常用的测试有电气信号测试、供胶管路保压测试、机器人软件上传和下载等，其他一些相应测试可以在正常操作中检查功能的完整性。

6.3.1　电气测试

电气测试主要包含阀的状态测试、有无强制阀检查、安全急停功能测试、断电测试等。

（1）阀信号状态测试：此测试核对设备各个电磁阀状态、有无强制信号存在、影响未来学习和工作等（图 6-39），应对每个电磁阀强制开关进行检查并相应做好检查记录。

图 6-39　电磁气动阀

（2）安全急停测试：安全急停测试指对工作站所有安全设备进行人为触发，测试报警及其功能是否正常。接触设备触发后，系统是否可以正常恢复。此测试非常重要，涉及安全问题，需要逐一进行测试验证并做好测试记录。具体急停按钮如图 6-40 所示，大光栅如图 6-41 所示，门磁如图 6-42 所示。

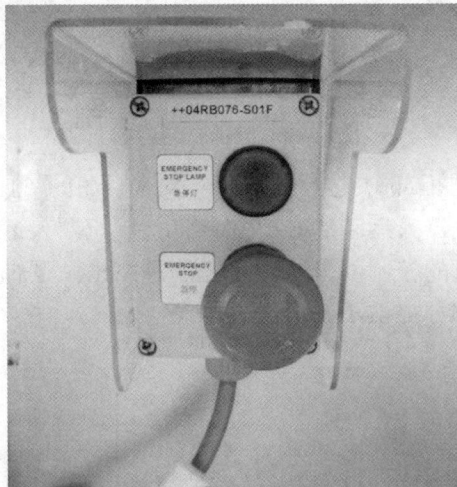

图 6-40　急停按钮

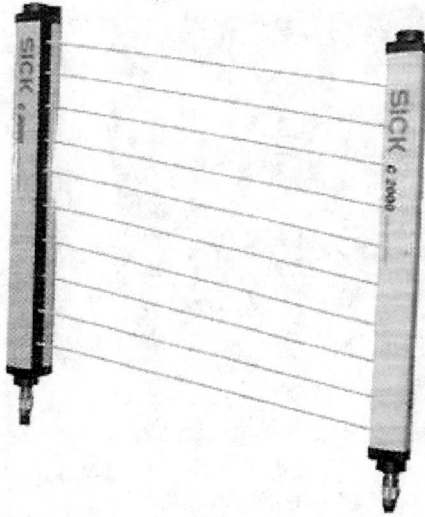

图 6-41　SICK 光栅

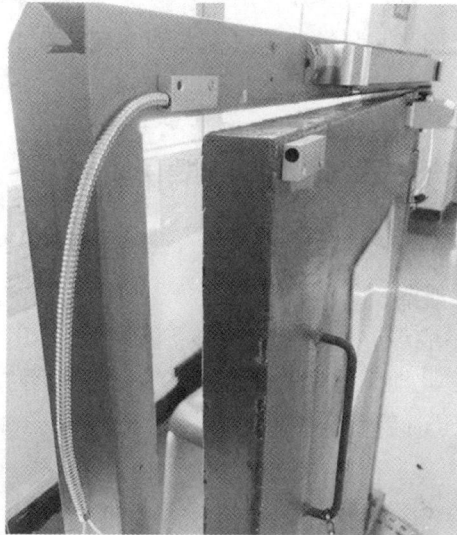

图 6-42　门磁

（3）断电测试：需要模拟系统在正常运行时突然断电，然后恢复供电的情况，检查恢复供电后设备能否按照正常操作恢复正常状态，有无报警复位失败，并记录相关报警信息以及恢复正常状态的时间。此测试是为了防止设备由于供电电网突然断电导致系统停机无法恢复，在模拟断电时可以把相关的系统缺陷部分测试出来，电源总开关如图 6-43 所示。

图 6-43　电源总开关

6.3.2　PVC 胶管路保压测试

智能机器人在供胶管路安装结束后，需要对系统进行打压测试，确保系统无泄漏，还要对高压管路和连接件进行耐压验证，保压压力必须大于正常工作的使用压力，具体步骤如下：

（1）将机器人本体工艺部件前进胶和回流端进行短接。

（2）将供胶系统压力调到保压测试的一半压力，关闭供给泵的空气压力，使供给泵不再工作。先进行底压力测试，保持至少 2h，在此期间，巡逻检查管路以及各个接头是否有泄漏。

（3）低压力测试完成后，进行高压力保压测试，将压力调到高压进行保压测试，保持至少 2h，在此期间巡逻管路以及各个接头是否有泄漏。

（4）每个阶段保压前后都需要记录压力值，判断压力损失是否在正常范围内。

具体供胶系统泵站如图 6-44 所示，胶路短接如图 6-45 所示，压力显示如图 6-46 所示。

6.3.3　机器人软件上传与下载

机器人指令编程软件是机器人供应商开发出的一款可视化编程软件，该软件设计用于进行三维图示、生成和编辑机器人程序以及输入相应过程数据的参数。该软件通过以太网直接与一个或多个机器人控制器进行通信。机器人控制器闪存卡、程序文件和过程数据表中存储的机器数据可在线读取并通过下载进行更新，具体机器人编程软件界面如图 6-47 所示。

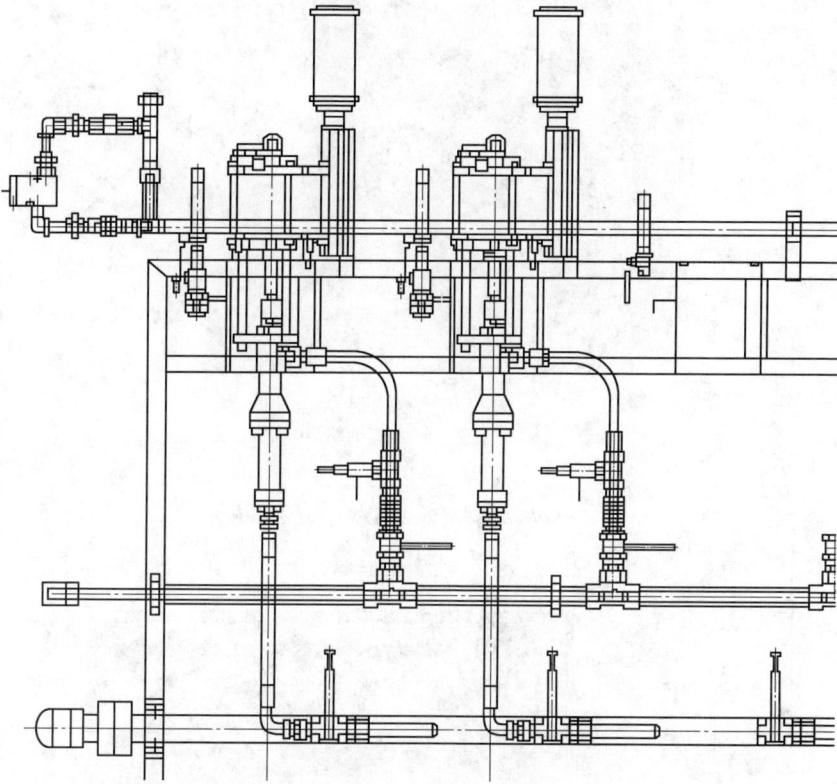

图 6-44　供胶系统泵站

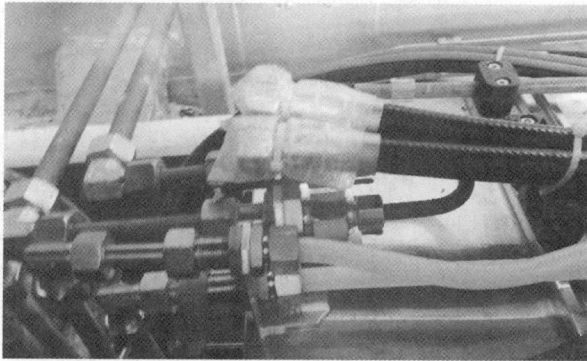

图 6-45　胶路短接

图 6-46　压力显示

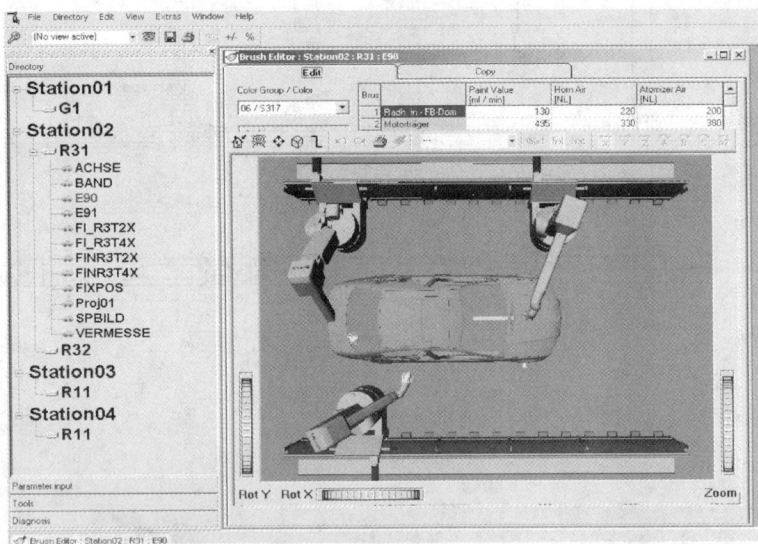

图 6-47　机器人编程软件

　　通过此软件可以方便、轻松地使用工具进行离线和在线编程并在三维空间内遨游。喷涂对象（汽车车身、产品运载机等）和机器人工具（雾化装置）的三维图示可以加载到图形窗口中。

　　在每次优化机器人仿形程序时，需要将机器人里的运行程序上载到软件中，修改完成后再下载到机器人中。由于此软件是机器人供应商特定开发的，因此在软件与机器人连接状态下，软件上的程序显示与机器人内存卡里的运行程序是同步的，当打开左侧主程序栏里的程序时就是机器人的运行程序，程序更改保存后便自动同步下载到机器人内存卡中，具体程序修改界面如图 6-48 所示。

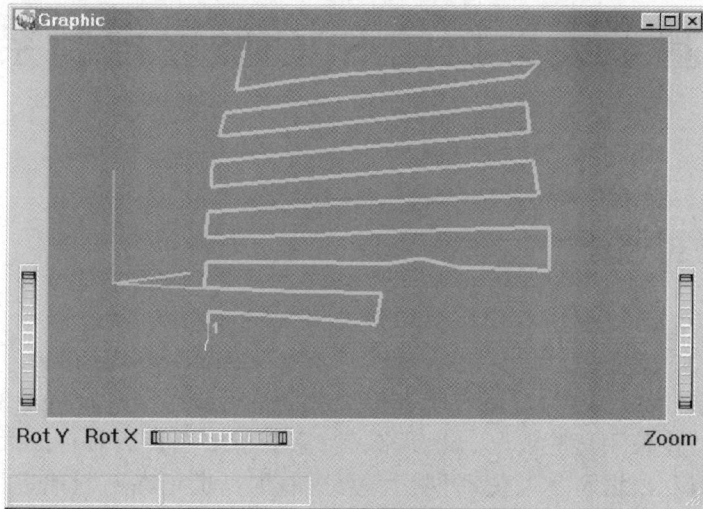

图 6-48 程序修改界面

以上主要描述了设备调试结束后的一些测试项目，其中安全测试是非常重要的，安全问题不容小视。此外，还有断电测试和保压测试，这两种测试是为了防止存在隐性问题，提前测试、提前发现并更改，避免未来在生产过程中出现意外情况，设备无法恢复。

6.4 本章小结

本章以一种工业喷涂 PVC 胶机器人为例，详尽阐述了机器人的总体结构、硬件组成以及控制单元的主要元器件，并针对部分关键元器件进行了详尽的零部件拆分说明；同时对该种机器人的软件调试步骤也进行了总体介绍，对机器人的上电运行、管路的保压测试以及软件程序的上传与下载都进行了详细的描述。

7 基于大数据的 SPC 质量控制系统

7.1 大数据概述

7.1.1 大数据定义

专业术语"大数据"是指对所有相关数据进行收集，并在广泛的领域（包括商业领域）中使用这些数据。近年来，数字变革浪潮背后具有巨大的驱动力，包括人工智能、数据科学及物联网，大数据的本身也正在不断地进行演变及更新，大数据时时刻刻改变着世界。

大数据起源于数字时代，伴随着计算机技术与互联网技术的兴起，各个领域产生的数据量激增，从而形成了大数据。"数据"本身不是一项新发明，在计算机和数据库之前已有纸质交易记录、客户记录和归档文件，所有这些均属于数据。

随着电子智能技术的发展，计算机的电子表格或数据库提供了一种以易于访问的方式，大规模存储和组织数据的方法。从早期的电子表格和数据库开始，数据统计就历经了很长的时间。目前，人们执行的每一步骤都会留下一条数字线索，例如携带 GPS 智能手机上网时、通过社交媒体或聊天应用程序与朋友沟通时以及电子商务网络购物时，系统都会自动生成数据。而且，系统生成的数据量也在迅速增长实时参数的变化记录。可以说，一切数字行为都留下了数字足迹。

随着计算机与信息技术的迅猛发展和广泛应用，各个行业的数据呈爆炸性增长，全球已经进入了"大数据"时代。大数据是指在一定时间范围内，无法用常规软件工具进行捕捉、管理和处理的数据集合，是需要新处理模式才能具有更强的决策能力、洞察发现能力和流程优化能力的海量、高增长率和多样化的信息资产，其具有大量、高速、多样、真实性等优点，多用于工业 4.0、云计算、互联网和人工智能等领域。

7.1.2 大数据研究现状

2009 年，联合国启动了"全球脉动计划"，该计划希望通过大数据推动落后地区的发展，美国已有 40 万个政府原始数据集被开放使用，英国政府也将大数据作为重点发展的科技领域之一。2014 年 7 月，欧盟委员会呼吁各成员国积极发展大数据技术，迎接"大数据"时代，并采取了具体措施发展大数据项目，例如建立大数据领域的公私合作关系，成立多个超级计算中心，在成员国创建数据处理设施网络等。在学术界，美国麻省理工学院（MIT）计算机科学与人工智能实验室（CSAIL）建立了大数据科学技术中心（ISTC），英国牛津大学成立了首个综合运用大数据的医药卫生科研中心。在产业界，国内外许多著名企业和组织都将大数据作为主要业务，其中IBM还和全球千所高校达成协议，针对大数据的联合研究、教学、行业应用案例开发等方面开展全面的合作。

我国政府、学术界和产业界也很早就开始了大数据的研究与应用工作，国家科技部于"十二五"发布了关于物联网、云计算、智能技术的相关专项；国内许多高等院校和研究院所开始成立大数据研究机构；在产业层面，国内不少知名企业或组织也成立了大数据产品团队和实验室，力争在大数据产业竞争中占据领先地位。

随着大数据技术的不断发展，也出现了挑战，例如数据集的增长和实时处理需求的提出，对整个数据集的分析越来越困难。通过利用编程模型提供的接口实现不同数据分析功能，包括数据查询、数据统计、数据分析、数据聚类和数据分类等，并通过组合基本分析方法来解决不同领域的相关应用。

7.1.3　大数据工作原理

大数据分析是一个非常庞大的结构，其集合了不同的数据源，包括半结构化和非结构化数据及先进的分析技术。大数据是数据数量上的增加，以至于能够实现从量变到质变的过程。大数据的主要工作原理包括全样本原理、预测原理、相关性原理、效率原理、数据价值原理等诸多理论。

（1）全样本原理。大数据分析是将抽取的数据样本转变为需要的全部数据样本，如果收集的数据足够多，可以从体量巨大且结构繁多的数据中挖掘出隐藏在背后的规律，从而使数据发挥最大化的价值。由于互联网技术的发展使得数据量呈指数增长，因而数据分析结果的准确度有了明显的提升。

（2）预测原理。大数据的核心技术就是预测能力，从不能预测转变为可以预测，大数据能够预测体现在诸多应用领域。大数据不是教机器像人一样思考，相反它是把数学算法运用到海量的数据上，以预测事情发生的可能性。此外，随着系统接收到的数据越来越多，就可以通过大量数据记录找到最好的预测模式，从而可以对系统进行改进。大数据技术通常被视为人工智能的一部分，或者更确切地说是一种机器学习。由于大数据具有全样本性，所以云计算机软件预测的效率和准确性也大大提高。

（3）相关性原理。大数据技术分析从因果关系转变为关注相关性，因此社会需要放弃它对因果关系的渴求，而仅需关注相关关系，也就是说只需要知道"是什么"，而不需要知道"为什么"。大数据技术推翻了自古以来人们思考问题的惯例，因此人们做决定和理解现实的最基本方式也受到了巨大的挑战。

（4）效率原理。大数据技术关注效率而不是精确度，这标志着人类在寻求量化和认识世界的道路上又前进了一大步。过去不可计量、存储、分析和共享的很多内容都被数据化了，拥有大量的数据和更多不十分精确的数据为我们理解世界打开了一扇新的大门。由关注精确度转变为关注效率的提高，大数据分析让企业的决策更科学，能大幅度提高企业的工作效率。

（5）数据价值原理。大数据技术使"功能是价值"转变为"数据是价值"，大数据真正意义地使数据变得在线，这也是互联网的显著特点。非互联网时期的产品，功能一定是它的价值，而今天互联网时期的产品，数据一定是它的价值。

7.1.4　大数据意义

在每个行业里，利用大数据技术不断增长的传感器信息流，如照片、文本、语音和视频数据等都在彻底地改变着世界的运营模式。例如，商业公司可以准确地预测哪些特定的客户群体会想要购买，以及何时购买，精确到令人难以置信的程度。因此，大数据技术也在帮助企业以更高效的方式运营。

大数据项目已经在许多方面帮助改变世界，展望未来大数据正在以前所未有的速度改变着世界和生活方式。如果今天的数据能够实现这一切，就想象一下明天的数据会有什么能力，所能获得的数据量只会增加，分析技术将变得更加先进。对于国内外企业来说，在未来几年中，利用大数据的能力将变得越来越关键，那些把大数据看作战略资产的公司，将是能够生存和繁荣的公司；反之，那些忽视这场革命的人，很可能将被抛在时代与技术的后面。

7.2　SPC 技术概述

7.2.1　SPC 技术定义

SPC 是 statistical process control 的缩写，即统计过程控制。统计过程控制技术是对制造流程进行测量、控制及品质改善的行业标准方法论，将其在实时生产过程中获得的以产品或其他形式存在的质量参数，绘制在事先确定好控制限的图表上，从而帮助企业对生产过程进行实时的管控与分析。SPC 软件工具是一种科学的、以数据为依据的质量分析与改进工具。在 SPC 软件工具的帮助下，企业的质量负责人再也不用靠"猜"来进行质量管理，控制限由生产的过程能力来决定，而公差限则根据客户的需求来设定。

7.2.2　SPC 技术工作原理

SPC 统计过程控制技术是一种借助数理统计方法的过程控制工具，其对生产过程进行分析评价，根据反馈信息及时发现系统性因素出现的征兆，并采取措施消除其影响，使过程维持在仅受随机性因素影响的受控状态，以达到控制质量的目的。

控制状态分为统计控制状态（即受控状态）和统计失控状态（即失控状态）两种。当检测过程仅受随机因素影响时，过程处于统计控制状态，简称受控状态；当检测过程中存在系统因素的影响时，过程处于统计失控状态，简称失控状态。过程波动具有统计规律性，当检测过程受控时，过程特性一般服从稳定的随机分布；而检测失控时，过程分布将发生改变，SPC 统计过程控制技术正是利用过程波动的统计规律性对过程进行分析控制。因而，其强调过程在受控和有能力的状态下运行，以使产品和服务稳定地满足顾客的要求。

SPC 强调全过程监控、全系统参与，并且强调用统计技术等科学方法来保证全过程的预防。SPC 不仅适用于质量控制，更可应用于一切管理过程，如产品设计、市场分析等。正是这种全员参与管理质量的思想，实施 SPC 可以帮助诸多企业在质量控制上真正做到"事前"预防与控制。

SPC 统计过程控制技术可以对过程作出可靠的评估，确定过程的统计控制界限，判断过程是否失控和过程是否有能力，为过程提供一个早期报警系统，及时监控过程的情况以防止废品的发生，减少对常规检验的依赖性，用定时的观察以及系统的测量方法替代大量的检测和验证工作。由于有了以上的预防和控制，很多企业可以降低成本、降低不良率、减少返工和浪费、提高劳动生产率、提供核心竞争力、赢得广泛客户、更好地理解和实施质量体系等。

7.2.3 SPC 技术常用分析方法

质量管理中常用的统计分析方法有控制图分析、直方图分析、排列图分析、散布图分析、工序能力指数分析、频数分析、统计量分析、相关性分析、回归分析等。这些工具和方法具有很强的实用性，而且较为简单，在许多国家和地区的各行各业都得到广泛的应用。

（1）控制图分析。通过控制图对过程状态进行监控，并可度量、诊断和改进过程的执行状态。

（2）直方图分析。直方图是以一组无间隔的直条图表现频数分布特征的统计图，其能够直观地显示出数据的分布情况。

（3）排列图分析。排列图又叫帕累托图，它是将各个项目产生的影响从最主要到最次要的顺序进行排列的一种工具。通过区分影响产品质量的主要、次要、一般问题，找出影响产品质量的主要因素，识别进行质量改进的机会。

（4）散布图分析。散布图是以点的分布反映变量之间相关情况，用来发现和显示两组数据之间相关关系的类型和程度，确认其预期关系的一种示图工具。

（5）工序能力指数（CPK）分析。CPK 是分析工序能力满足质量标准、工艺规范程度的一种有效方法。

（6）频数分析。通过频数分析形成观测量中变量不同水平的分布情况表。

（7）统计量分析。通过统计平均值、最大值、最小值、范围、方差等具体数值，了解过程的一些总体特征。

（8）相关性分析。相关性是研究变量之间关系的密切程度，并且假设变量都是随机变动，不分主次处于同等地位。

（9）回归分析。回归分析是分析变量之间相互关系的一种重要方法。

7.2.4　SPC 技术分析过程

实施 SPC 可以分为两个阶段，分别为分析阶段和监控阶段。在这两个阶段使用的控制图分别为分析用控制图和控制用控制图。

（1）分析阶段。分析阶段的主要目的是使过程处于统计稳态，并使过程能力足够。分析阶段首先进行生产准备工作，即把生产过程所需的原料、劳动力、设备、测量系统等按照标准要求进行准备，注意一定要确保生产是在影响生产的各要素无异常的情况下进行；然后用生产过程收集的数据计算控制界限，制成分析用控制图、直方图，或进行过程能力分析，检验生产过程是否处于统计稳态，以及过程能力是否足够。如果任何一个环节不能满足要求，则必须寻找原因进行改进，并重新进行生产准备及分析环节，直到达到了分析阶段的两个目的，分析阶段结束并进入 SPC 监控阶段。

（2）监控阶段。监控阶段的主要工作是使用控制用控制图进行监控，此时控制图的控制界限已经根据分析阶段的结果确定，生产过程的数据已绘制到控制上，密切观察控制图，控制图中点的波动情况可以显示出过程处于受控或失控状态。如果发现失控，必须寻找原因并尽快消除其影响。监控可以充分体现出 SPC 预防控制的作用。在工厂的实际应用中，对于每个控制项目都必须经过以上两个阶段，并且在必要时会重复进行从分析到监控的过程。

7.2.5　SPC 技术发展特点

经过近 70 年在全世界范围内的实践，SPC 理论已经发展得非常完善，其与计算机技术的结合日益紧密，在企业内的应用范围和应用程度也已经非常广泛和深入。概括来讲，SPC 的发展表现如下特点：

（1）SPC 技术分析功能强大。SPC 技术辅助决策作用在众多企业的实践基础上发展出繁多的统计方法和分析工具，应用这些方法和工具可以根据不同目的，从不同角度对数据进行深入的研究与分析，在这一过程中 SPC 的辅助决策功能越来越得到强化。

（2）SPC 技术体现全面质量管理思想。随着全面质量管理思想的普及，SPC 在企业产品质量管理上的应用也逐渐从生产制造过程质量控制扩展到产品设计、辅助生产过程、售后服务及产品使用等各个环节的质量控制，其强调了全过程的预防与控制。

（3）SPC 技术与计算机网络技术紧密结合。现代企业质量管理要求将企业内外更多的因素纳入考察监控范围，企业内部不同部门管理职能同时呈现出分工越来越细与合作越来越紧密两个特点，这都要求可快速处理不同来源的数据并做到最大程度的资源共享。为了适应这种需要，SPC 与计算机技术尤其是网络技术的结合越来越紧密。

（4）系统自动化程度不断加强。SPC 检测系统的自动化程度不断增强，传统系统中原始数据是手工抄录，然后人工计算、打点描图，或者采用人工输入计算机，然后再利用计算机进行统计分析。随着生产效率的提高，在高速度、大规模、重复性生产的制造型企业里，SPC 系统已更多采取利用数据采集设备自动进行数据采集，实时传输到质量控制中心进行分析的方式。

（5）系统可扩展性和灵活性要求越来越高。企业外部和内部环境的发展变化速度呈现出加速度的趋势，成功运用 SPC 系统不仅要适合现时的需要，更要符合未来发展的要求，因而对系统平台的多样性、软件技术的先进性、功能适应性和灵活性以及系统开放性等方面提出了越来越高的要求。

7.3 基于大数据的 SPC 质量控制系统

7.3.1 检测系统大数据库

在工业生产中，质量是效益的基础，是企业立足的根本，是提高国家综合实力的重要组成部分，更是安全的保障。在质量管理的发展过程中，产品质量已经从"检验"到"预防"，由"堵"到"疏"。不难看出，对生产过程中的质量水平要求越来越高，也越来越受到重视。

大数据本质就是数据，其关键的技术主要是大数据存储、管理以及大数据检索使用，包括数据挖掘和智能分析。大数据的直观表示方法有曲线图、扇形图、柱状图、概念图等多种方法。其中，曲线图可以直观地看出数据变化情况；扇形图可以看出数据占总体的百分比情况；柱状图可以看出数据的多少情况；概念图可以了解数据的层次及基本的概念情况。

PVC 涂胶喷涂机器视觉检测系统将大数据库的数据进行整理分析，通过编程软件进行程序设计，向数据库发送数据请求，将反馈的数据进行处理，从而生成反应数据变化情况的曲线，实现对该数据的实时监控，从而根据数据曲线的变化趋势做出预判断，根据变化程度做出实时调整，形成 PVC 涂胶喷涂质量反馈系统。

7.3.2　检测系统大数据曲线

在车辆的生产过程中，PVC 涂胶喷涂可以对车身板材间的焊缝进行密封，这对防护车身底部的石击性能是非常必要的。

PVC 涂胶是由聚氯乙烯、颜料、增塑剂等材料组成，其具有高黏度、易固化、耐候性好等优点，主要应用于汽车生产过程中的密封、防腐、隔音和隔热处理，是车辆制造过程中的一个重要环节。

PVC 密封涂胶通过注射喷枪注射在车身板材或者焊缝表面，使用机器视觉系统对车身下底盘或轮罩处 PVC 涂胶的未喷涂区域尺寸进行检测时车身底盘如图 7-1 所示，不需喷涂的区域主要有堵件安装区域和零部件安装区域，如图 7-1 中的圆形和矩形部分。

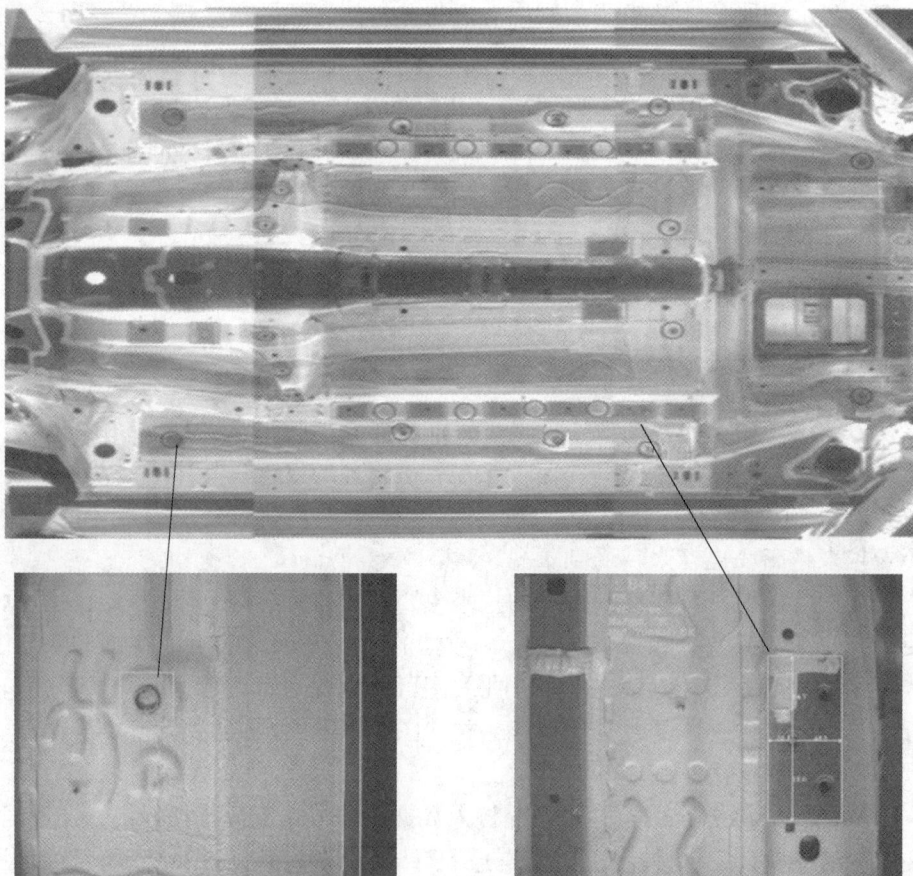

图 7-1　车辆底盘

机器视觉系统检测堵件安装区域的主要目的在于检测堵件是否百分百安装，零部件安装区域需要保证合适的尺寸区域未喷涂 PVC 涂胶。

（1）若 PVC 涂胶喷涂的扇面过大，可能会导致未喷涂区域过小，影响零部件的正常安装，或在喷涂车底面边缘时出现胶雾滴落在车身侧面上的现象，影响车身表面的光滑平整程度。

（2）若 PVC 涂胶喷涂的扇面过小，会导致未喷涂区域过大，增加局部腐蚀的风险。

因此在生产过程中，使用机器视觉系统对车身下底盘 PVC 涂胶的未喷涂区域尺寸进行检测是非常必要的。将检测的数据进行线性分析，可以更为直观地反映 PVC 涂胶喷涂的实际情况，实时的数据曲线可以提醒工人及时进行调整，保证 PVC 涂胶良好的喷涂状态。

7.3.3 曲线的大数据来源

采用机器视觉检测系统对车身下底盘或轮罩处 PVC 涂胶情况进行拍照，并识别检测图片中未喷涂区域的尺寸大小，将尺寸数据统一储存在一个大数据库中。页面曲线的数据从车身下底盘 PVC 涂胶尺寸检测数据库中进行数据读取。

以车身底盘喷涂一个机器人为例，读取数据库的程序如下：

```
//根据工作的机器人和对应的区域编号，构造数据筛条件字符串，
String Str_r41_c1 = "E4-L10-YR";
String Str_r41_c2 = "E6-L11-YR";
String Str_r41_c3 = "E1-L9-YR";
String str_name1 ="r41";
Calendar cal = Calendar.getInstance ();
SimpleDateFormat sfd = new SimpleDateFormat ("yyyy-MM-dd");
String today = sfd.format (cal.getTime ()) +"06: 00: 00";
//String today ="2019-01-12 06: 00: 00";
StringBuffer sb1 = new StringBuffer ();
sb1.append ("select dt, rd, cname from) (selectcarNum, date_format (check-
Time, '%H:%i') dt, sum (realData) rd, '");
sb1.append (str_name1);
sb1.append ("' cname from ( ");
sb1.append (" select carNum, checkTime, realData,
concat (carType, '-', imgIndex, '-', seqIdx, '-', position) ca from t_fil-
einfo_nopaint_f49 where checkTime >'");
sb1.append (today);
sb1.append ("') t where ca in ('");
```

```
sb1.append (Str_r41_c1);
sb1.append ("'", ' );
sb1.append (Str_r41_c2);
sb1.append ("'", "' );
sb1.append (Str_r41_c3);
sb1.append ("'") group by carNum,
date_format (checkTime, '%H:%i') order by checkTime) t1" );
out.println (sb1.toString () );
```

　　将不同机器人喷涂的不同区域进行编号划分，并选取与涂胶喷涂扇面大小有关的区域及其方向尺寸。在车辆数据库中，4 个喷涂机器人对应选取的数据取值见表 7-1。对车辆中 R21 号机器人进行数据库取值，并将对应的 3 个取值进行求和，作为曲线上的各个点，进而生成曲线，如图 7-2 所示。其中 R21 机器人喷涂获得的数据曲线对应的实际取值如图 7-3 所示。

表 7-1　车辆数据库取值

对应机器人	数据库取值 1	数据库取值 2	数据库取值 3
R41	E4-L10-YR	E6-L11-YR	E1-L9-YR
R21	E4-L10-YL	E1-L8-YL	E1-L9-YL
R42	B6-L12-YL	B4-R11-YL	B2-R10-YL
R22	B1-R9-YR	B2-R10-YR	B4-R11-YR

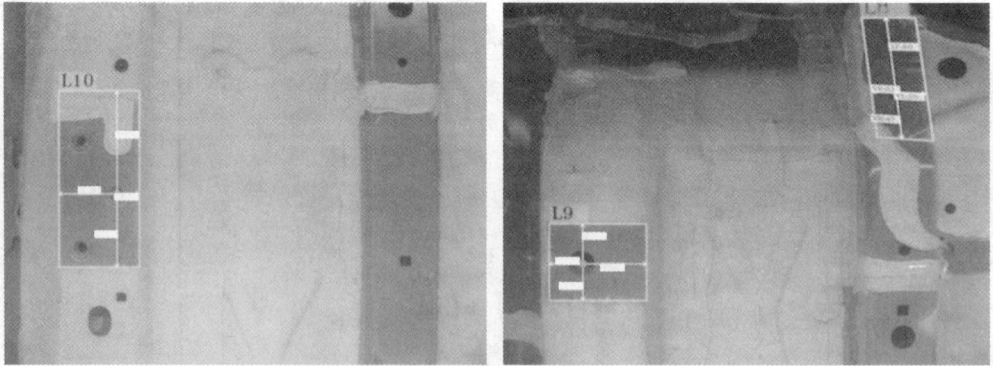

图 7-2　R21 机器人数据曲线的实际取值

7.3.4　数据曲线程序

　　Java 语言是一种简单的、安全的、动态的、可移植的、分布式的、解释型

SINCE 6:00AM

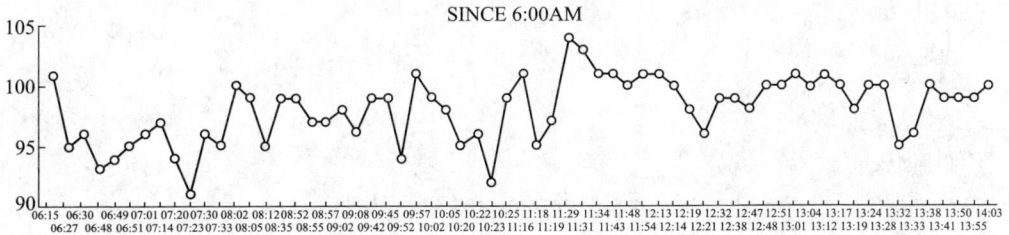

图 7-3　R21 机器人喷涂的数据曲线

的、多线程的、面向对象的、结构中立的、性能优异的计算机编程语言，因此，喷涂机器视觉检测系统使用 Java 作为开发生成曲线软件的计算机语言。设计生成 PVC 涂胶喷涂数据曲线页面的程序如下所示。

```
$ (function () {
var xAxisArr = new Array ();
//x 轴数据数组
var yAxisArr = new Array ();
//y 轴数据数组
var timer;
$ (document) .ready (function () {
refreshData ();}
if (timer = = undefined) {
timer = window.setInterval (refreshData, 60000);
//1 分钟刷新一次页面//}
function refreshData () {}
//获取数据库数据，制作图
$.ajax ( { type : "POST", url : "cartypedata.jsp",
dataType : "JSON",
success : function (json)
{ xAxisArr.length = 0; yAxisArr.length = 0;
//parse JSON data
var data = eval (json);
//解析 JSON 数据
for (var item in data) { for(var i = 0, j = data [item] .length; i<j; i++)
{ xAxisArr.push (data[item] [i].id);
yAxisArr.push (data[item] [i].name);}
//创建 div 容器
if ($ (" #container_" +item) .length = = 0) {$ (" #area_pt" ) .append (" <
divid='container_" +item+"' style='border: 1px solid gray;
```

```
margin-top: 2px;
width: 100%;
height: 280px;
'></div>" ); }
```

// 创建图表

```
createPt (xAxisArr, yAxisArr, "container_" +item, item);
xAxisArr.length=0; yAxisArr.length=0; } },
error : function (jqXHR, textStatus, errorThrown)
{ alert ("error during get data"); } }); }
```

// 创建图表函数

```
Function createPt (xAxis, yAxis, container, txtTitle)
{ new Highcharts.Chart ( { chart : {zoomType :'x',
renderTo : container },
exporting : {enabled : false},
xAxis : [ {categories : xAxis,
crosshair : true, style : {color :'#555555',
fontFamily :'BMW Group Condensed', fontSize: 10} } ],
title : { text :'PVC F49 Check Status:'+ txtTitle,
style : { color :'#fff',
fontFamily :'BMW Group Condensed',
fontWeight :'bold' }, Align :'center' },
yAxis : { // Primary yAxis labels : {format :'{value} ',
style : { color :'#fff', fontSize : 16} },
title : { text :'',
style : { color :'#89A54E'},
enabled : false },
gridLineWidth : 1,
plotBands: [{ // Light air from: 100,
to: 150, color:'rgba (0, 220, 0, 0.2) ',
label: { text:'OK', style: { color:'#606060' } } },
{ // Light breeze from: 150, to: 200,
color:'rgba (220, 0, 0, 0.2) ',
label: { text:'NOK',
style: { color:'#606060' } } } ] },
tooltip : { shared : true, enabled : true,
style : { "fontSize" : "16px", "color" : "#fff" } },
legend : {layout :'horizontal',
align :'center', verticalAlign:'top',
```

```
enabled : false,
itemStyle : {color : "#fff", fontSize : "10px" },
floating : false },
subtitle: { text: "Since 6: 00 AM" },
plotOptions : { line: { fillColor:
{ linearGradient: { x1: 0, y1: 0, x2: 0, y2: 1},
stops: [ [0, Highcharts.getOptions ( ) .colors [0] ],
[1, Highcharts.Color (Highcharts.getOptions ( ) .colors [0] ) .
setOpacity (0) .get ('rgba') ] ] },
marker: { lineColor:'#000000',
lineWidth: 1},
lineWidth: 3,
states: { hover: {lineWidth: 4 } },
threshold: null} },
series : [ {name :'Real Data', type :'line', data : yAxis,
dataLabels : {enabled : false,
color : Highcharts.getOptions ( ) .colors [1],
style : { "fontSize" : "16px", "color" : "#fff" } },
tooltip : { valueSuffix :",
formatter: function ( )
{ return '<b>' + this.series.name +'</b><br/>' +
Highcharts.dateFormat ('%Y-%m-%d %H:%M:%S',
this.x) +'<br/>'+Highcharts.numberFormat (this.y, 2); } } } ] } ); } );
} );
```

在页面上设置 X 和 Y 轴，其中以 X 轴表示时间的变化，以 Y 轴表示在数据库中获取的 3 个取值之和，并设定时间为 1min 更新 1 次页面，每日进行 1 次整个页面的更新，即以每 1 日为大单位，每 1min 为小单位进行实时监控。

将获得的数据进行制表，以折线图的形式在页面上表现出来。相比于其他图形，折线图不但可以看出数量的多少，而且可以看出数量的增减变化，这对不同时期数列的运动轨迹以及发展趋势有着较强的指示作用，能清晰地反映事物的变化趋势。因此，根据曲线上的点可以直观地、实时地获得该点的时间和数据信息。针对该数据的正常波动范围也做出了限制，并使用不同的颜色作为正常数据值和非正常数据中的背景，使其能够直观地、明显地被观察。此外在页面上的数据点上也做了详细的信息添加，当鼠标选中问题数据点时，页面将自动显示相关点的 3 个数据取值，即时间、车号以及该点数据的详细组成信息。

7.3.5　数据曲线结果

通过数据库调取数据，进行上述计算，生成曲线所需的数据，并返还给页面，调取数据返还页面的程序如下。

```
//链接数据库
try { //获取数据库链接
if (session.getAttribute ("con_n") == null)
{ Class.forName ("com.mysql.jdbc.Driver");
java.sql.DriverManager.registerDriver (new com.mysql.jdbc.Driver ());
conn = java.sql.DriverManager.getConnection("jdbc:mysql://10.201.170.161:
3306/bmw", "root", "root");
session.setAttribute ("con_n", conn);}
else { conn = (Connection) session.getAttribute ("con_n");}
//创建查询状态对象
Statement st = conn.createStatement ();
//执行查询语句
rs = st.executeQuery (sb1.toString ());
//遍历结果集
while (rs.next ()) { //54 结果放到 JSON 对象中
JSONObject jsonObject = new JSONObject ();
jsonObject.put ("id", rs.getString (1));
jsonObject.put ("name", Integer.parseInt (rs.getString(2)));
if (! cname.equals (rs.getString(3)) && !"" .equals (cname))
{json.put (cname, json_arr.toString());
json_arr.clear ();} json_arr.add (jsonObject);
cname = rs.getString (3);}
json.put (cname, json_arr.toString());
json_arr.clear ();
//out.println (json.toString());
//将构造的 JSON 结果返回给客户端
renferTOJson (response, json.toString());
} catch (Exception e) {out.println (e.getMessage());
}
```

通过整体程序设计对数据库进行数据 PVC 请求，获得所需的数据，并将数据进行处理后返还给页面，生成 4 个机器人 PVC 涂胶喷涂检测数据的曲线，如图 7-4 所示。4 条曲线分别反映了 4 个机器人的 PVC 涂胶喷涂状态，其中主要影响喷涂状态的是温度因素。

SINCE 6:00AM

07:39 07:47 07:50 07:59 08:07 08:17 08:23 08:26 08:35 08:40 08:54 09:06 09:14 09:17 09:28 09:32 09:38 09:43 09:49 10:01 10:11 10:14 10:24 10:28 11:18 11:29 11:36 11:39 11:47 11:56 12:04 12:07 12:13
07:45 07:49 07:57 08:00 08:15 08:20 08:25 08:31 08:36 08:53 09:03 09:11 09:16 09:22 09:30 09:34 09:40 09:45 09:52 10:05 10:13 10:18 10:26 10:29 11:25 11:31 11:38 11:44 11:49 11:58 12:05 12:08 12:15

SINCE 6:00AM

07:39 07:47 07:50 07:59 08:07 08:17 08:23 08:26 08:35 08:40 08:54 09:06 09:14 09:17 09:28 09:32 09:38 09:43 09:49 10:01 10:11 10:14 10:24 10:28 11:18 11:29 11:36 11:39 11:47 11:56 12:04 12:07 12:13
07:45 07:49 07:57 08:00 08:15 08:20 08:25 08:31 08:36 08:53 09:03 09:11 09:16 09:22 09:30 09:34 09:40 09:45 09:52 10:05 10:13 10:18 10:26 10:29 11:25 11:31 11:38 11:44 11:49 11:58 12:05 12:08 12:15

SINCE 6:00AM

07:39 07:47 07:50 07:59 08:07 08:17 08:23 08:26 08:35 08:40 08:54 09:06 09:14 09:17 09:28 09:32 09:38 09:43 09:49 10:01 10:11 10:14 10:24 10:28 11:18 11:29 11:36 11:39 11:47 11:56 12:04 12:07 12:13
07:45 07:49 07:57 08:00 08:15 08:20 08:25 08:31 08:36 08:53 09:03 09:11 09:16 09:22 09:30 09:34 09:40 09:45 09:52 10:05 10:13 10:18 10:26 10:29 11:25 11:31 11:38 11:44 11:49 11:58 12:05 12:08 12:15

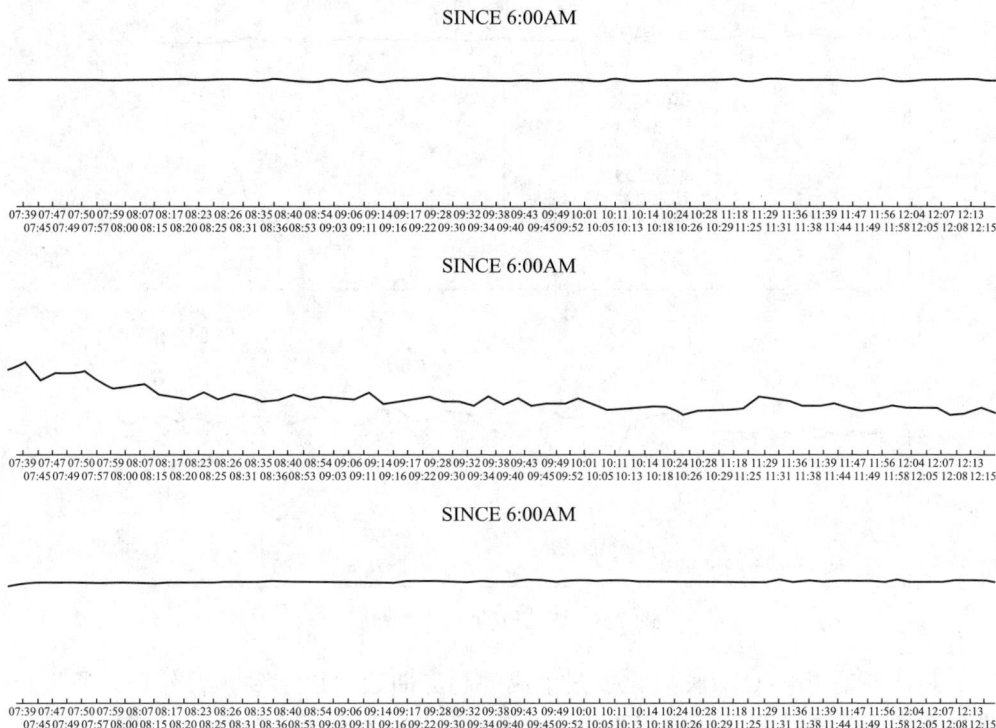

图 7-4 机器人 PVC 涂胶喷涂检测数据曲线

当机器人工作温度过高时，会使喷涂的扇面变宽，从而喷涂到车底面上的 PVC 涂胶就变宽，即检测的未喷涂区域尺寸就会变小，此时图中的 Y 轴数据值就会下降，形成下降趋势；当机器人工作温度过低时，会使喷涂的扇面变窄，从而喷涂到车底面上的 PVC 涂胶就变窄，即检测的未喷涂区域尺寸就会变大，使图中的 Y 轴数据值上升，形成上升趋势。

因此，从曲线的变化趋势可知喷涂扇面的宽度变化趋势，从而可知 PVC 涂胶的工作温度是否稳定，是否需要做出相应调整，使其达到正常使用的温度值和喷涂扇面宽度值。

如图 7-5 所示，鼠标选中急剧下降的某一个点，页面将自动跳出该点的详细信息。根据信息提示可知，该点发生的时间为 07:10，3 个数据和为 27，信息来自 3591U409 号车身，详细数据信息组成为 27。

在本页面的程序设计中，将详细数据设计成显示 3 个数据取值，而此处只显示 1 个数据取值，说明该点的下降原因是缺少 2 个数据取值，其原因可能是机器视觉系统未拍摄到图片或图片质量不达标未进行图片识别；或者另外两个检测尺寸的位置出现过喷涂，导致该区域被全部喷涂，检测结果为 0。因此出现这种情况需要进行进一步检查，搜索该车身号的车身下底盘 PVC 涂胶喷涂的图片信息，获得对应机器人的 3 个数据图片信息，分析具体问题的原因并解决。

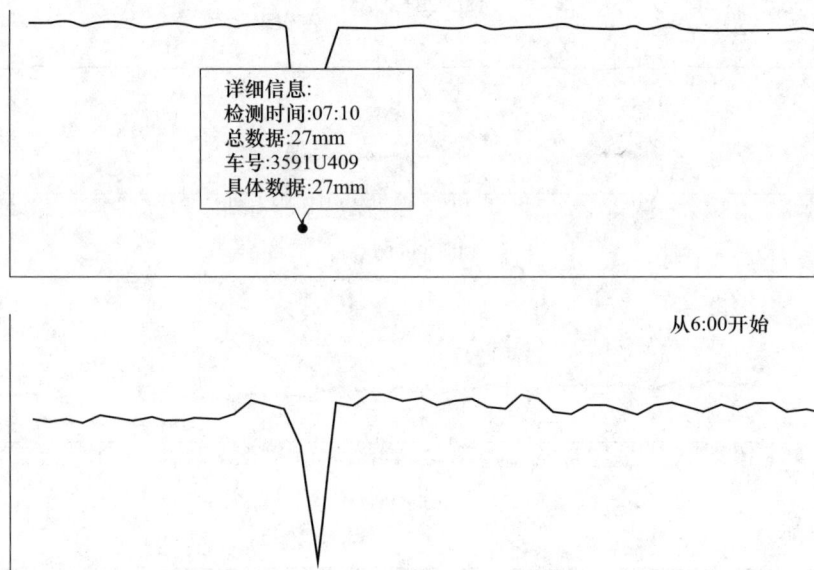

详细信息:
检测时间:07:10
总数据:27mm
车号:3591U409
具体数据:27mm

从6:00开始

图 7-5　波动值的详细信息图

目前,基于 PVC 涂胶喷涂数据生成的趋势曲线可以起到预警作用。通过长期的曲线观察并结合实际生产线喷涂效果的反馈,发现每次重新启动机器人设备时,PVC 涂胶喷涂效果不稳定,数据曲线呈较大值。因此,在每次启动设备时应进行预处理,将喷涂温度进行预升高,并在起线时将温度调回至正常使用值,以保证启动机器人设备时 PVC 涂胶喷涂处于正常状态。

7.4　基于曲线波动的预警窗口

7.4.1　曲线临界值

机器视觉检测系统的大数据监测意义就在于保证 PVC 涂胶喷涂稳定。对于堵件和零部件安装位置,未喷涂区域有规定的尺寸大小,主要根据堵件的大小及安装零部件的尺寸进行尺寸设定,并预留出±1cm 的误差值。设定的未喷涂区域尺寸加上±1cm 的误差值,称为监测数据的两个临界值。在临界值范围内的数据视为稳定数据,而超出临界值范围内的数据连续出现 3 点,这就意味着 PVC 涂胶的喷涂温度出现问题,使数据不稳定。

不同车型的不同区域具有不同的临界值,因此需要设定和更改不同车型以及机器人喷涂区域和未喷涂区域尺寸的临界值。图 7-6 所示为车型选择和更改界面,图 7-7 所示为页面上数据曲线的各个机器人选择界面,图 7-8 所示为对各个机器人负责的喷涂区域的尺寸进行临界值设置与更改的界面。

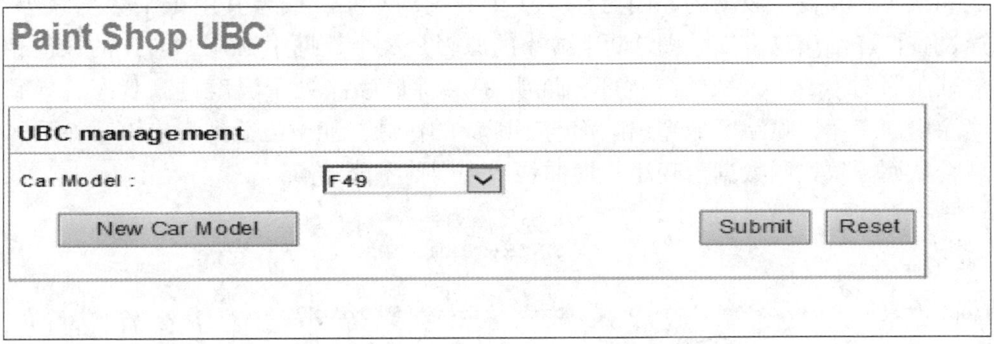

Paint Shop UBC

UBC management

Car Model : [F49 ▽]

[New Car Model]   [Submit] [Reset]

图 7-6 车型选择和更改界面

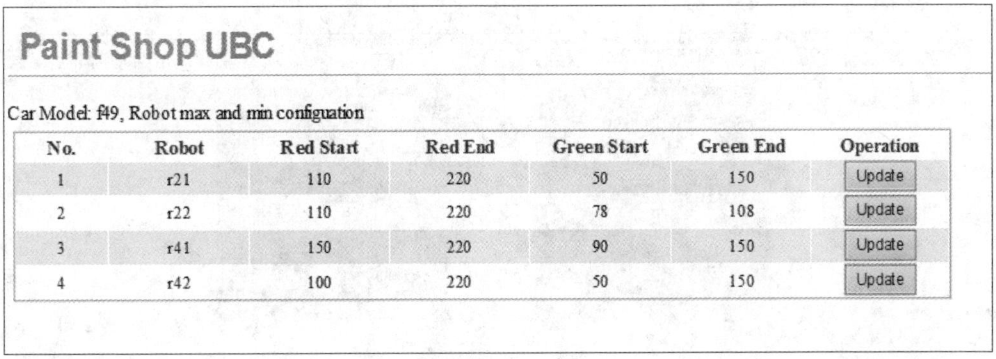

Paint Shop UBC

Car Model: f49, Robot max and min configuration

No.	Robot	Red Start	Red End	Green Start	Green End	Operation
1	r21	110	220	50	150	Update
2	r22	110	220	78	108	Update
3	r41	150	220	90	150	Update
4	r42	100	220	50	150	Update

图 7-7 机器人选择界面

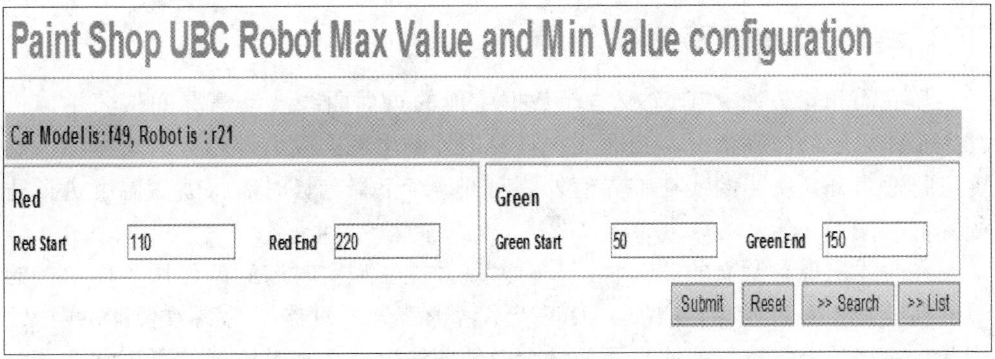

Paint Shop UBC Robot Max Value and Min Value configuration

Car Model is: f49, Robot is : r21

Red

Red Start [110]   Red End [220]

Green

Green Start [50]   Green End [150]

[Submit] [Reset] [>> Search] [>> List]

图 7-8 临界值设置界面

7.4.2 曲线波动情况

车辆的 R41 机器人喷涂 PVC 涂胶的未喷涂区域尺寸检测数据生成的曲线如图 7-9 所示。从图中可以看出，某一急速下降点与下降前稳定点相比，3 个数据之和减小，其发生波动的原因可能是 3 个数据均减小，或者其中 1 个数据减小。通过查询详细信息可知，图 7-9 中减小的原因是 3 个数据中 E6-L11-YR 的取值相对减小。图中 L11 区域的白色部分说明 PVC 涂胶喷涂处于温度过高状态，导致喷涂扇面变宽，喷涂区域超出喷涂与不喷涂的边缘，甚至覆盖到不应该喷涂的区域，从而导致检测数据值变小，使曲线出现数值下降的点。

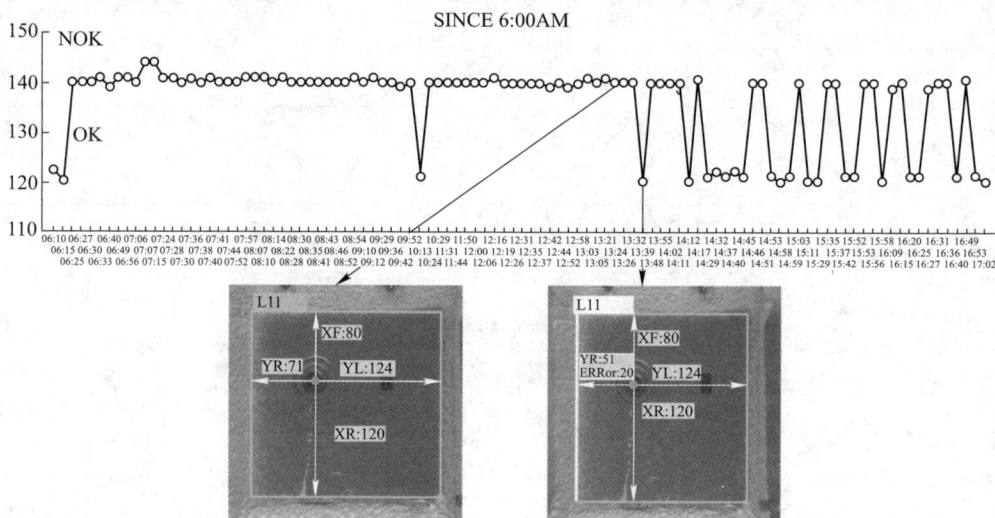

图 7-9　曲线波动原因

7.4.3　基于曲线波动预警窗口

车底面和轮毂处 PVC 涂胶喷涂数据生成的页面曲线波动情况间接表示出机器人工作温度的波动情况。当曲线在临界值外侧出现连续上升趋势时需将喷涂温度进行适当升高；当曲线在临界值外侧出现连续下降趋势时需将喷涂温度进行适当降低。

在曲线出现有意义的波动时，及时发现才能实现实时监测的作用。而单一的页面曲线需要人为观察，增加了人工成本，也就失去机器视觉高效智能的意义。因此，应将预警系统与曲线页面相结合，使曲线出现在临界值外的不正常波动时出现预警提示。

工业设备的预警方式有多种多样，其中普遍使用的预警方式有鸣笛、亮灯等，本机器视觉检测系统采用鸣笛和闪烁亮灯相结合的方式进行预警。当曲线上的数据连续出现三点在临界值外上升或下降时，预警系统将进行鸣笛和亮灯闪烁，提醒机器人操作人员检查机器人喷涂 PVC 涂胶的工作温度和状态，并进行相应的调整。当 PVC 涂胶喷涂的工作温度和状态调整至正常值后，数据曲线恢复至临界值范围，最后预警系统将恢复正常状态。本系统的预警过程如图 7-10 所示。

图 7-10　预警系统

预警系统与 PVC 涂胶喷涂数据曲线页面的结合，不仅可以减少人工成本、提高工作效率，而且可以提高智能系统的准确性和预见性，实现 PVC 涂胶喷涂的质量反馈系统。

7.5　本章小结

工业 4.0 的大数据时代已经渐渐渗入到人们的日常生活中，数据的重要性也逐渐被人们所认识。PVC 涂胶作为车身焊缝防腐的材料，在汽车生产中被广泛使用，因此车身底部或轮罩处 PVC 涂胶喷涂区域的尺寸数据监测，是保证 PVC 涂胶在焊缝处具有良好的防腐性能，而且不影响其他零部件安装的一个重要检测方法。

机器视觉智能检测系统使用 Java 语言开发软件，通过对大数据库进行数据请求，并对获得的数据进行计算，以 X 轴为时间，Y 轴为 3 个数据之和，每 1min 进行一次页面更新，实时监控 PVC 喷涂状态，曲线上添加了各个点的详细信息，例如：车身号、3 个数据取值及数据之和等。

　　大数据曲线的意义在于实时监测 PVC 涂胶的喷涂状态并实时进行调整，因此根据不同车型和不同区域需要安装的零部件尺寸，对不需要喷涂的区域尺寸做出预算，并设定±1cm 的误差值，进而给出了曲线的临界值。通过与临界值的对比，观察出曲线数据的波动情况是否存在连续超过 3 个点在临界值外连续上升或下降，若存在则预警窗口将开始亮灯闪烁并鸣笛预警，人工查看并相应调整 PVC 涂胶的工作温度，调至曲线恢复正常范围后将警报复位。

　　通过预警系统和 PVC 涂胶喷涂数据页面曲线相结合，完成了机器视觉检测PVC 涂胶状态的质量反馈系统。

8 六西格玛工具

<<<<<<<<<<<<<<<<<<<<<<<<<<<<<<<<<<<<<<<<<<<<<<<<<<<<<<<<<<<<<<

8.1 六西格玛概述

西格玛（σ）是标准差的意思，而六西格玛（6σ）也就是 6 倍标准差。它实际代表了在 $+/-6\sigma$ 的范围内，覆盖了 99.9997% 的所有可能，也就意味着超出 $+/-6\sigma$ 范围的机会只有百万分之三。

（1）狭义来说，六西格玛的质量标准是百万分之 3.4 的缺陷率。

（2）广义来说，企业内需要解决的问题或者目标大多可以定为六西格玛改善项目的目标。比如客户满意度提升、缺陷率降低、技术难题解决。

（3）再拓展开来，涉及数据分析和判真拒伪的场合也能应用。例如市场上的同等职位人员薪资分析、房市现状和趋势走向，均可基于收集的数据做出最合适的判断选择。

六西格玛是为了实现目标的方法论，其内容包罗各类工具，包括涉及统计学的相对复杂工具。但是归根到底，只要能够达成目标，用相对简单的工具效率更高，更能提升内部以及客户的满意度，同时提升内部对六西格玛方法论的认可。六西格玛也是一种方法论平台，它的工具库里有 20 种工具。以下收集了有关六西格玛管理的 20 种工具，比较抽象地介绍了含义与运用方面知识，有助于更深刻了解六西格玛，并运用到改善品质工作当中去，并不一定要公司推行此项管理制度。

8.2 六西格玛工具

8.2.1 管理工具 1——FMEA 和 FTA 分析

故障模式与影响分析（FMEA）和故障树分析（FTA）均是在可靠性工程中广泛应用的分析技术，国外已将这些技术成功地应用于解决各种质量问题。在 ISO 9004：2000 版标准中已将 FMEA 和 FTA 分析作为对设计和开发以及产品和过程的确认和更改进行风险评估的方法。目前，我国基本上仅将 FMEA 与 FTA 技术应用于可靠性设计分析，根据国外文献资料和国内部分企业技术人员的实践，FMEA 和 FTA 可以应用于过程（工艺）分析和质量问题的分析。质量是一个内涵很广的概念，可靠性是其中一个方面。

通过 FMEA 和 FTA 分析，可找出影响产品质量和可靠性的各种潜在的质量问题和故障模式及其原因（包括设计缺陷、工艺问题、环境因素、老化、磨损和加工误差等），经采取设计和工艺的纠正措施，提高产品的质量和抗各种干扰的能力。根据文献报道，某世界级的汽车公司大约50%的质量改进是通过 FMEA 和 FTA/ETA 来实现的。

8.2.2　管理工具2——Kano 模型

日本质量专家 Kano 把质量依照顾客的感受及满足顾客需求的程度分成 3 种：理所当然质量、期望质量和魅力质量。

（1）理所当然质量。当其特性不充足（不满足顾客需求）时，顾客很不满意；当其特性充足（满足顾客需求）时，无所谓满意不满意，顾客充其量是满意。

（2）期望质量。也称为一元质量，当其特性不充足时，顾客很不满意；充足时，顾客就满意。越不充足越不满意，越充足越满意。

（3）魅力质量。当其特性不充足时，并且是无关紧要的特性，则顾客无所谓；当其特性充足时，顾客就十分满意。

理所当然的质量是基线质量，是最基本的需求满足。

期望质量是质量的常见形式。

魅力质量是质量的竞争性元素。通常有以下特点：

（1）具有全新的功能，以前从未出现过。

（2）性能极大提高。

（3）引进一种以前没有见过甚至没考虑过的新机制，顾客忠诚度得到了极大的提高。

（4）一种非常新颖的风格。

Kano 模型 3 种质量的划分为六西格码改进提供了方向。如果是理所当然质量，就要保证基本质量特性符合规格（标准），实现满足顾客的基本要求，项目团队应集中在怎样降低故障出现率上；如果是期望质量，项目团队关心的就不是符合不符合规格（标准）问题，而是怎样提高规格（标准）本身，不断提高质量特性，促进顾客满意度的提升；如果是魅力质量，则需要通过满足顾客潜在需求，使产品或服务达到意想不到的新质量。项目团队应关注的是如何在维持前两个质量的基础上，探究顾客需求，创造新产品和增加意想不到的新产品质量。

8.2.3　管理工具3——POKA-YOKE 分析

POKA-YOKE 意为"防差错系统"。日本质量管理专家、著名的丰田生产体系创建人新江滋生（Shingeo Shingo）先生根据其长期从事现场质量改进的丰富经验，首创了 POKA-YOKE 的概念，并将其发展成为用以获得零缺陷，最终免除质量检验的工具。

POKA-YOKE 的基本理念主要有如下 3 个方面：

（1）决不允许哪怕一点点缺陷产品出现，要想成为世界的企业，不仅在观念上，而且必须在实际上达到"0"缺陷。

（2）生产现场是一个复杂的环境，每一天的每一件事都可能出现差错导致缺陷，缺陷导致顾客不满和资源浪费。

（3）不可能消除差错，但是必须及时发现和立即纠正，防止差错形成缺陷。

8.2.4 管理工具 4——QFD 方法

质量功能展开（Quality Function Deployment，QFD）是把顾客或市场的要求转化为设计要求、零部件特性、工艺要求、生产要求的多层次演绎分析方法，它体现了以市场为导向，以顾客要求为产品开发唯一依据的指导思想。在健壮设计的方法体系中，质量功能展开技术占有举足轻重的地位，它是开展健壮设计的先导步骤，可以确定产品研制的关键环节、关键的零部件和关键工艺，从而为稳定性优化设计的具体实施指出方向，确定对象。它使产品的全部研制活动与满足顾客的要求紧密联系，从而增强了产品的市场竞争能力，保证产品开发一次成功。

根据文献报道，运用 QFD 方法，产品开发周期可缩短 1/3，成本可减少 1/2，质量大幅度提高，产量成倍增加。质量功能展开在美国民用工业和国防工业已达到十分普及的程度，不仅应用于具体产品开发和质量改进，还被各大公司用作质量方针展开和工程管理目标的展开等。

2000 版 ISO 9000 系列标准要求"以顾客为关注焦点"，"确保顾客的要求得到确定并予以满足"，作为分析展开顾客需求的质量功能展开方法必将在 2000 版 ISO 9000 系列标准的贯彻实施中获得广泛的应用。

8.2.5 管理工具 5——SOW 工作说明

工作说明（Statement of Work，SOW）是合同的附件之一，具有与合同正文同等的法律效力。工作说明详细规定了合同双方在合同期内应完成的工作，如方案论证、设计、分析、试验、质量控制、可靠性、维修性、保障性、标准化、计量保证等；应向对方提供的项目，如接口控制文件、硬件、计算机软件、技术报告、图纸、资料，以及何时进行何种评审等，因此，工作说明以契约性文件的形式进一步明确了顾客的要求和承制方为实现顾客要求必须开展的工作，它使产品的管理和质量保证建立在法律依据之上，成为合同甲方（顾客）对乙方（承制单位）进行质量监控的有力工具。工作说明的详细要求可查阅 GJB 2742—1996。

工作说明的内容是质量功能展开的重要输入。

8.2.6　管理工具6——WBS体系

工作分解结构（Work Breakdown Structures，WBS）是对武器装备项目在研制和生产过程中应完成的工作自上而下逐级分解形成的一个层次体系。该层次体系以要研制和生产的产品为中心，由产品（硬件和软件）项目、服务项目和资料项目组成。

WBS是通过系统工程工作形成的，它显示并确定了武器装备项目的工作，并表示出各项工作之间以及它们与最终产品之间的关系，充分体现了系统的整体性、有序性（层次性）和相关性。GJB 2116—1994给出了WBS的典型发展过程及编制的基本要求，并在附录中提供了七类武器系统的纲要WBS。

在质量功能展开和系统设计等工作中应用WBS的层次体系，参照GJB 2116—1994给出的纲要WBS，将极大地方便产品功能、结构和研制工作的构思，有助于QFD和系统设计等工作的完成，也有助于工作说明（SOW）的编制。WBS是对武器装备研制实施系统工程管理的有效工具，也是设计完整性的保证。WBS的原理和思想也同样适用于各种大型、复杂、高科技的民用产品。

8.2.7　管理工具7——并行工程体系

并行工程（Concurrent Engineering）是对于产品和其有关的过程（包括制造和保障过程）进行并行设计的一种系统的综合方法，它要求研制者从一开始就考虑整个产品寿命周期（从概念形成到产品报废处置）中的全部要素，包括质量、成本、进度及顾客需求。并行工程要求特别重视源头设计，在设计的开始阶段，就设法把产品开发所需的所有信息进行综合考虑，把许多学科专家的经验和智慧汇集在一起，融为一体。

在健壮设计中，尤其在进行质量功能展开和系统设计时，必须贯彻并行工程的原理和指导思想。

8.2.8　管理工具8——参数设计方法

参数设计（Parameter Design）在系统设计之后进行。参数设计的基本思想是通过选择系统中所有参数（包括原材料、零件、元件等）的最佳水平组合，从而尽量减少外部、内部和产品间三种干扰的影响，使所设计的产品质量特性波动小、稳定性好。另外，在参数设计阶段，一般选用能满足使用环境条件的最低质量等级的元件和性价比高的加工精度来进行设计，使产品的质量和成本两方面均得到改善。

参数设计是一个多因素选优问题。由于要考虑三种干扰对产品质量特性值波动的影响，探求抗干扰性能好的设计方案，因此参数设计比正交试验设计要复杂得多。田口博士采用内侧正交表和外侧正交表直接来安排试验方案，用信噪比作为产品质量特性的稳定性指标来进行统计分析。

为什么即使采用质量等级不高、波动较大的元件，通过参数设计，系统的功能仍十分稳定呢？这是因为参数设计利用了非线性效应。通常产品质量特性值 y 与某些元部件参数的水平之间存在着非线性关系，假如某一产品输出特性值为 y，目标值为 m，选用的某元件参数为 x，其波动范围为 D_x（一般呈正态分布），若参数 x 取水平 x_1，由于波动 D_x，引起 y 的波动为 D_{y1}，通过参数设计，将 x_1 移到 x_2，此时同样的波动范围 Δx，引起 y 的波动范围缩小成 D_{y2}，由于非线性效应十分明显，$D_{y2} < D_{y1}$，由此可见，只要合理地选择参数的水平，在参数的波动范围不变的条件下（也就意味着不增加成本），就可以大大减少质量特性值 y 的波动范围，从而提高了产品的稳定性。但与此同时，却发生了新的矛盾，这就是 y 的目标值从 m 移到了 $m_?$，偏离量 $\Delta m = m_? - m$。如何使 y 保持稳定，而又不偏离目标值呢？这时，可设法找一个与输出特性 y 呈线性关系，且易于调整的元器件参数 z（调整因素），即 $y = a + bz$，只要把 z 从 z_1 调到 z_2，即可补偿偏离量 Δm。如果不采用参数设计，利用非线性关系，而是按传统方法直接进行容差设计，把元件 x 由较低质量等级改为很高质量等级，也就是说将参数 x 的波动范围由 Δx 缩小为 Δx_1，而对应于水平 x_1 的质量特性 y 的波动范围变为 Δy_3，虽然 $\Delta y_3 < \Delta y_1$，但这是以增加成本为代价取得的；而且可能仍然是 $\Delta y_3 > \Delta y_2$，即提高了元件质量等级后，对应于 x_1 的产品质量特性 y 的波动范围仍然比采用较低质量等级元件、对应于水平 x_2 的 y 波动范围 D_{y2} 要宽，由此可以看出参数设计的优越性小于 D_{y1}，由此可见，只要合理地选择参数的水平，在参数波动范围不变的条件下（也就意味着不增加成本），就可以大大减少质量特性值 y 的波动范围，从而提高产品的稳定性。

8.2.9 管理工具9——发散思维理论

发散思维又称求异思维、辐射思维，是指从一个目标出发，沿着各种不同的途径去思考，探求多种答案的思维，与聚合思维相对。不少心理学家认为，发散思维是创造性思维最主要的特点，是测定创造力的主要标志之一。

美国心理学家吉尔福特认为，发散思维具有流畅性、灵活性、独创性3个主要特点。

（1）流畅性是指智力活动灵敏迅速、畅通少阻，能在较短时间内发表较多观念，是发散思维的量的指标。

（2）灵活性是指思维具有多方指向，触类旁通、随机应变，不受功能约束、定势的约束，因而能产生超常的构思，提出不同凡响的新观念。

（3）独创性是指思维具有超乎寻常的新异的成分，因此它更多表证发散思维的本质。可以通过从不同方面思考同一问题，如"一题多解""一事多写""一物多用"等方式，培养发散思维能力。

8.2.10　管理工具10——方差分析与回归分析

方差分析（Analysis of Variance，ANOVA）是数理统计学中常用的数据处理方法之一，是工农业生产和科学研究中分析试验数据的一种有效的工具。也是开展试验设计、参数设计和容差设计的数学基础。一个复杂的事物，其中往往有许多因素互相制约又互相依存。方差分析的目的是通过数据分析找出对该事物有显著影响的因素，各因素之间的交互作用，以及显著影响因素的最佳水平等。方差分析是在可比较的数组中，把数据间总的"变差"按各指定的变差来源进行分解的一种技术。对变差的度量，采用离差平方和。方差分析方法就是从总离差平方和分解出可追溯到指定来源的部分离差平方和。这是一个很重要的思想。

回归分析（Regression Analysis）是研究一个变量 Y 与其他若干变量 X 之间相关关系的一种数学工具，它是在一组试验或观测数据的基础上，寻找被随机性掩盖了的变量之间的依存关系。粗略地讲，可以理解为用一种确定的函数关系去近似代替比较复杂的相关关系，这个函数称为回归函数，在实际问题中称为经验公式。回归分析所研究的主要问题就是如何利用变量 X、Y 的观察值（样本）对回归函数进行统计推断，包括对它进行估计及检验与它有关的假设等。

8.2.11　管理工具11——顾客满意度评估

ISO 9000：2000 系列标准要求企业对顾客有关组织是否已满足其要求的感受的信息进行测量和监视。与顾客有关的信息可包括对顾客和使用者的调查、有关产品方面的反馈、顾客要求和顾客抱怨、合同信息、市场需求、服务提供数据和竞争方面的信息等。

对于顾客满意的评估可以有各种方法，近年来，美国、瑞典等国采用顾客满意度指数（Customer Satisfaction Index，CSI）进行评估，很有成效。CSI 是用于评价产品（硬件、软件、服务、流程性材料）满足顾客需求程度的参数，也是评价产品质量的一种综合指数。设顾客对产品提出了 n 项需求，每项需求得到满足的程度为 $q_i(i = 1，2，\cdots，n)$，则顾客满意度指数 CSI 是 q_i 的函数。

对于 q_i，应由市场开发人员对顾客群进行随机抽样调查，结合通过售后服务所收集的顾客投诉和对产品的质量问题进行分析、统计来确定。顾客满意度指数的评估是相当复杂的事情。企业、社会和国家机关都可以根据需要委托中立的专业机构进行产品、服务和行业的顾客满意度指数的评估，用以指导质量改进的方向。

8.2.12 管理工具 12——精益生产

精益生产（Lean Production，LP）是美国麻省理工学院根据其在"国际汽车项目"研究中，基于对日本丰田生产方式的研究和总结，于 1990 年提出的制造模式。其核心是追求消灭包括库存在内的一切"浪费"，并围绕此目标发展了一系列具体方法，逐渐形成了一套独具特色的生产经营管理体系。

精益生产是通过系统结构、人员组织、运行方式和市场供求等方面的变革，使生产系统能很快适应用户需求不断变化，并能使生产过程中一切无用、多余的东西被精简，最终达到包括市场供销在内的生产的各方面最好的结果。

8.2.13 管理工具 13——均匀设计

正交试验设计在挑选试验点时有两个特点：均匀分散、整齐可比。"均匀分散"使试验点有代表性，"整齐可比"便于试验数据的分析。为了保证"整齐可比"，正交设计至少要求做 q_2 次试验。若要减少试验的数目，只有去掉整齐可比的要求。均匀设计就是只考虑试验点在试验范围内均匀散布的一种试验设计方法。均匀设计和正交设计相似，也是通过一套精心设计的表——均匀表来进行试验设计，用回归分析的方法分析试验结果。

每一个均匀设计表有一个代号，其中 U 表示均匀设计，n 表示要做 n 次试验，q 表示每个因素有 q 个水平，s 表示该表有 s 列，U 的右上角加"*"和不加"*"代表两种不同类型的均匀表。通常加"*"的均匀表有更好的均匀性。均匀设计的一个显著特点是试验次数随着因素水平的增加而显著减少。

8.2.14 管理工具 14——排列图分析

排列图的全称是"主次因素排列图"，也称为 Pareto 图。它是影响产品质量的各种因素中主要因素的一种方法，由此可以用来确定质量改进的方向。因为在现实中存在的多数问题通常是由少数原因引起的。

例如，将经济学上的 80/20 原则用到管理领域，其基本原理是区分"关键的少数"和"次要的多数"，这样有助于抓关键因素，解决主要问题，为直观起见，用图形表示出来，这一图形便是排列图。

8.2.15 管理工具 15——平衡计分卡分析

哈佛商学院的罗伯特 . S. 卡普兰（Robert Kaplan，哈佛商学院的领导力开发课程教授）和诺朗诺顿研究所所长大卫 . P. 诺顿（David Norton，复兴全球战略集团创始人兼总裁）经过为期一年对在绩效测评方面处于领先地位的 12 家公司进行研究后发展出一种全新的组织绩效管理方法，即"平衡计分卡"，并发表于

1992 年 1 月 2 日的《哈佛商业评论》中。

平衡计分卡的基本内容：平衡计分卡打破了传统的只注重财务指标的业绩管理方法，认为传统的财务会计模式只能衡量过去发生的事情。在工业时代，注重财务指标的管理方法还是有效的，但在信息社会里，传统的业绩管理方法并不全面。组织必须通过在客户、供应商、员工、组织流程、技术和革新等方面的投资，获得持续发展的动力。基于这种认识，平衡计分卡方法认为，组织应从 4 个角度审视自身业绩：客户、业务流程、学习与成长、财务。平衡计分卡中的目标和评估指标来源于组织战略，它把组织的使命和战略转化为有形的目标和衡量指标。

8.2.16　管理工具 16——容差设计

容差设计（Tolerance Design）在完成系统设计和由参数设计确定了可控因素的最佳水平组合后进行，此时各元件（参数）的质量等级较低，参数波动范围较宽。

容差设计的目的是在参数设计阶段确定的最佳条件的基础上，确定各个参数合适的容差。容差设计的基本思想如下：根据各参数的波动对产品质量特性贡献（影响）的大小，从经济性角度考虑有无必要对影响大的参数给予较小的容差（例如用较高质量等级的元件替代较低质量等级的元件）。这样做，一方面可以进一步减少质量特性的波动，提高产品的稳定性，减少质量损失；另一方面，由于提高了元件的质量等级，使产品的成本有所提高。因此，容差设计阶段既要考虑进一步减少在参数设计后产品仍存在的质量损失，又要考虑缩小一些元件的容差将会增加成本，要权衡两者的利弊得失，采取最佳决策。

总之，通过容差设计可确定各参数的最合理的容差，使总损失（质量与成本之和）达到最佳（最小）。使若干参数的容差减少需要增加成本，但由此会提高质量，减少功能波动的损失。因此，要寻找使总损失最小的容差设计方案。用于容差设计的主要工具是质量损失函数和正交多项式回归。

参数设计与容差设计是相辅相成的。按照参数设计的原理，一方面，每一层次的产品（系统、子系统、设备、部件、零件），尤其交付顾客的最终产品都应尽可能减少质量波动，缩小容差，以提高产品质量，增强顾客满意；但另一方面，每一层次产品均应具有很强的承受各种干扰（包括加工误差）影响的能力，即应容许其下属零部件有较大的容差范围。对于下属零部件应通过容差设计确定科学合理的容差，作为生产制造阶段符合性控制的依据。但应指出，此处的符合性控制与传统质量管理的符合性控制有两点不同：

（1）检验工序不能只记录通过或不通过，还应记录质量特性的具体数值；不能只给出不合格率，还要按照质量损失的理论制订科学的统计方法来给出质量水平的数据。

（2）采用适应健壮设计的在线质量控制方法（如先进的 SPC 方法等），实时监控产品质量波动的情况，进行反馈和工艺参数的调整；针对存在的问题，不断采取措施改进工艺设计，提高产品质量，在减少总损失的前提下使质量特性越来越接近目标值，当条件具备时，应减少容差范围。

8.2.17 管理工具 17——实验设计

实验设计（Design of Experiments，DOE）是研究如何制定适当实验方案以便对实验数据进行有效的统计分析的数学理论与方法。实验设计应遵循三个原则：随机化、局部控制和重复。随机化的目的是使实验结果尽量避免受到主客观系统因素的影响而呈现偏倚性；局部控制是划分区组，使区组内部尽可能条件一致；重复是为了降低随机误差的影响，目的仍在于避免可控的系统性因素的影响。实验设计大致可以分为 4 种类型：析因设计、区组设计、回归设计和均匀设计。析因设计又分为全面实施法和部分实施法。析因实验设计方法就是常说的正交实验设计。

所谓正交实验设计就是利用一种规格化的表——正交表来合理地安排实验，利用数理统计的原理科学地分析实验结果，处理多因素实验的科学方法。这种方法的优点是，能通过代表性很强的少数次实验，摸清各个因素对实验指标的影响情况，确定因素的主次顺序，找出较好的生产条件或最优参数组合。经验证明，正交实验设计是一种解决多因素优化问题的卓有成效的方法。正交表是运用组合数学理论在拉丁方和正交拉丁方的基础上构造的一种表格，它是正交设计的基本工具，它具有均衡分散、整齐可比的特性。

实验设计法已有 70 余年的历史，在美国和日本被广泛应用于农业、制药、化工、机械、冶金、电子、汽车、航空、航天等几乎所有工业领域，以提高产品质量。美国汽车工业标准 QS 9000 "质量体系的要求"中已将实验设计列为必须应用的技术之一。著名的参数设计也是在正交实验设计的基础上发展起来的。另外开展实验设计不但可找到优化的参数组合，在很多情况下也可通过设置误差列进行方差分析，定性地判断环境因素和加工误差等各种误差因素对期望的产品特性的影响，并采取改进措施，消除这些误差的影响。因此对于一些简单的工程问题，直接应用实验设计法也能获得满意的健壮设计方案。实验设计还可应用于改进企业管理，调整产品结构，制定生产效益更高的生产计划等。

8.2.18 管理工具 18——水平比较法

水平比较法（Benchmarking）又称标杆法，是对照最强有力的竞争对手或已成为工业界领袖的公司，在产品的性能、质量和售后服务等各个方面进行比较分析和度量，并采取改进措施的连续过程。

水平比较法包括两个重要的方面：一方面制订计划，不断地寻找和树立国内、国际先进水平的标杆，通过对比和综合思考发现自己产品的差距；另一方面不断地采取设计、工艺和质量管理的改进措施，取人之长，补己之短，不断提高产品的技术和质量水平，超过所有的竞争对手，达到和保持世界先进水平。采用水平比较法不是单纯地模仿，而是创造性地借鉴。

由此可见，只有通过深入的思考、研究，集众家之所长，开展技术创新，实现产品性能的突破。只有掌握了突破性的技术，才有可能领先世界。为了更好地贯彻水平比较法，应当建立有关的数据库，并不断更新。水平比较法在美国已获得广泛的应用，并取得明显的成效。

8.2.19　管理工具 19——统计过程控制

统计过程控制（Statistical Process Control，SPC）是由美国休哈特博士于 20 世纪 20 年代提出的，自第二次世界大战后，SPC 已逐渐成为西方工业国家进行在线质量控制的基本方法。根据 SPC 理论，产品质量特性的波动是出现质量问题的根源，质量波动具有统计规律性，通过控制图可以发现异常，通过过程控制与诊断理论（SPCD）可以找出异常的原因并予以排除。常用的休哈特控制图有均值-极差（x-R）控制图、均值-标准差（x-S）控制图、中位数-极差（x-R）控制图、单值-移动极差（x-Rs）控制图、不合格品率（P）控制图、不合格品数（Pn）控制图、缺陷数（C）控制图、单位缺陷数（u）控制图等。SPC 方法是保持生产线稳定、减少质量波动的有力工具。

近年来，SPC 方法获得进一步发展，例如波音公司为了贯彻健壮设计思想，推出了一套新的供应商质量保证规范 Dl-9000，主要的变化是要求建立先进的质量体系（Advanced Quality System，AQS）。AQS 体系将田口的质量损失的概念纳入生产制造阶段的质量管理之中，提出了一整套与健壮设计相适应的生产制造质量控制要求。

AQS 体系首先要求确定生产制造阶段产品的关键特性，对这些关键特性及其所涉及的零部件，要求开展工艺健壮设计，以便确定健壮的工艺。在生产制造中要建立对关键特性的监控措施，除了应用 SPC 的常规控制图外，AQS 给出了三种小批量控制图（即单值移动极差控制图、目标控制图和比例控制图）、两种改进的控制图即移动平均控制图和几何移动平均控制图，另外还需要提高控制图监控灵敏度的一些措施。根据监控情况和实际需要，改进工艺参数或改进工艺设计，纠正引起质量波动的任何人机料法环的因素，从而实现质量的连续改进。

8.2.20　管理工具 20——头脑风暴法

头脑风暴法又称智力激励法，是现代创造学奠基人美国奥斯本提出的，是一种创造能力的集体训练法。它把一个组的全体成员都组织在一起，使每个成员都毫无顾忌地发表自己的观点，既不怕别人的讥讽，也不怕别人的批评和指责，是一个使每个人都能提出大量新观念、创造性解决问题的最有效的方法。它有四条基本原则：

（1）排除评论性批判，对提出观念的评论要在后期进行。

（2）鼓励"自由想象"。提出的观念越荒唐，可能越有价值。

（3）要求提出一定数量的观念。提出的观念越多，就越有可能获得更多的有价值的观念。

（4）探索研究组合与改进观念。除了与会者本人提出的设想以外，要求与会者指出，按照他们的想法怎样做才能将几个观念综合起来，推出另一个新观念；或者要求与会者借题发挥，改进他人提出的观念。

8.3 本章小结

西格玛（σ）是标准差的意思，而六西格玛（6σ）也就是 6 倍标准差。它实际代表了在 $+/-6\sigma$ 的范围内，覆盖了 99.9997% 的所有可能，也就意味着超出 $+/-6\sigma$ 范围的机会只有百万分之三。六西格玛方法论的工具库里有 20 种工具，它们分别为 FMEA 和 FTA 分析、Kano 模型、POKA-YOKE 分析、QFD 方法、SOW 工作说明、WBS 体系、并行工程体系、参数设计方法、发散思维理论、方差分析与回归分析、顾客满意度评估、精益生产、均匀设计、排列图分析、平衡计分卡分析、容差设计、实验设计、水平比较法、统计过程控制及头脑风暴法。

9　IATF16949 质量管理体系

9.1　IATF16949 概述

　　IATF（International Automotive Task Force）国际汽车工作组是由世界上主要的汽车制造商及协会于 1996 年成立的一个专门机构，机构成立的目的就是协调国际汽车质量系统规范。

　　IATF16949 质量管理体系是国际汽车行业的一个质量系统技术规范，是一系列要求的组合，它规定了汽车供应链上的企业应该如何管理质量，以证明以下重要内容：（1）能够稳定地提供满足客户需求并符合法律法规的产品；（2）建立一套自我完善、持续改进的有效机制，能不断提升客户满意度，可以不断提升产品质量，降低生产成本。实际上 IATF16949 质量管理体系不仅仅适用于汽车行业，对所有的制造行业都是可以借鉴的。

　　IATF 对 3 个欧洲规范——VDA6.1（德国）、AVSQ（意大利）、EAQF（法国）和 QS-9000（北美）进行了协调，在和 ISO 9001：2000 版标准结合的基础上，在 ISO/ TC176 的认可下，制定出了 ISO/TS16949：2002 这个规范。

　　2002 年 3 月 1 日，ISO 与 IATF 公布了国际汽车质量的技术规范 ISO/TS16949：2002，这项技术规范适用于整个汽车产业生产零部件与服务件的供应链，包括整车厂，2002 年版的 ISO/TS16949 已经生效，并展开认证工作。

　　在 2002 年 4 月 24 号，福特、通用和克莱斯勒三大汽车制造商在美国密歇根州底特律市召开了新闻发布会，宣布对供应厂商要采取统一的一个质量体系规范，这个规范就是 ISO/TS16949。供应厂商如果没有得到 ISO/TS16949 的认证，即意味着失去作为一个供应商的资格。

　　2009 年更新为 ISO/TS16949：2009，目前执行的最新标准为 IATF16949：2016。

　　近几年，法国雪铁龙（Citroen）、标志（Peugeot）、雷诺（Renault）和日本日产（Nissan）汽车制造商已强制要求其供应商通过 ISO/TS16949 的认证。

9.2　IATF16949 五大工具

　　IATF16949 质量管理体系包括 APQP 产品质量先期策划、FMEA 潜在的失效模式及后果分析、PPAP 生产件批准程序、SPC 统计过程控制和 MSA 测量系统分析五大工具。

9.2.1 APQP 产品质量先期策划

APQP（Advanced Product Quality Planning）即产品质量先期策划，是一种结构化的方法，用来确定和制定确保某产品使顾客满意所需的步骤，通俗地讲，就是对产品设计和开发的控制流程。

APQP 实施阶段中包含活动，如图 9-1 所示。

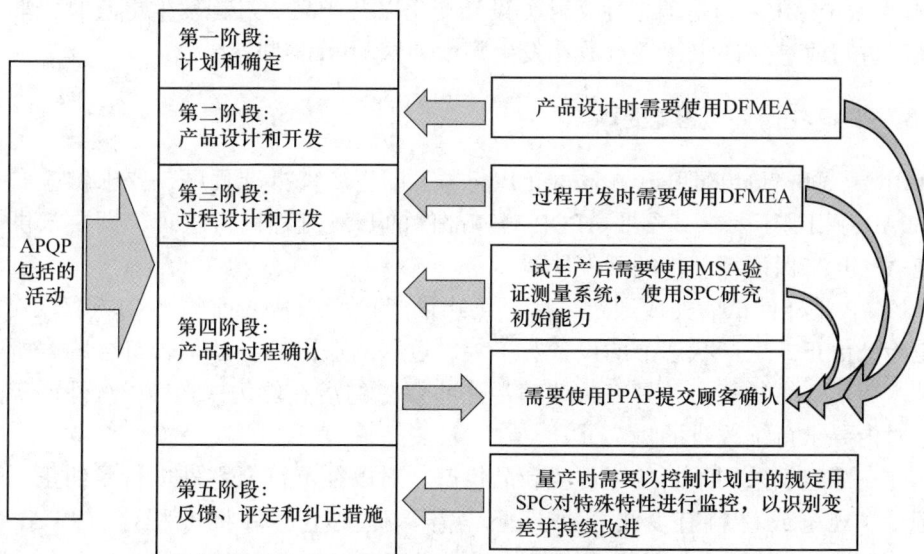

图 9-1 APQP 实施活动

APQP 强调对过程的开发和确认，并将制造、设备管理等环节为保证新品顺利量产所开展的相关工作纳入管理，APQP 是一个"大开发的概念"。

APQP 的第一步是成立跨职能小组，可包括质量、技术、制造、材料控制、采购、销售、现场服务、供应商和顾客的代表，目标是促进与所涉及的每一个人的联系，以确保所要求的步骤按时完成。有效的产品质量策划依赖于公司高层管理者对努力达到使顾客满意这一宗旨的承诺。

产品质量策划有如下的益处：（1）引导资源，使顾客满意；（2）促进对所需更改的早期识别；（3）避免晚期更改；（4）以最低的成本及时提供优质产品。

9.2.2 FMEA 潜在的失效模式及后果分析

FMEA（Potential Failure Mode and Effects Analysis），即潜在的失效模式及后果分析，是一门事前预防的定性分析技术，是在产品、过程、服务等的策划设计阶段，对构成产品的各子系统、零部件，对构成过程，服务的各个程序逐一进行分析，找出潜在的失效模式，分析其可能的后果，评估其风险，从而预先采取措施，减少失效模式的严重度，降低其可能发生的概率，以有效地提高质量与可靠性，确保顾客满意的系统化活动。

按其应用领域常见 FMEA 有设计 FMEA（DFMEA）和过程 FMEA（PFMEA）。DFMEA 应在设计意图最终形成之时开始，并在正式的产品图样完成之时或之前结束；PFMEA 应在制造可行性分析阶段、生产工装准备及过程设计确定前开始，并贯穿整个过程设计，在正式的工艺文件和工装确定之前完成。DFMEA 及 PFMEA 均是动态性文件，设计变化以及产品、过程发生更改时，都需要及时进行改进并评审。重点放在发生频度和探测度的排序上。

9.2.3　PPAP 生产件批准程序

PPAP（Production Part Approval Process）即生产件批准程序，要求供应商提供 PPAP，相当于要求其参照 APQP 对零部件的开发流程进行管理，即要求供方实施 APQP 来保证零部件的开发质量。

PPAP 是样件试验完成通过之后，正式量产投产供货之前的一个环节。其目的是验证由正式生产状态下的设备、工装、过程制造出的产品是否符合顾客所需的技术标准、供货能力并具有持续满足这些要求的潜在能力。PPAP 对外证实能力，对内寻求持续改进的机会。

在一个组织采用了新的零件或新品投产，对以往不符合零件进行了纠正，设计记录、规范或材料有变更等情况下，需要提交生产件批准程序（PPAP）。PPAP 提交等级不同决定其提交资料的详略程度不一，常见的项目及记录包含设计记录、设计失效模式及后果分析（DFMEA）、过程流程图、过程失效模式及后果分析（PFMEA）、控制计划、测量系统分析研究、全尺寸测量结果、材料/性能试验结果记录、初始过程研究、外观批准报告等。

9.2.4　SPC 统计过程控制

SPC（Statistical Process Control）即统计过程控制，主要是指应用统计分析技术对生产过程进行适时监控，科学区分出生产过程中产品质量的随机波动与异常波动，从而对生产过程的异常趋势提出预警，以便生产管理人员及时采取措施，消除异常，恢复过程的稳定从而达到提高和控制质量的目的。

其中，控制图是统计过程控制的核心，它是对过程质量特性值进行测定、记录、评估和监测，以判断过程是否处于控制状态的一种工具。

应用 SPC 工具有助于增强产品一致性、改进产品质量、减少废品和返工、提高产量等。

9.2.5 MSA 测量系统分析

正确的测量永远是质量改进的第一步，也是做出决策的关键。因此，保证数据的质量显得尤其重要。要保证数据的质量，就必须对获得数据的测量系统进行有效的监管。

测量系统分析（MSA）是对测量系统进行有效监管的一个重要手段。它使用数理统计和图表的方法对测量系统的误差进行分析，计算这些变差对测量结果影响的程度，进而得出测量系统是否有能力满足测量要求的结论。

9.3 本章小结

IATF16949 质量管理体系是国际汽车行业的一个质量系统技术规范，是一系列要求的组合，它规定了汽车供应链上的企业应该如何管理质量。IATF16949 质量管理体系包括 APQP 产品质量先期策划、FMEA 潜在的失效模式及后果分析、PPAP 生产件批准程序、SPC 统计过程控制和 MSA 测量系统分析五大工具。

10　结论与工作展望

10.1　结论

　　本书主要基于机器视觉理论构建了汽车轮罩 PVC 涂胶使用性能检测系统，对汽车轮罩 PVC 涂胶检测系统框架进行了说明，并对硬件系统中的相机、镜头、光源等硬件的型号进行了研究，设置出硬件的最优工作参数，并验证其可行性。分析了汽车轮罩 PVC 涂胶使用性能的堵件安装遗漏缺陷及 PVC 涂胶未喷涂缺陷的检测算法，并完成了基于机器视觉的汽车轮罩 PVC 涂胶使用性能检测系统软件的开发，最后，系统研究了基于 PVC 涂胶喷涂检测大数据的 SPC 质量控制系统。本系统主要在以下几方面进行了研究：

　　（1）汽车涂装车间日常工业环境的温度范围为 32~40℃，因此选用 500 万像素的巴斯勒 CCD 相机、16mm 焦距的巴斯勒镜头，120 灰度级的明场照明方式的 LED 条形光源时视觉检测系统的使用性能最佳；同时对研究选取的相机、镜头、光源等硬件设备组成的视觉检测系统进行实验验证。结果表明，系统每天可以长达 18h 正常工作，可满足系统工作的稳定性指标。

　　（2）分别对 PVC 涂胶的堵件安装缺陷和未喷涂缺陷进行算法研究，结果表明，堵件安装缺陷采用灰度变换法、中值滤波法、二值化阈值法和 Blob 分析法堵件区域图像的分辨率最高；PVC 涂胶未喷涂缺陷采用灰度变换法、中值滤波法、图像锐化法和边缘检测法目标区域的图像清晰度最佳。

　　（3）对采集的汽车轮罩 PVC 涂胶图像进行了灰度变换试验，验证了灰度值为 30% 预处理时图像清晰度最佳，而灰度值为 60% 预处理时图像失真；并通过图像的灰度直方图试验了图像特征提取，观测度为 70% 时，灰度直方图分布均匀。

　　（4）对采集图像进行灰度变换及中值滤波处理后，再对图像进行二值化阈值计算，阈值为 70 时图像对比度最佳。

　　（5）对堵件及未喷涂同一位置各随机选取 1000 台汽车进行检测实验，结果表明，系统的检测准确率高达 99.76%。

　　（6）当机器人供胶站更换一批次 PVC 涂胶时，需根据 PVC 涂胶未喷涂检测结果重新调整 PVC 涂胶的温度，温度越高，PVC 涂胶的黏度越低，喷幅的扇面越宽。

10.2　工作展望

本书对汽车轮罩 PVC 涂胶视觉检测技术进行了详细的研究及应用，通过此检测系统，实现了汽车轮罩 PVC 涂胶使用性能图像的自动化检测，其可行性及稳定性得到了验证，但鉴于目前研究还存在一些缺陷，接下来还需要对以下几方面展开研究：

（1）PVC 涂胶视觉检测系统工作的现场环境恶劣，时常会使视觉检测系统的设备产生震动，对系统运行产生一定干扰，导致检测结果产生一定的偏差，例如 PVC 涂胶未喷涂区域 4 个方向的测量数值产生偏差，因此需要完善检测系统有效克服工业环境的影响。

（2）PVC 涂胶视觉检测系统在应用的过程中，需要手动编辑扩充检测区域样本，当更换检测车型时，还需要手动输入新的检测算法，所以需要设计出统一的配置文件，减少工作人员的工作量。

（3）通过 PVC 涂胶视觉检测系统对汽车轮罩 PVC 涂胶未喷涂缺陷进行检测，需要根据未喷涂 4 个方向的测量数值对喷涂的机器人进行温度黏度曲线大数据分析。

附　　录

附录 A　视觉系统 HMI 人机界面说明

A.1　HMI 系统组成

A.1.1　硬件组成

HMI 系统包括电脑主机：一台。

控制显示器：一台。

A.1.2　软件组成

操作系统：Windows_7_Ultimate_With_SP1_x64　　　　　　Microsoft

HMI 软件：ZOP7-DEV-4096 zenon 7.5　　　　　　　　　　Copadata

A.2　通信方式

HMI 与控制单元采用工业以太网进行数据通信，通信协议如下：

S7　TCP-IP：

Local IP（IPv4）：　　　10.201.170.162　　　255.255.255.0

Primary Connetion IP（IPv4）：　10.201.170.150　　　255.255.255.0

Reconnect delay：　　　20000ms

Connection name：　　　USER_PC

Net address：　　　0

A.3　变量定义

变量定义如附图 A-1 所示。

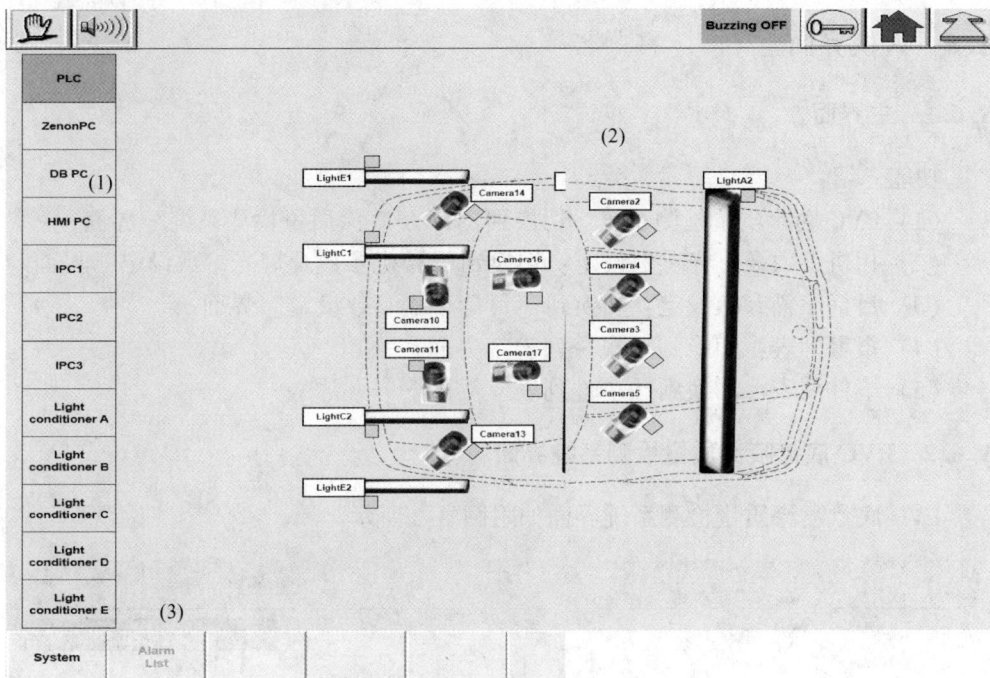

附图 A-1　图形结构

A.4　图形结构

（1）功能按键栏。

（2）流程显示区域。

（3）菜单栏。

A.5　功能键及菜单功能

（1）退回上次打开的画面。

（2）打开主画面用户登录。

（3）保留功能。

A.6　人机界面

A.6.1　主界面

功能介绍：

（1）PVC 底涂质量检测系统：切换到"PVC 底涂质量检测系统"界面。

（2）相机参数及灯光参数设定：切换到"相机参数及灯光参数设定"界面。

（3）目标车辆参数设定：切换到"目标车辆参数设定"界面。

（4）报警列表：切换到"报警列表"界面。

（5）事件列表：切换到"事件列表"界面。

A.6.2　PVC 底盘喷涂质量检测系统界面

PVC 底盘喷涂质量检测系统界面如附图 A-2 所示。

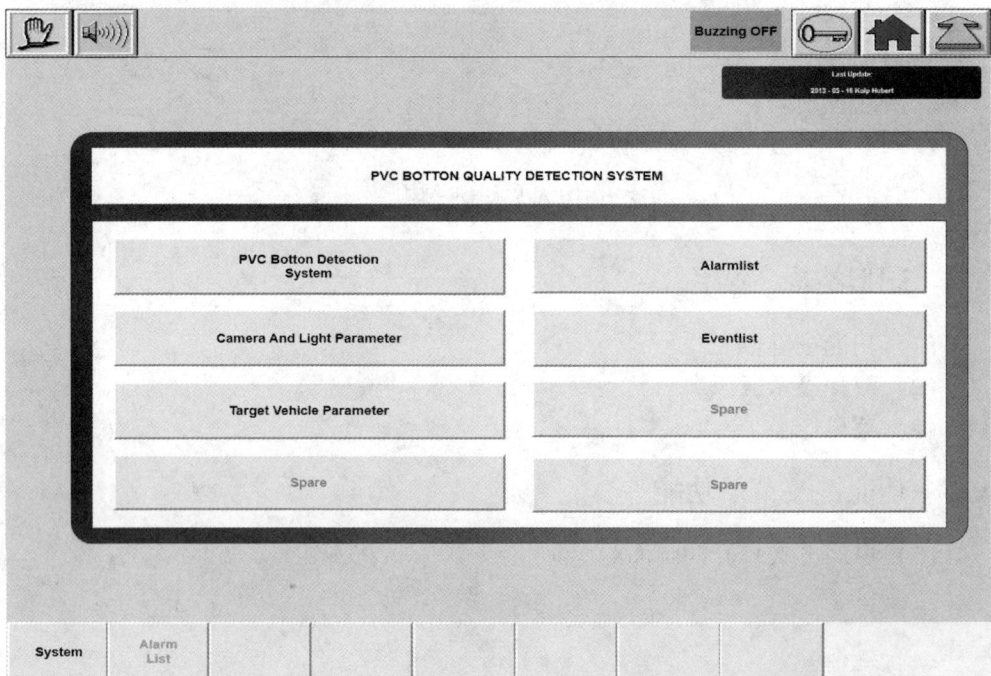

附图 A-2　PVC 底盘喷涂质量检测系统界面图

功能介绍：

（1）系统各个设备运行状态显示：当某一设备出现故障时，对应的设备显示框由正常绿色变为异常的红色。

（2）Buzzing OFF：当系统出现故障后，现场蜂鸣器出现报警，点击该按钮蜂鸣器消音，当再次出现故障后，蜂鸣器再次激活报警。

（3）相机及灯光分布位置值示意图：当某一相机或者灯光出现异常时，对应设备示意图由正常绿色变为异常颜色，红色为报警，黄色为警告，蓝色为消息，绿色为正常。

A.6.3　相机参数及灯光参数设定

相机参数及灯光参数设定如附图 A-3 所示。

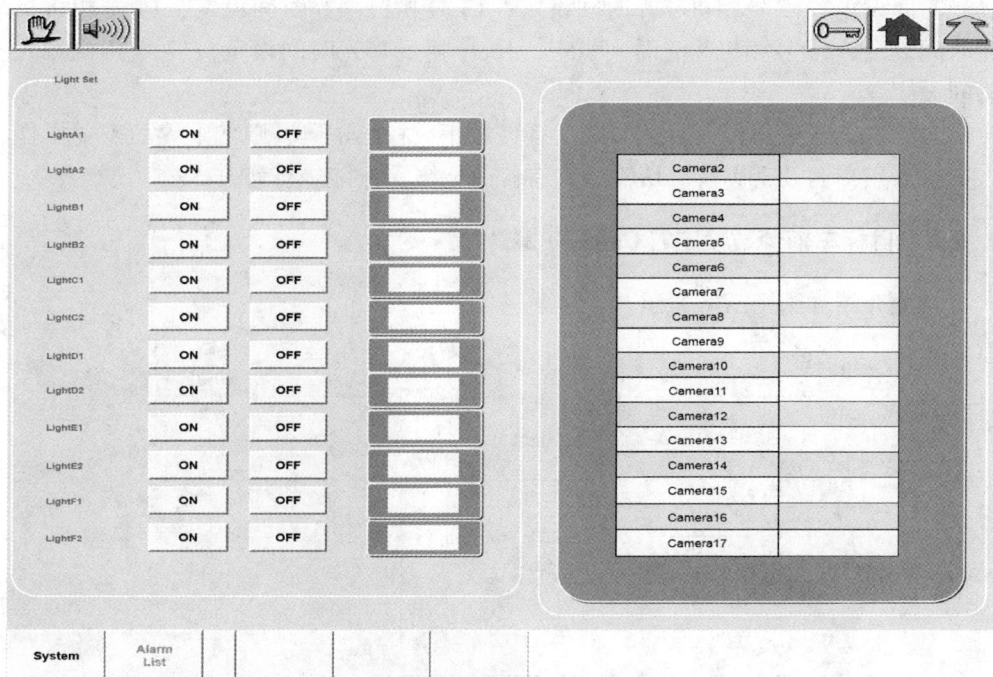

附图 A-3　相机参数及灯光参数设定图

灯光设定：

TGY_Light_GYA1：手动打开灯光，手动关闭灯光，在线设定灯光亮度(0~255)

TGY_Light_GYA2：手动打开灯光，手动关闭灯光，在线设定灯光亮度(0~255)

TGY_Light_GYB1：手动打开灯光，手动关闭灯光，在线设定灯光亮度(0~255)

TGY_Light_GYB2：手动打开灯光，手动关闭灯光，在线设定灯光亮度(0~255)

TGY_Light_GYC1：手动打开灯光，手动关闭灯光，在线设定灯光亮度(0~255)

TGY_Light_GYC2：手动打开灯光，手动关闭灯光，在线设定灯光亮度(0~255)

TGY_Light_GYD1：手动打开灯光，手动关闭灯光，在线设定灯光亮度(0~255)

TGY_Light_GYD2：手动打开灯光，手动关闭灯光，在线设定灯光亮度(0~255)

TGY_Light_GYE1：手动打开灯光，手动关闭灯光，在线设定灯光亮度(0~255)

TGY_Light_GYE2：手动打开灯光，手动关闭灯光，在线设定灯光亮度(0~255)
TGY_Light_GYF1：手动打开灯光，手动关闭灯光，在线设定灯光亮度(0~255)
TGY_Light_GYF2：手动打开灯光，手动关闭灯光，在线设定灯光亮度(0~255)
相机设定：

2 号相机曝光时间设定，3 号相机曝光时间设定，4 号相机曝光时间设定，5 号相机曝光时间设定，6 号相机曝光时间设定，7 号相机曝光时间设定，8 号相机曝光时间设定，9 号相机曝光时间设定，10 号相机曝光时间设定，11 号相机曝光时间设定，12 号相机曝光时间设定，13 号相机曝光时间设定，14 号相机曝光时间设定，15 号相机曝光时间设定，16 号相机曝光时间设定，17 号相机曝光时间设定。

当点击上述某一参数后，如果没有登录相应权限密码，则如下界面需要操作人员输入用户名及密码来确认输入人有修改权限，方能进行修改。

A.6.4　目标车辆参数设定（Camera 2-5）

功能介绍如附图 A-4 所示。

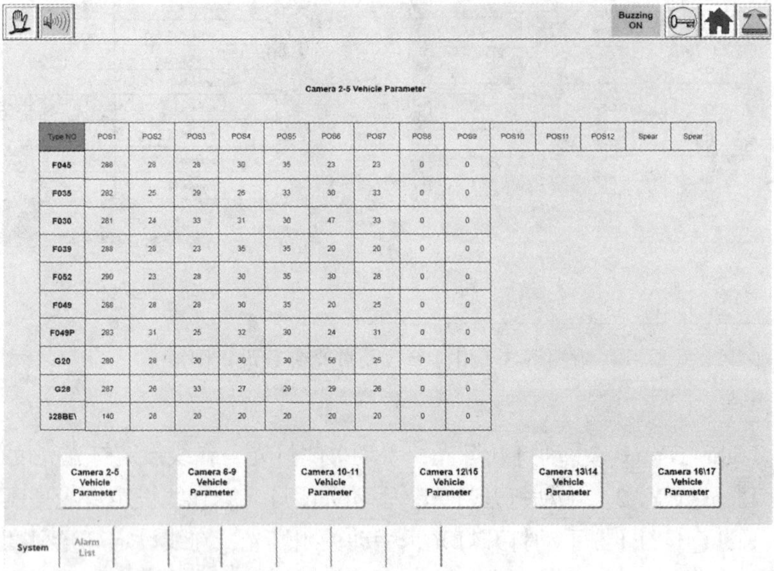

附图 A-4　目标车辆参数设定图（一）

设定预留车型的拍照时间或位置（Camera 2-5）。

A.6.5　目标车辆参数设定（Camera 6-9）

功能介绍如附图 A-5 所示。

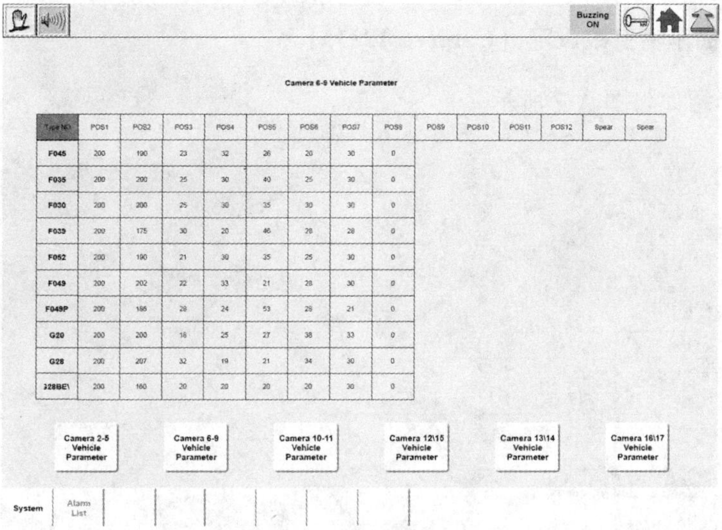

Camera 6-9 Vehicle Parameter

Type NO.	POS1	POS2	POS3	POS4	POS5	POS6	POS7	POS8	POS9	POS10	POS11	POS12	Spear	Spear
F045	200	190	23	32	26	20	30	0						
F035	200	200	25	30	40	25	30	0						
F030	200	200	25	30	35	30	30	0						
F039	200	175	30	20	46	26	28	0						
F052	200	190	21	39	25	25	30	0						
F049	200	202	22	33	21	28	30	0						
F049P	200	198	20	24	53	28	21	0						
G20	200	200	16	25	27	38	33	0						
G28	200	207	32	19	21	34	30	0						
328BE\	200	160	20	20	20	20	30	0						

| Camera 2-5 Vehicle Parameter | Camera 6-9 Vehicle Parameter | Camera 10-11 Vehicle Parameter | Camera 12\15 Vehicle Parameter | Camera 13\14 Vehicle Parameter | Camera 16\17 Vehicle Parameter |

System | Alarm List

附图 A-5 目标车辆参数设定图（二）

设定预留车型的拍照时间或位置（Camera 6-9）。

A.6.6 目标车辆参数设定（Camera 10-11）

功能介绍如附图 A-6 所示。

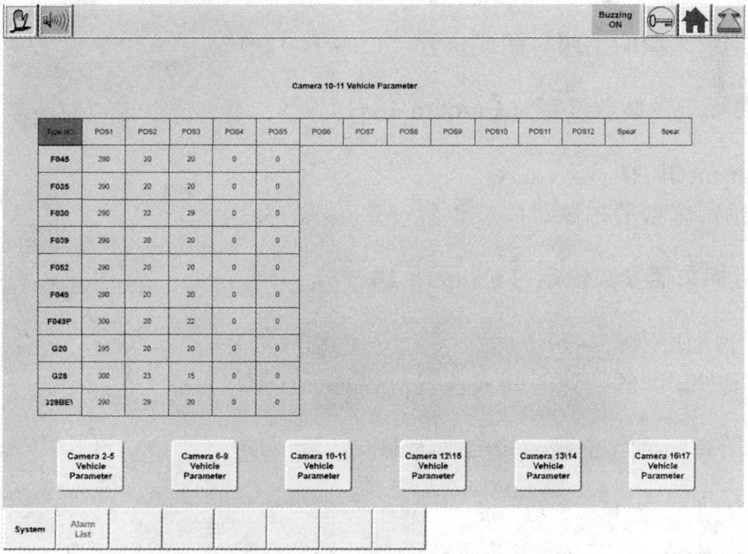

Camera 10-11 Vehicle Parameter

Type NO.	POS1	POS2	POS3	POS4	POS5	POS6	POS7	POS8	POS9	POS10	POS11	POS12	Spear	Spear
F045	290	20	20	0	0									
F035	290	20	20	0	0									
F030	290	22	29	0	0									
F039	290	20	20	0	0									
F052	290	20	20	0	0									
F049	290	20	20	0	0									
F049P	300	20	22	0	0									
G20	295	20	20	0	0									
G28	300	23	15	0	0									
328BE\	290	29	20	0	0									

| Camera 2-5 Vehicle Parameter | Camera 6-9 Vehicle Parameter | Camera 10-11 Vehicle Parameter | Camera 12\15 Vehicle Parameter | Camera 13\14 Vehicle Parameter | Camera 16\17 Vehicle Parameter |

System | Alarm List

附图 A-6 目标车辆参数设定图（三）

设定预留车型的拍照时间或位置（Camera 10-11）。

A.6.7　目标车辆参数设定（Camera 12/15）

功能介绍如附图 A-7 所示。

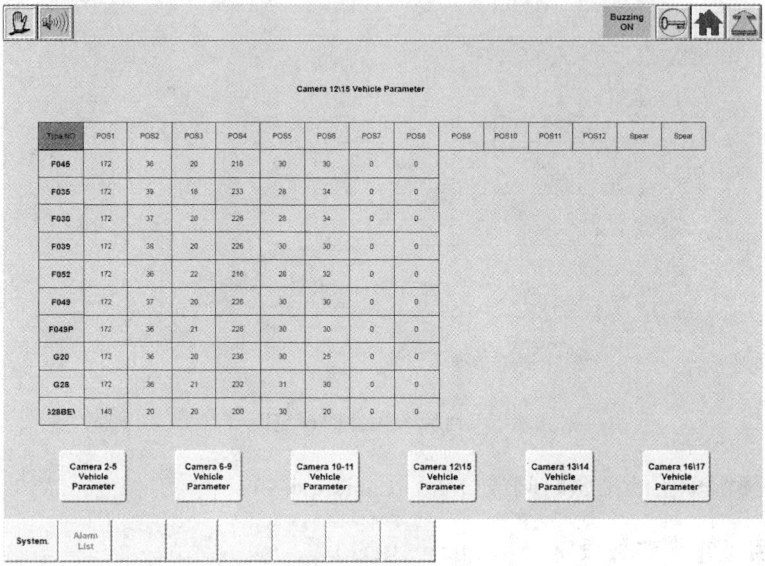

附图 A-7　目标车辆参数设定图（四）

设定预留车型的拍照时间或位置（Camera 12/15）。

A.6.8　目标车辆参数设定（Camera 13/14）

功能介绍如附图 A-8 所示。
设定预留车型的拍照时间或位置（Camera 13/14）。

A.6.9　目标车辆参数设定（Camera 16/17）

功能介绍如附图 A-9 所示。
设定预留车型的拍照时间或位置（Camera 16/17）。

A.6.10　所有归档（报警、警告、消息）

功能介绍：
点击 Current 可以查看当前所有设备的报警、警告、消息信息。
点击 Archives 可以查看历史所有设备的报警、警告、消息信息。
（红色为报警信息，粉色为警告信息，蓝色为消息信息）

Buzzing OFF

Camera 13\14 Vehicle Parameter

Type NO.	POS1	POS2	POS3	POS4	POS5	POS6	POS7	POS8	POS9	POS10	POS11	POS12	Spear	Spear
F045	0	0			0	0	0	0						
F035	0	0	0		0	0	0	0						
F030	0	0	0	0	0	0	0	0						
F039	0	0	0	0	0	0	0	0						
F052	0	0	0	0	0	0	0	0						
F049	0	0	0	0	0	0	0	0						
F049P	0	0	0	0	0	0	0	0						
G20	0	0	0	0	0	0	0	0						
G28	0	0	0	0	0	0	0	0						
G28BEV	0	0	0	0	0	0	0	0						

Camera 2-5 Vehicle Parameter | Camera 6-9 Vehicle Parameter | Camera 10-11 Vehicle Parameter | Camera 12\15 Vehicle Parameter | Camera 13\14 Vehicle Parameter | Camera 16\17 Vehicle Parameter

System | Alarm List

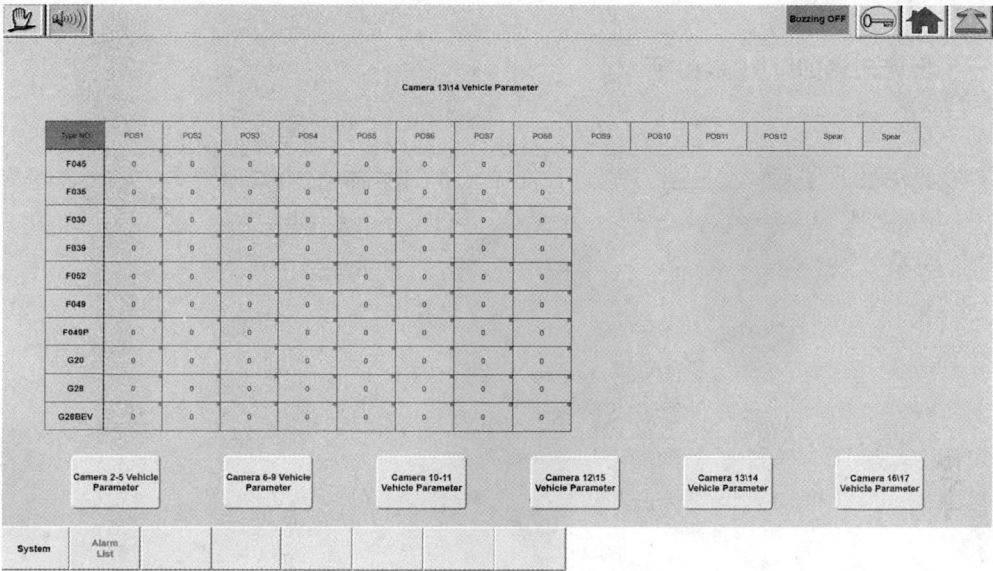

附图 A-8 目标车辆参数设定图（五）

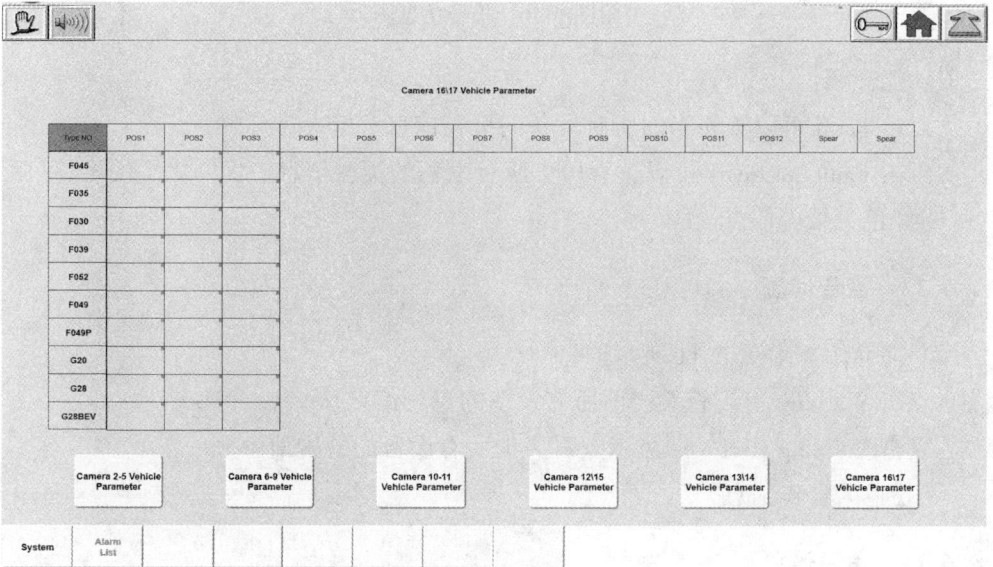

Camera 16\17 Vehicle Parameter

Type NO.	POS1	POS2	POS3	POS4	POS5	POS6	POS7	POS8	POS9	POS10	POS11	POS12	Spear	Spear
F045														
F035														
F030														
F039														
F052														
F049														
F049P														
G20														
G28														
G28BEV														

Camera 2-5 Vehicle Parameter | Camera 6-9 Vehicle Parameter | Camera 10-11 Vehicle Parameter | Camera 12\15 Vehicle Parameter | Camera 13\14 Vehicle Parameter | Camera 16\17 Vehicle Parameter

System | Alarm List

附图 A-9 目标车辆参数设定图（六）

A.6.11　报警消息

报警消息如附图 A-10 所示。

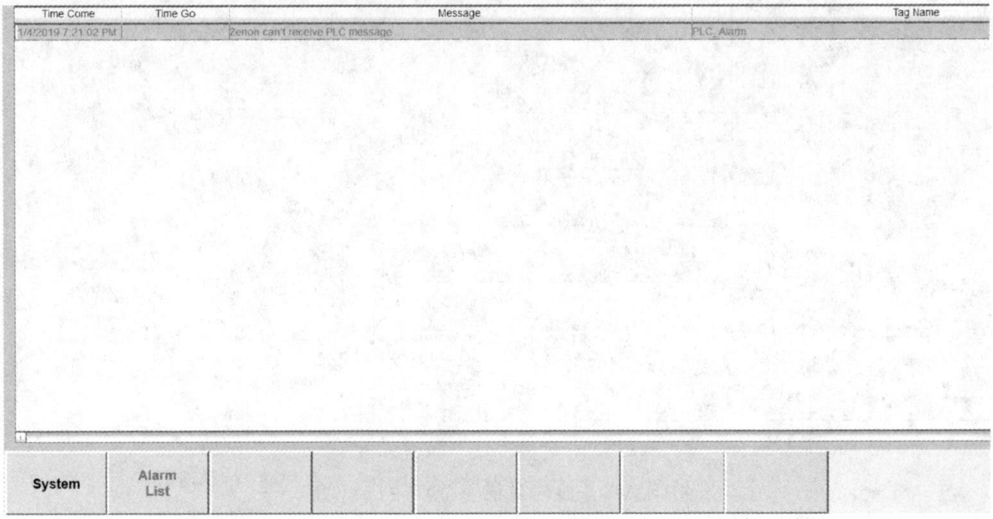

Time Come	Time Go	Message	Tag Name
1/4/2019 7:21:02 PM		Zenon can't receive PLC message	PLC_Alarm

| System | Alarm List | | | | | | | |

附图 A-10　报警信息图

功能介绍：

点击 Fault 可以查看当前所有设备的报警信息。

点击 Fault Archives 可以查看历史所有设备的报警信息。

(红色为报警信息)

A.6.12　警告消息

功能介绍如附图 A-11 所示。

点击 Warning 可以查看当前所有设备的警告信息。

点击 Warning Archives 可以查看历史所有设备的警告信息。

(粉色为警告信息)

A.6.13　消息信息

功能介绍如附图 A-12 所示。

点击 Message 可以查看当前所有设备的消息信息。

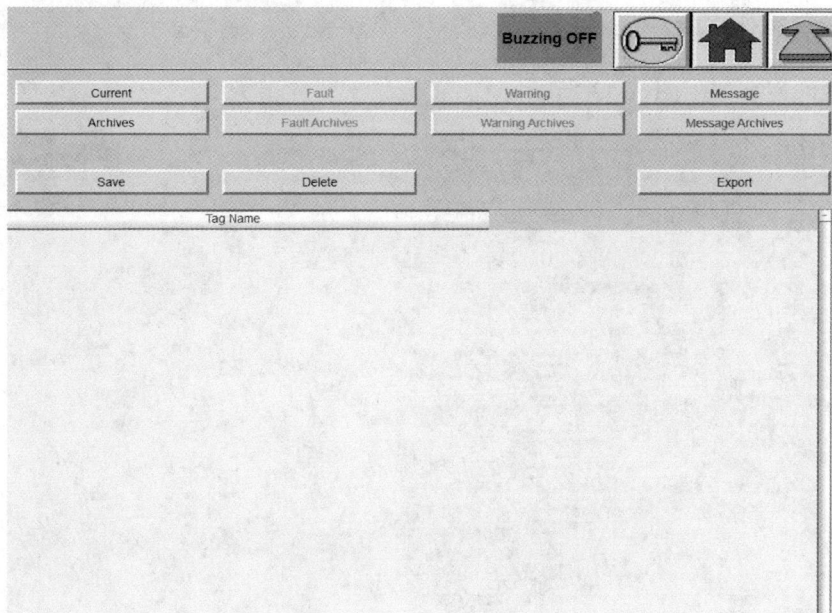

附图 A-11　警告消息图

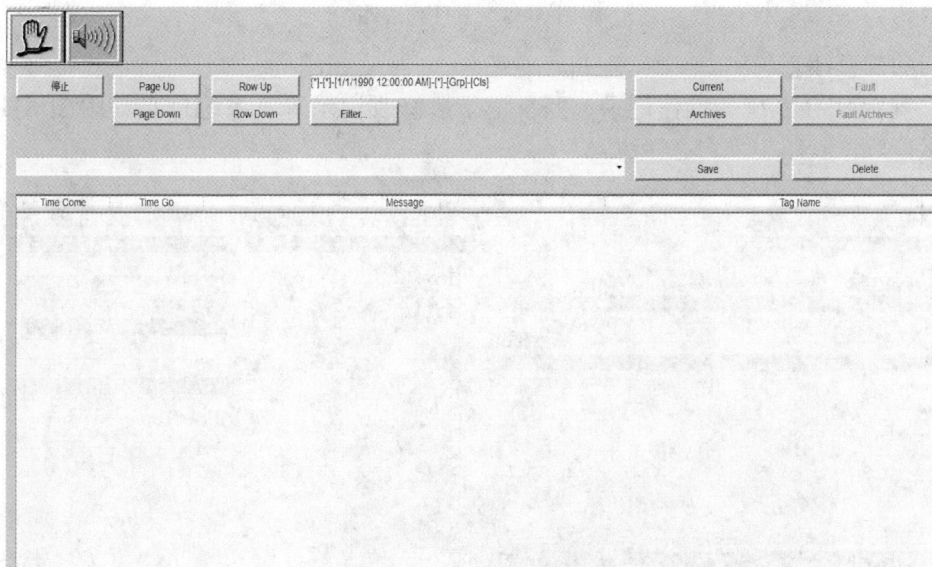

附图 A-12　消息信息图

点击 Message Archives 可以查看历史所有设备的消息信息。
（蓝色为消息信息）

A. 6. 14　事件列表

事件列表如附图 A-13 所示。

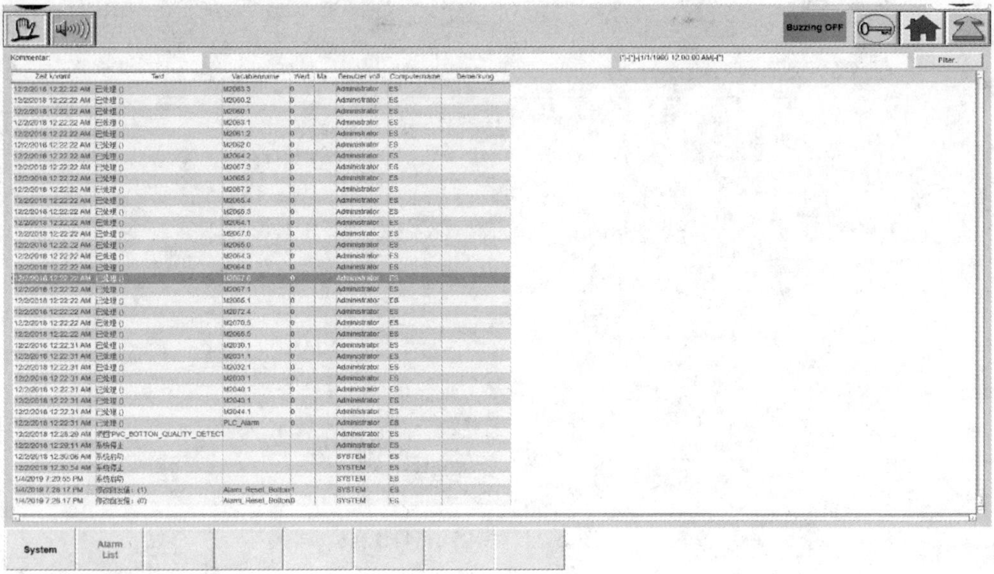

附图 A-13　事件列表图

功能介绍：

查看 HMI 系统的操作记录、登录记录、修改记录等，系统信息如附图 A-14 所示。

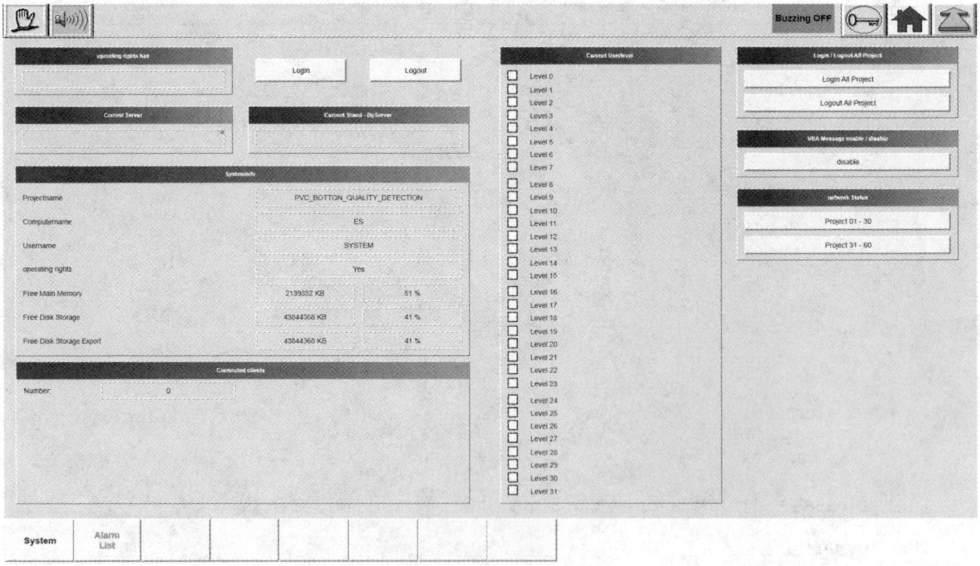

附图 A-14　系统信息图

A. 6. 15　系统信息

功能介绍：

（1）查看当前电脑名称。

（2）查看项目名称。

（3）查看电脑用户名称。

（4）查看内存及硬盘的占用情况。

（5）当前登录用户的权限级别。

（6）退出用户登录。

（7）退出系统。

附录 B　系统工控机介绍

B.1　开机

B.1.1　控制柜上电后，将 3 台工控机开机

After the control cabinet powered on, turn on the three IPCs.

B.1.2　开机按钮电脑启动后指示灯状态图

开机按钮电脑启动后指示灯状态图如附图 B-1 所示。

附图 B-1　开机按钮电脑启动后指示灯状态图

B.2　软件启动和关闭

B.2.1　在生产线停止或检测区域内没有车辆时启动和关闭检测软件

Start-up and shut-down the test software when there is no vehicle in the test area or during the stop of the production line.

B.2.2　双击桌面图标 ★ （3 台工控机分别对应识别程序名称 IPC1. exe，IPC2. exe，IPC3. exe）

Double-click the desktop icon（Three IPCs corresponding to the program name are IPC1. exe，IPC2. exe，IPC3. exe）.

B. 2. 3　系统启动

系统启动后如附图 B-2 所示。

The system starts up as following pictures.

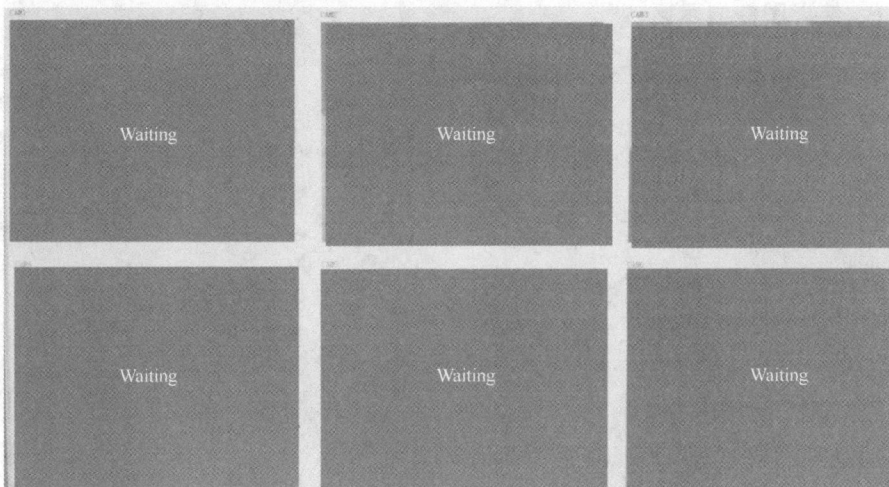

附图 B-2　系统启动图

B. 2. 4　关闭软件

关闭软件图如附图 B-3 所示。

Shut-down the software.

附图 B-3　关闭软件图

单击界面右上角×按钮，关闭程序。

Single-click the bottom '×' to shut down the software.

B.3　界面说明

B.3.1　结果图像显示区

Results display area（附图 B-4）.

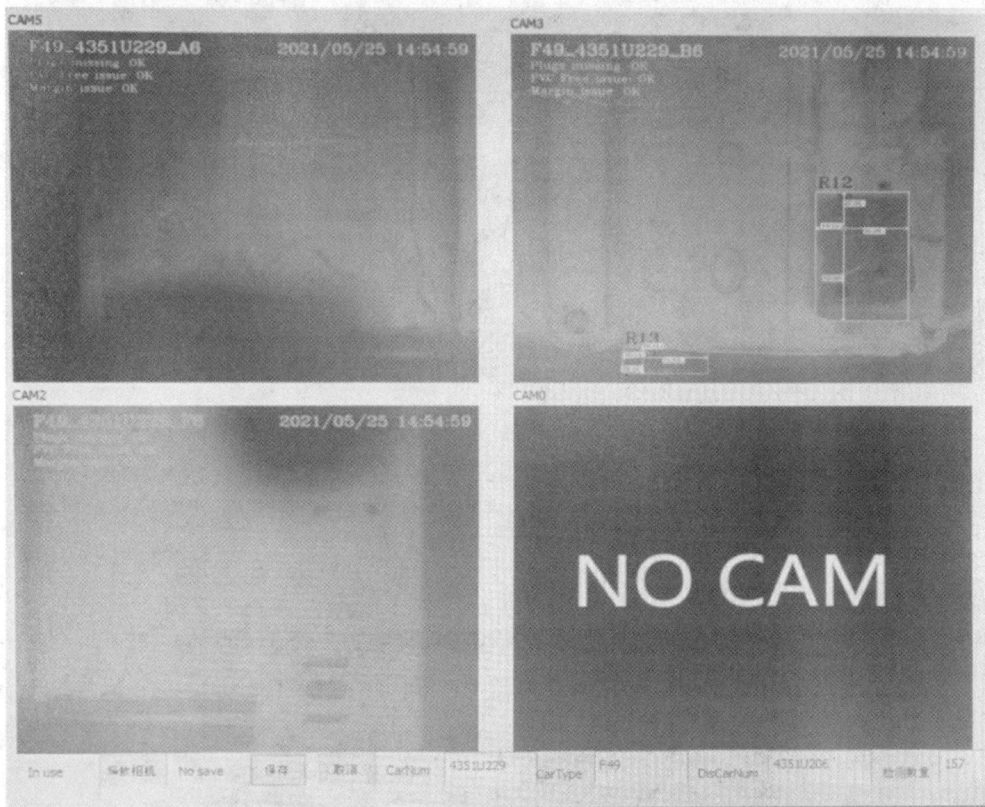

附图 B-4　结果图像显示区

该区域用于显示识别后的结果图像，相应窗口相机每触发一次拍照，结果图像更新一次。当一台车拍照识别结束后，每个窗口显示相应相机最后一次拍照后识别结果图像。

This area is used to display the result pictures after recognition. The result image is updated after the corresponding camera is triggered. once. When a car is photographed and recognized，each window displays the last photograph taken by the corresponding camera.

当相机异常（相机未通电，网络不通，未触发拍照等）相应相机窗口会显示 NO CAM（附图 B-5）。

The corresponding camera window will display 'NO CAM' when the camera is in an abnormal condition（no powered、no connected、no triggered）.

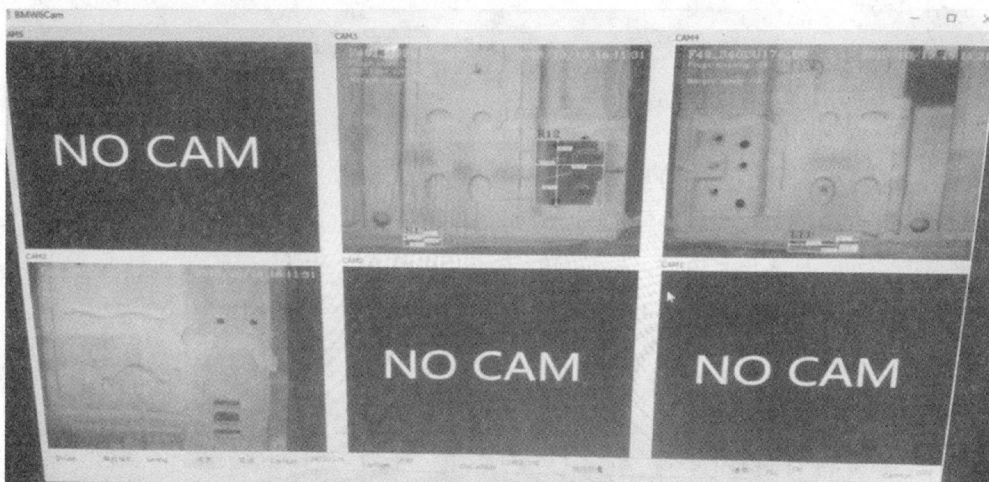

附图 B-5　相机异常图

B. 3. 2　功能及状态显示区

Function and condition display area（附图 B-6）.

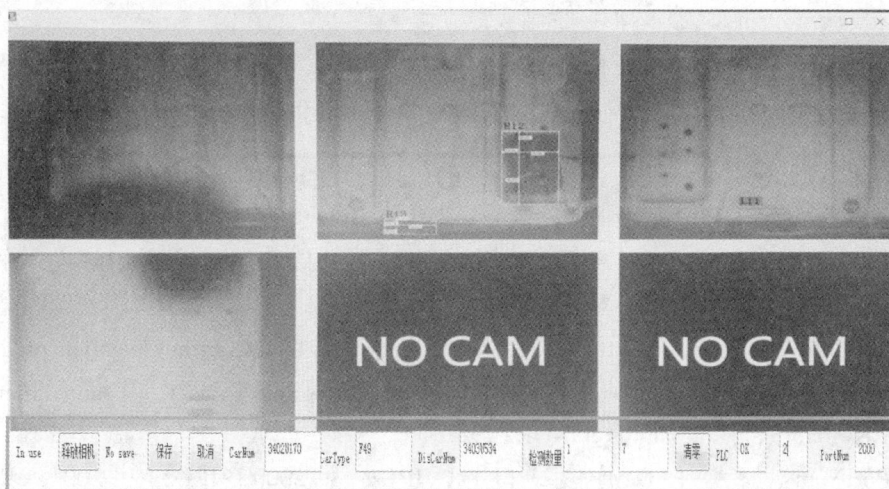

附图 B-6　功能及状态显示区图

In use：表示相机正在被主控程序使用中。

In use：The camera is being used by master program.

释放相机：关闭软件时候必须先单击释放相机按钮，成功释放相机后 In use 位置显示为 OK，代表相机被成功释放。

Release：The 'release' button must be clicked first then the ' OK ' symbol is displayed.

No save：表示程序是否正在保存图像。

No save：The image is not being saved.

保存/取消：单击保存按钮，No save 将显示为 Saving，代表正在保存原始图像，单击取消按钮 Saving 将显示 No save，表示未保存原始图像（由于原始图像空间较大，该功能仅用于为算法测试提供图像使用）。

Save/cancel：Click the save button, No save will be displayed by Saving, which means the original image is being saved. Click the cancel button to show No save, indicating the original image is not being saved（Due to the large original space, the function is only used to provide image for algorithm test）.

CarNum	3402U170	CarType	F49	DisCarNum	3403U534

CarNum：视觉检测工位车号。CarNum：IGEF NO.

CarType：视觉检测工位车型。CarType：CarType.

DisCarNum：大屏幕显示工位车号。DisCarNum：displayscreenCarnumber.

检测数量	1	7

显示累计拍照次数以及检测的车辆次数。

Display the accumulative number of photos taken and the number of detected vehicles.

PLC	OK	2	PortNum	2000

PLC 后两个窗口显示检测程序与主控程序的链接状态，以及 PLC 发送的拍照次数信息。若通信异常，显示 NOK。

The latter two windows after PLC display link status between the detection program and the master program, as well as the number of photos sent by PLC. If the communication is abnormal, the status is NOK.

PortNum：显示 PLC 通信端口号，IPC1 为 2000，IPC2 为 2001，IPC3 为 2002。

PortNum：PLC communication Port Number。The IPC1 is 2000. The IPC2 is 2001. The IPC3 is 2002.

B. 4　相机软件说明

桌面上 ![icon] 图标为相机自带的名称及 IP 地址设置软件，可用于查看相机状态。3 台 IPC 均可以通过这个软件查看当前 IPC 所连接相机的名称以及 IP 地址。Device User ID 为相机的名称即相机编号，相机数量应该为该台工控机应连接的相机数量，若某个编号的相机未显示，说明该相机未供电，或者网络不通，需要检查网线以及电源线。IP Address 为相机 IP 地址，Status 为相机的状态，其中 In use 为相机正在被使用，若为 OK 表示相机在线且可用。更换相机时，需要修改相机编号和 IP 地址，将默认的 Device User ID 和 IP 地址修改成相应的相机编号和 IP 地址（如附图 B-7 左下角位置修改）。

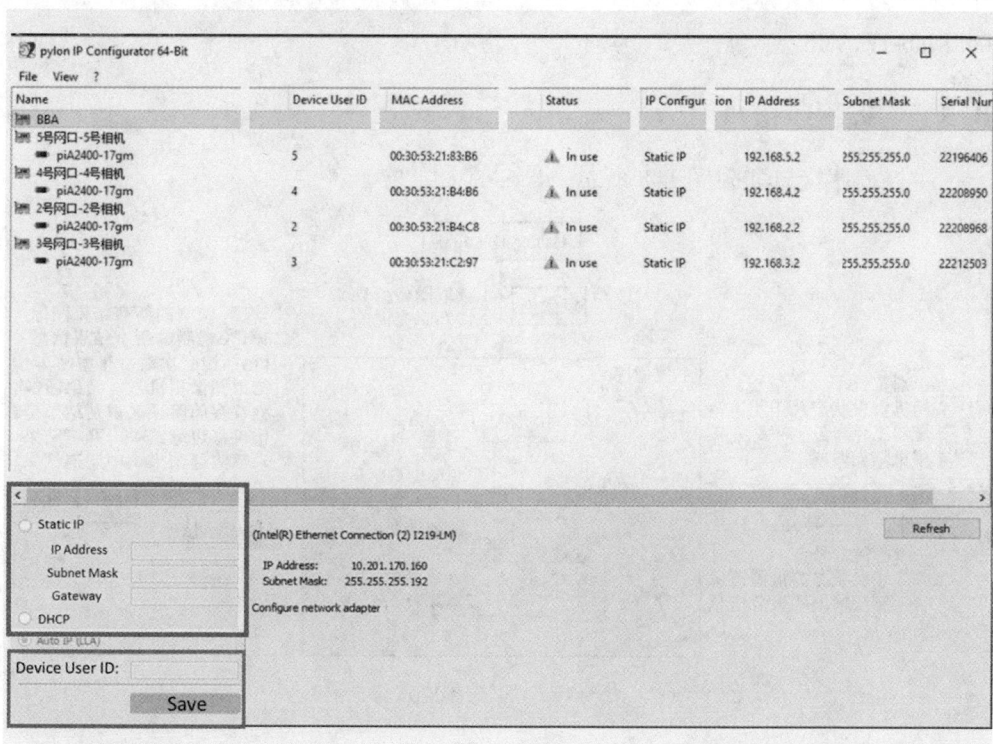

附图 B-7　相机软件说明

The icon ![icon], which is set up camera's own name and IP address, and can be used to view the camera status. This software also can be used to view the name of the camera connected to the current IP on the three IPC s. The number of cameras should be the number of cameras that the machine should be connected to. If a numbered camera is not displayed, it means that the camera is not powered or the network is not connected. It is necessary to check the network and power lines. IP Address is camera IP, and Status is camera status and in use means the camera is in use. OK means the camera is online or available. When the camera is replaced , the camera NO, and IP address should also be modified. The default Device User ID should be modified to the corresponding camera NO. And IP address (As shown below in the lower left corner).

　　显示的 Device User ID 相机编号与相机外壳粘贴的标签对应，例如，ID 为 8 的相机对应现场标签为 CAM8 的相机 CAM8 。

　　The device User ID camera number displayed corresponds to the label pasted on the camera housing. For example, the camera with ID 8 corresponds to the camera with field label CAM8 CAM8 .

B.5　主控程序接口

　　主控程序接口如附图 B-8 所示。

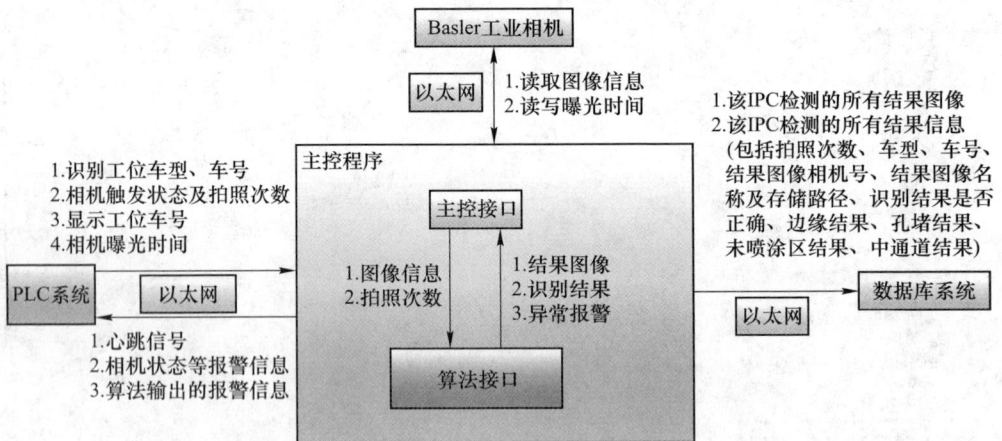

附图 B-8　主控程序接口

B.6　使用注意事项及故障处理

B.6.1　由于图像检测对拍照顺序有严格要求，所以软件必须在车辆进入视觉检测工位之前启动，禁止在车辆已经入检测工位后启动软件

Because there are many strict requirements on the sequence of photographs for detection image, and the software must be started before the vehicles enter into the inspection station. It is also forbidden to start the software after the vehicles have entered into the station.

B.6.2 PLC 显示为 NOK：工控机跟 PLC 通信异常。处理方法：检查 PLC 及 网络通信是否正常

The PLC status is NOK: The communication between IPC and PLC is abnormal. Method: check whether the PLC and network communication is normal.

B.6.3 界面显示有 NO CAM 情况时：说明该位置相机存在异常。处理方法： 检测相机供电及网络状态

When 'NO CAM' is displayed on the interface: The camera is abnormal. Method: Check the camera power supply and network status （附图 B-9）.

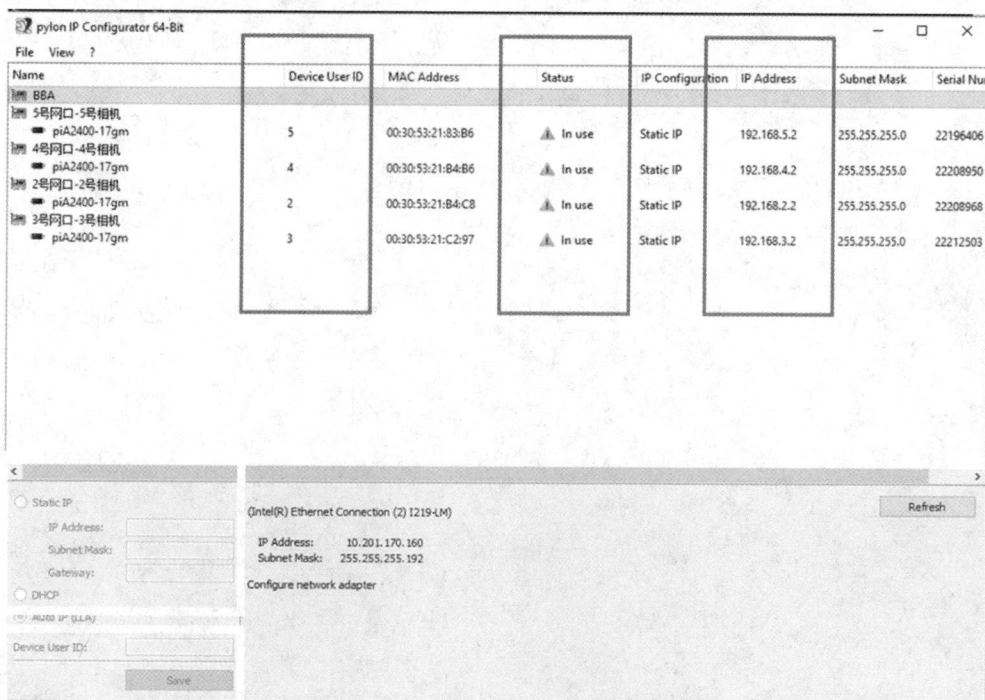

附图 B-9 检测相机供电及网络状态

显示的 Device User ID 相机编号与相机外壳粘贴的标签对应，例如，ID 为 8 的相机对应现场标签为 CAM8 的相机 CAM8 。

The device User ID camera number displayed corresponds to the label pasted on the camera housing. For example, the camera with ID 8 corresponds to the camera with field label CAM8　 CAM8 　.

附录 C   PLC 程序下载和上载操作

C.1   PLC 程序下载

点击 ![SIMATIC Manager] 图标打开 Step7 编程软件，如附图 C-1 所示。

附图 C-1

点击 "file" "open" 如附图 C-2 所示。

点击 "Browse" 选择要下载到 PLC 的程序，然后点击 "OK"。

在下载和上载程序之前，必须确保电脑与 PLC 建立完整通信，在这里介绍两种方法：

（1）如果使用 MPI 电缆（物理性质为 RS-485 转 USB）连接 PLC 和电脑时，需要设置附图 C-3 中的端口。

个人电脑端口驱动必须安装完整，如附图 C-4 所示。

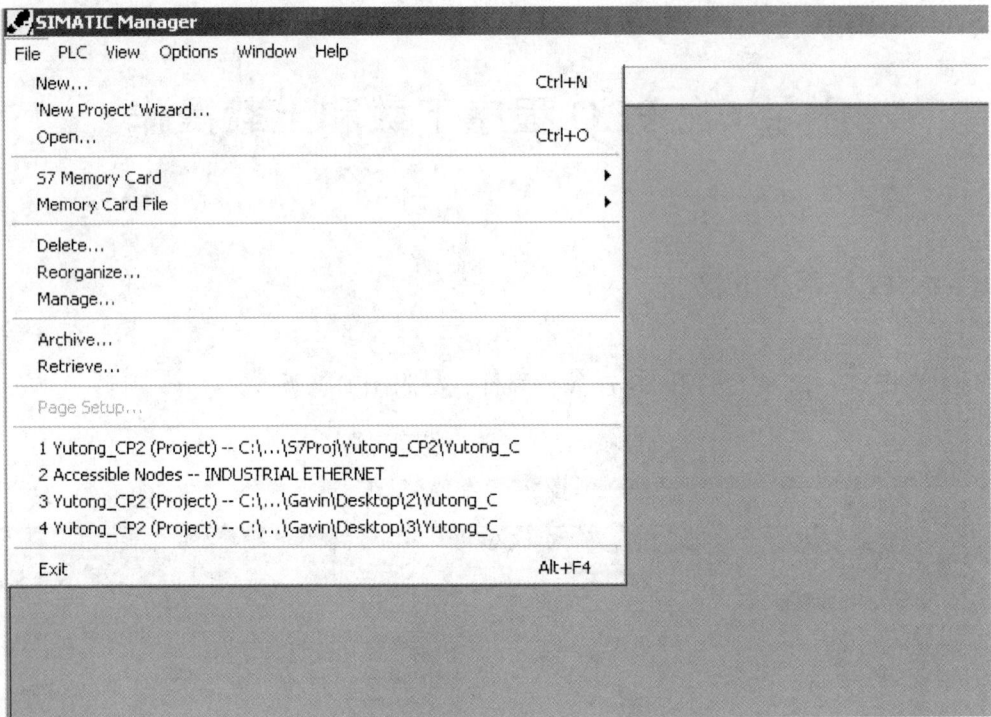

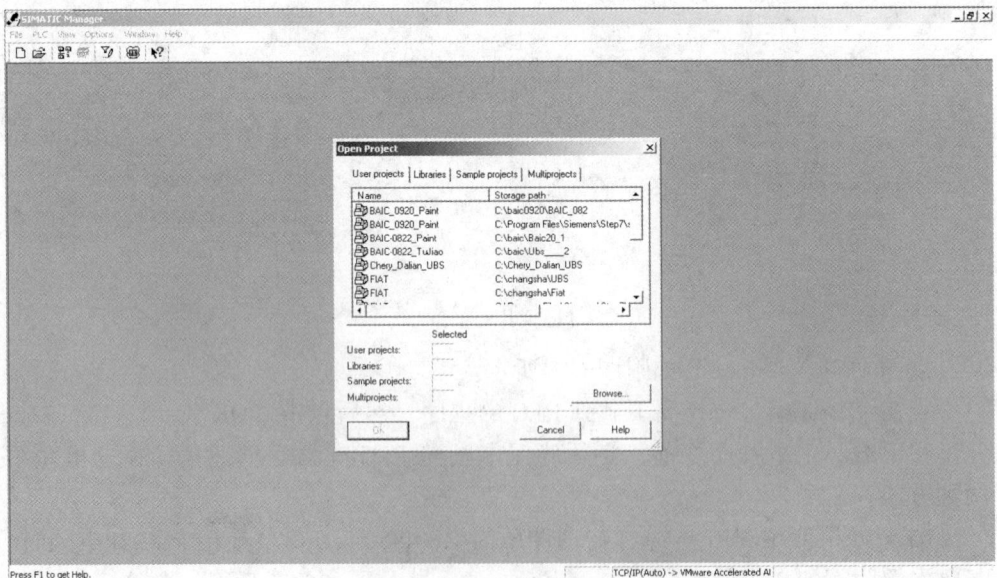

SIMATIC Manager

File　PLC　View　Options　Window　Help

New...	Ctrl+N
'New Project' Wizard...	
Open...	Ctrl+O
S7 Memory Card	▶
Memory Card File	▶
Delete...	
Reorganize...	
Manage...	
Archive...	
Retrieve...	
Page Setup...	
1 Yutong_CP2 (Project) -- C:\...\S7Proj\Yutong_CP2\Yutong_C	
2 Accessible Nodes -- INDUSTRIAL ETHERNET	
3 Yutong_CP2 (Project) -- C:\...\Gavin\Desktop\2\Yutong_C	
4 Yutong_CP2 (Project) -- C:\...\Gavin\Desktop\3\Yutong_C	
Exit	Alt+F4

SIMATIC Manager

File　PLC　View　Options　Window　Help

Open Project

User projects | Libraries | Sample projects | Multiprojects |

Name	Storage path
BAIC_0920_Paint	C:\baic0920\BAIC_082
BAIC_0920_Paint	C:\Program Files\Siemens\Step7\s
BAIC_0822_Paint	C:\baic\Baic20_1
BAIC_0822_Tuliao	C:\baic\Ubs___2
Chery_Dalian_UBS	C:\Chery_Dalian_UBS
FIAT	C:\changsha\UBS
FIAT	C:\changsha\Fiat

Selected

User projects:
Libraries:
Sample projects:
Multiprojects:　　　　　　　　　　Browse...

OK　　　　　　Cancel　　　Help

Press F1 to get Help.　　　　　　　　　　TCP/IP(Auto) -> VMware Accelerated AI

附图 C-2

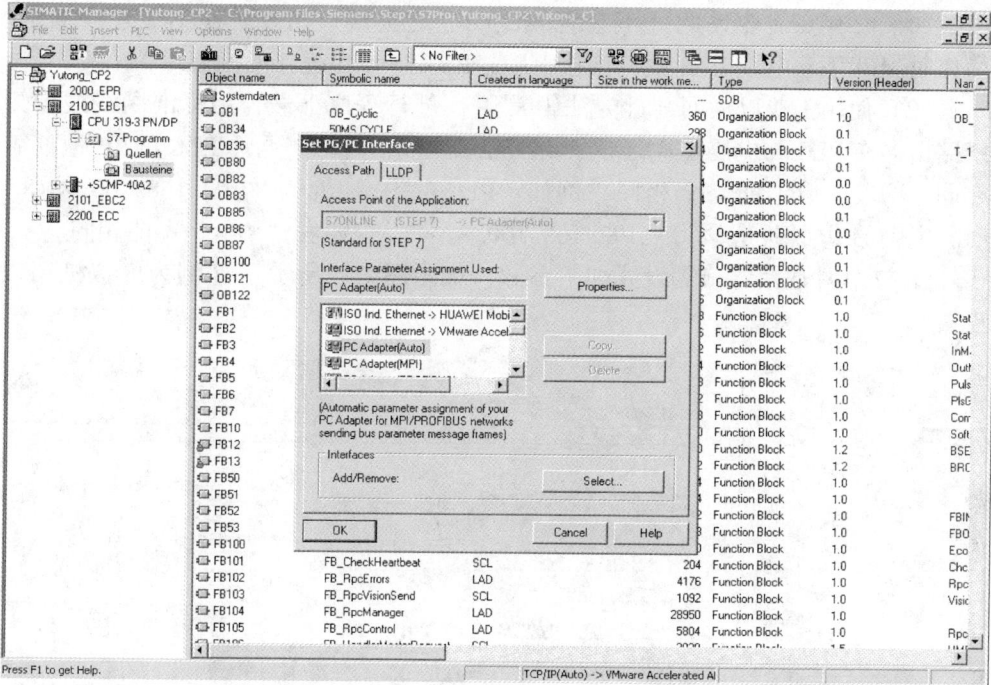

附图 C-3

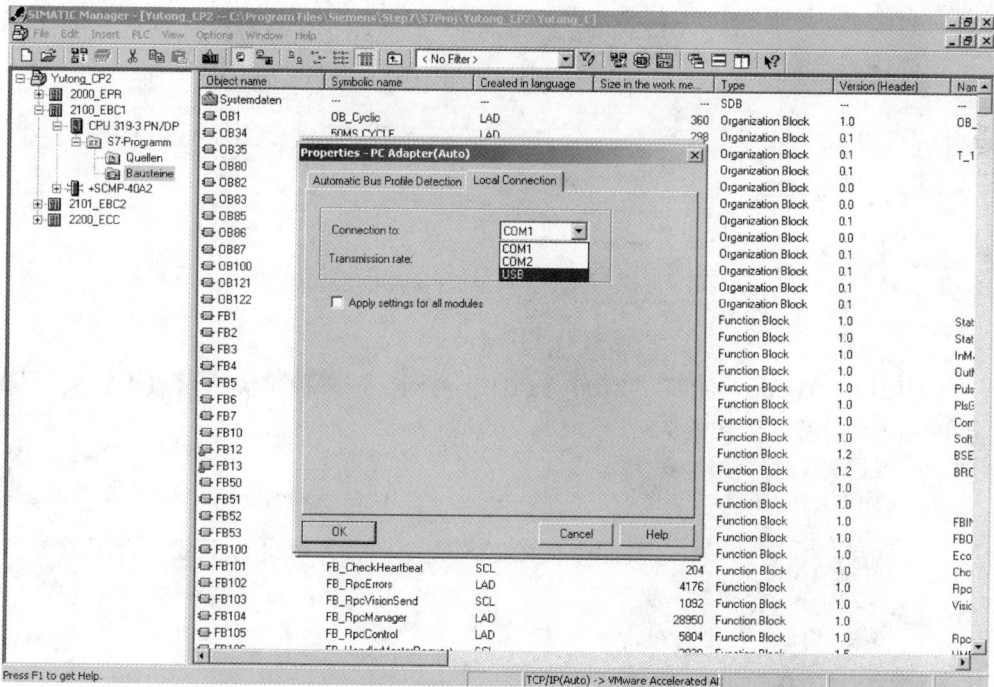

附图 C-4

　　如果没有安装驱动此处不会有"COM"之类端口出现，便不能建立通信。操作时 MPI 下载电缆 USB 端口连接电脑，RS-485 端口连接 CPU/DP 端口。

　　（2）使用工业以太网（此方法很常用）进行程序下载，用标准网线或者无线路由器使 PLC 与电脑建立通信，此方法需注意电脑 IP 地址 PLC 的 IP 地址需在同一网段，但不能完全相同，例如：PLC 的 IP 地址为"192.168.100.×××"时，电脑的 IP 地址应该为"192.168.100.×××"，但两者"×××"不能相同。

　　Step7 软件通信端口需设置如下参数，如附图 C-5 所示（此例为虚拟机端口设置）。

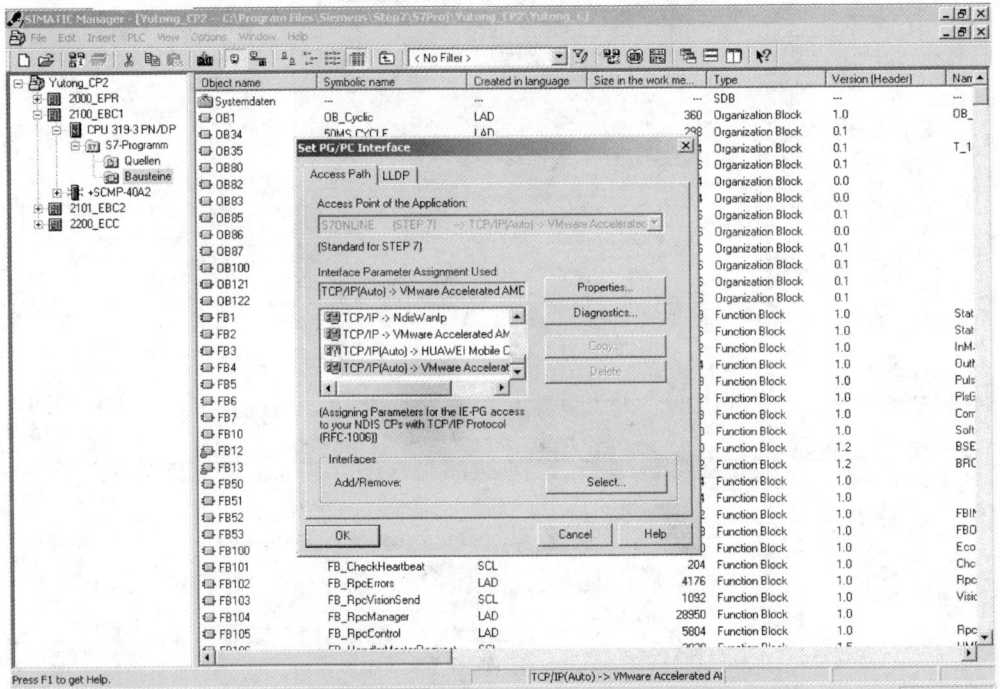

附图 C-5

　　下面以"Yutong_CP2""2100_EBC1"为例，打开程序块然后点击相关图标会出现以下画面（附图 C-6）。

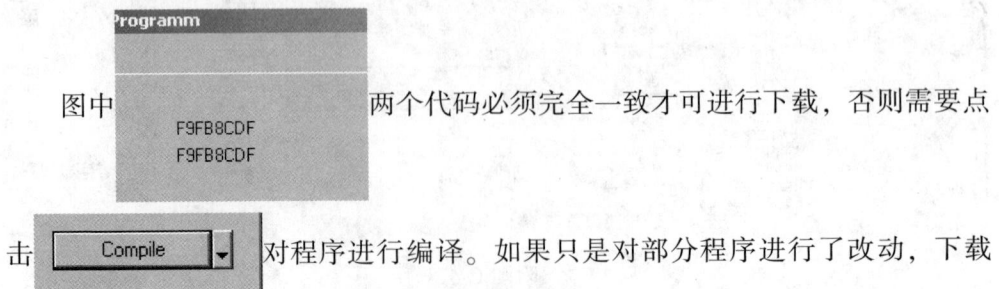

图中 ⋯⋯⋯⋯⋯⋯⋯⋯ 两个代码必须完全一致才可进行下载，否则需要点

击 Compile ▾ 对程序进行编译。如果只是对部分程序进行了改动，下载

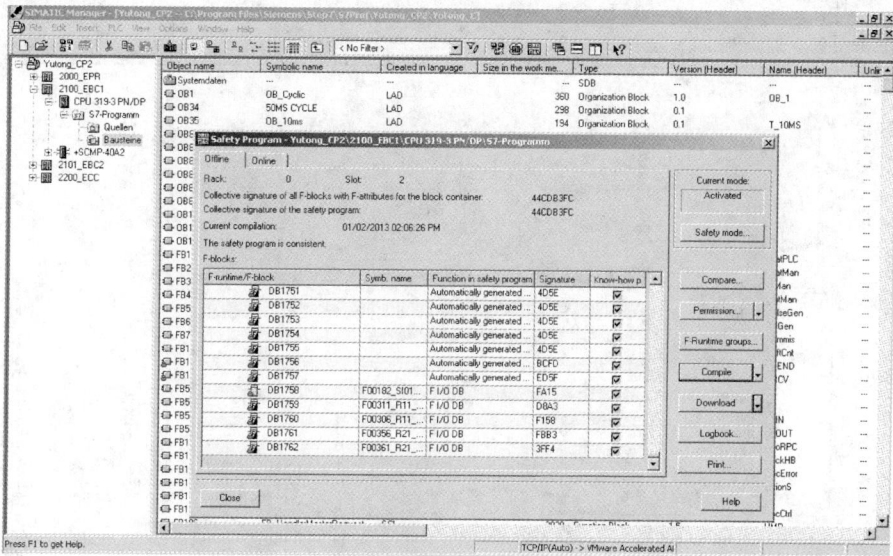

附图 C-6

时可以点击附图 C-7 中的"Download Changes"进行程序下载，这样可以节省时间，如果需要对所有程序进行下载就需要点击"Download"，然后会出现以下画面（附图 C-8）。

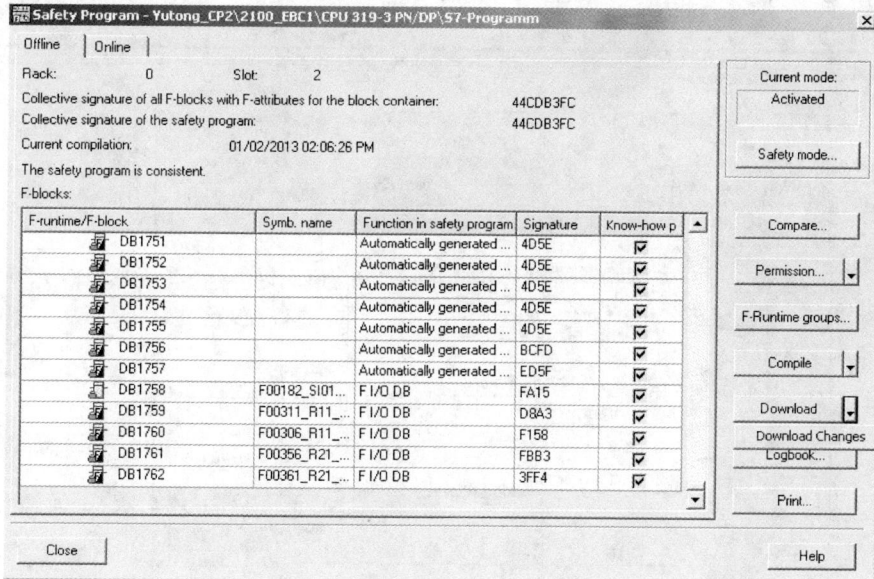

附图 C-7

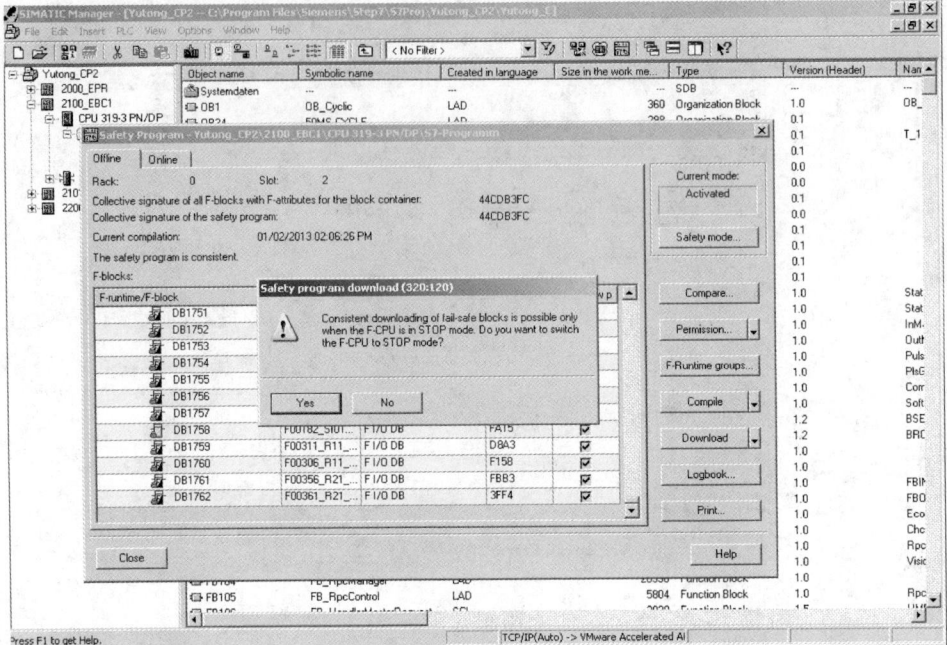

附图 C-8

下载程序时 CPU 会从 RUN 切换到 Stop 状态，点击"Yes"即可（附图 C-9）。

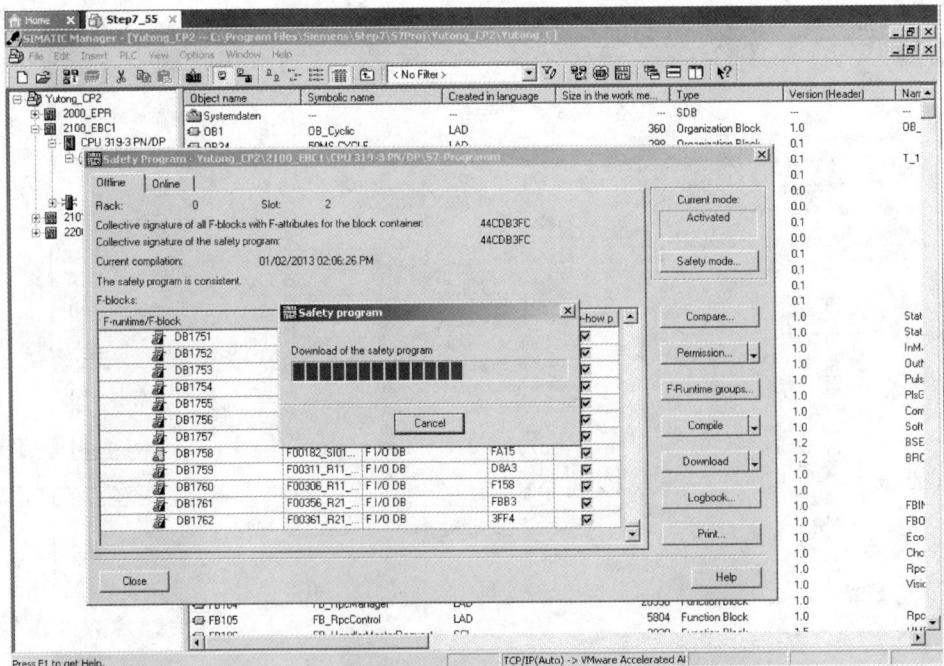

附图 C-9

这里补充一下，每次下载程序之前最好对所有程序进行编译，然后在线将电脑与 CPU 里面的程序进行对比，看是否完全一致，具体操作如下。

编译程序：鼠标右键点击被选上图标然后出现附图 C-10 窗口。

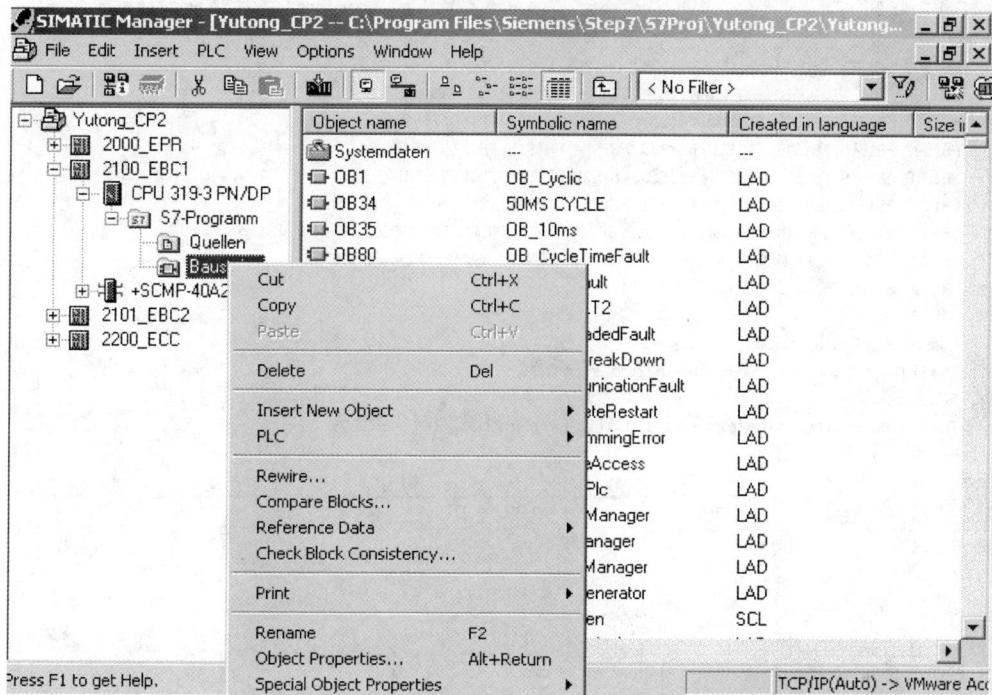

附图 C-10

然后点击 Check Block Consistency... 会出现附图 C-11。

然后依次点击 ▣，⊞ 两个图标，会出现附图 C-12。

点击 "OK"，出现附图 C-13 所示画面。

等到进度条读取完毕，查看检查结果。如果无错误即可进行比较。

如何在线比较程序，在附图 C-14 中点击 "Compare Blocks..."，会出现附图 C-15，在线比较时选择 "Compare time stamp only"，并点击 "Compare" 按钮进行在线比较 PLC 程序。

待进度条读取完毕，检查对比结果，如果有不同之处需检查程序，不要盲目进行下载。

C.2 PLC 程序上传

如何从 PLC 中上传程序到电脑上，下面以 "Yutong_CP2" "2101_EBC2" 为例进行说明。

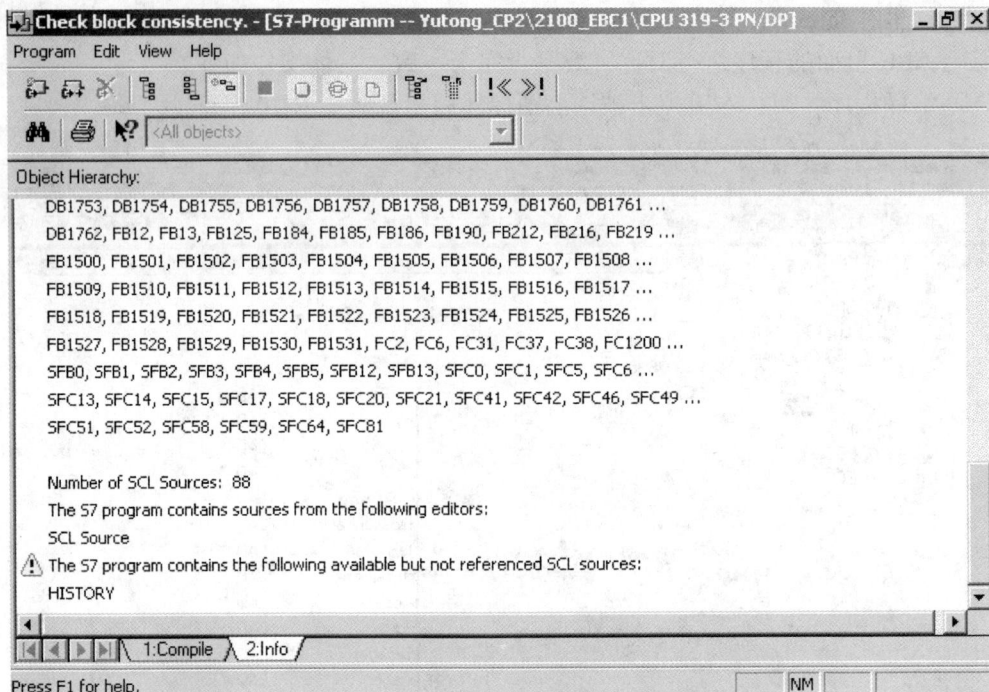

附图 C-11

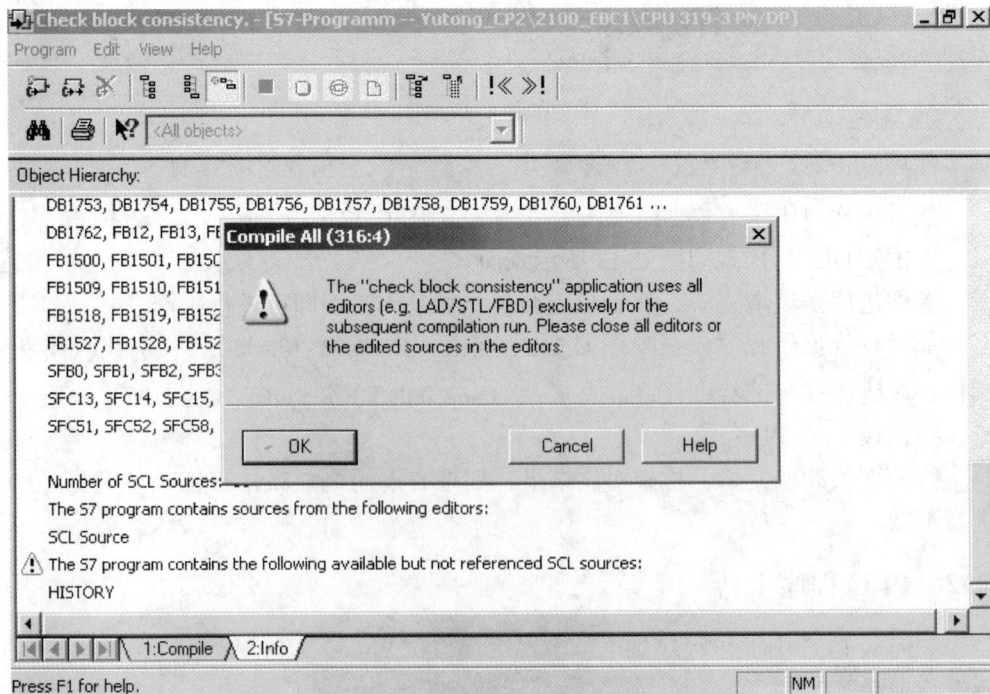

附图 C-12

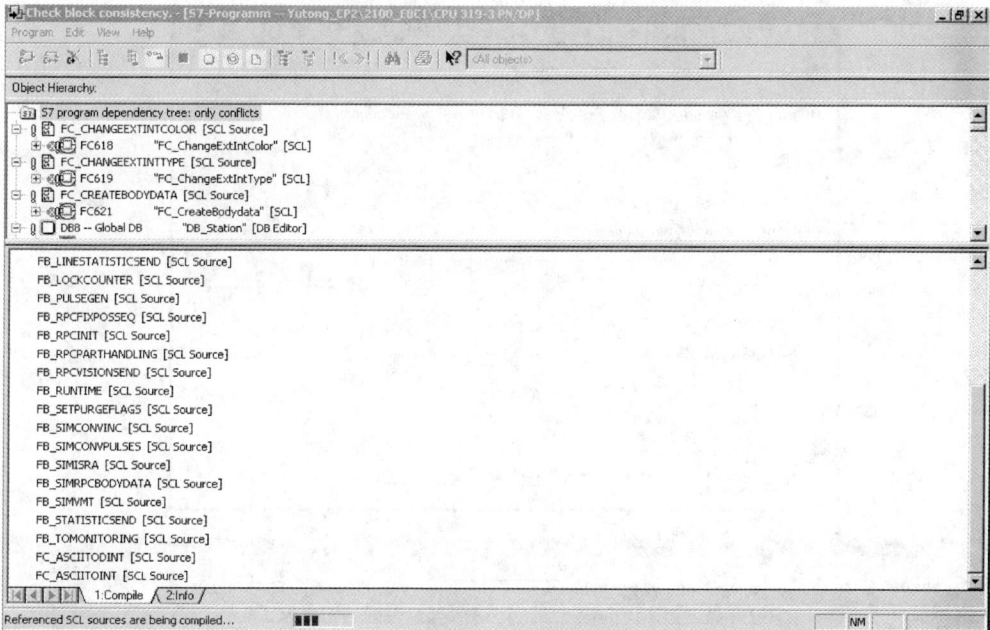

附图 C-13

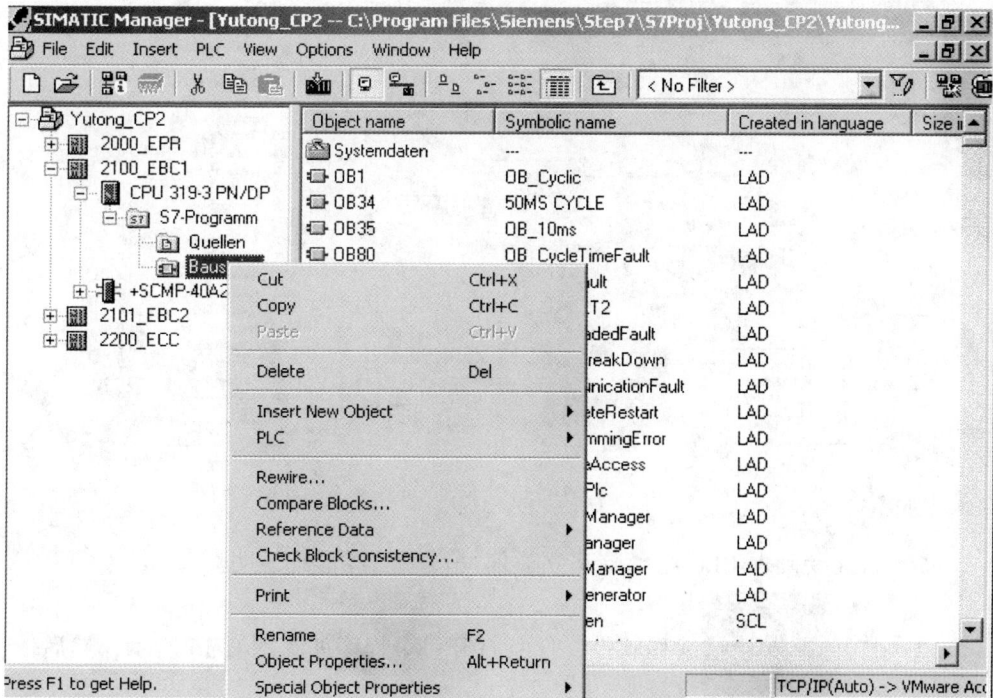

附图 C-14

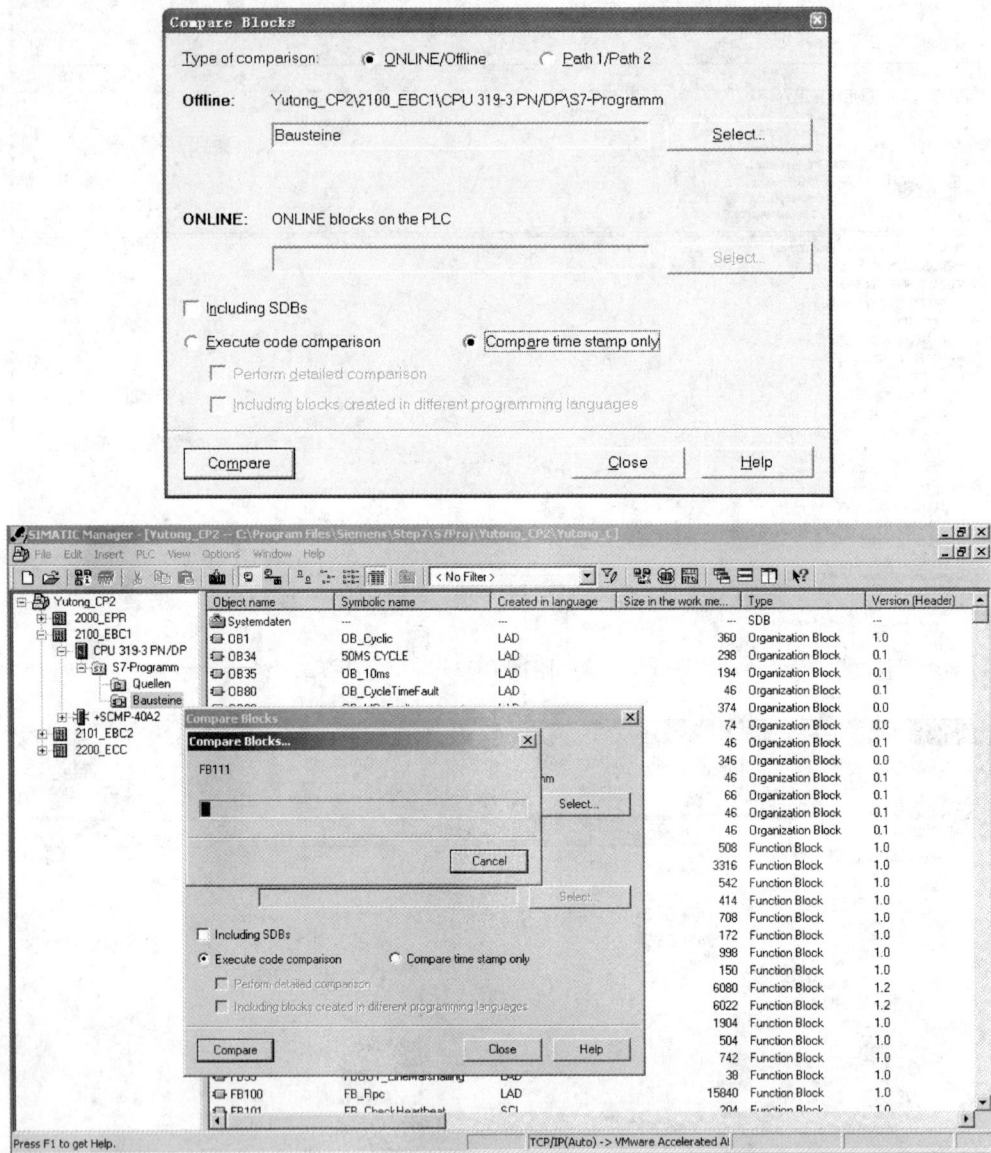

附图 C-15

（1）首先要确保 PLC 与电脑建立通信（以上已经详细说明）。

（2）打开 编程软件，任意打开一个程序如附图 C-16 所示，然后依

次点击 "PLC" "Upload station to PG…"。

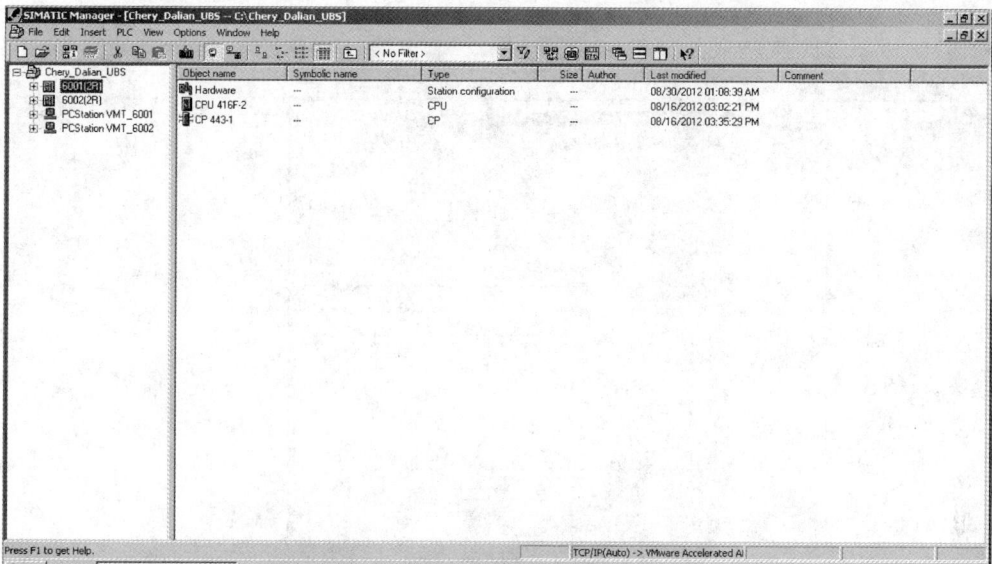

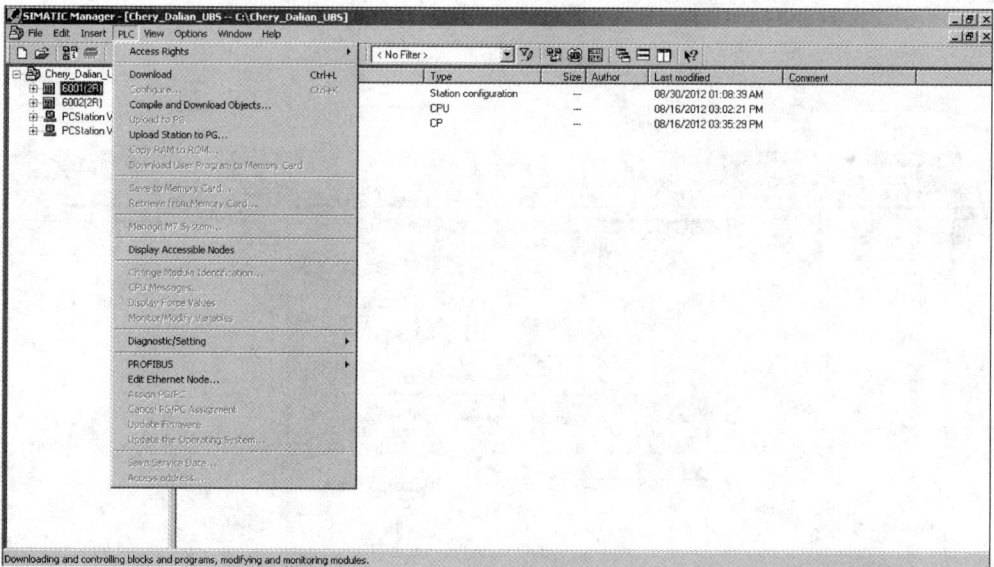

附图 C-16

　　在附图 C-17 中 "Rack" 处选择 "0"，"slot" 处选择 "2"（因为对于西门子 PLC 来说 2 号槽为 CPU 安装位置），然后点击 "VIEW" 会出现附图 C-18；

　　然后点击 "OK"，会出现附图 C-19。

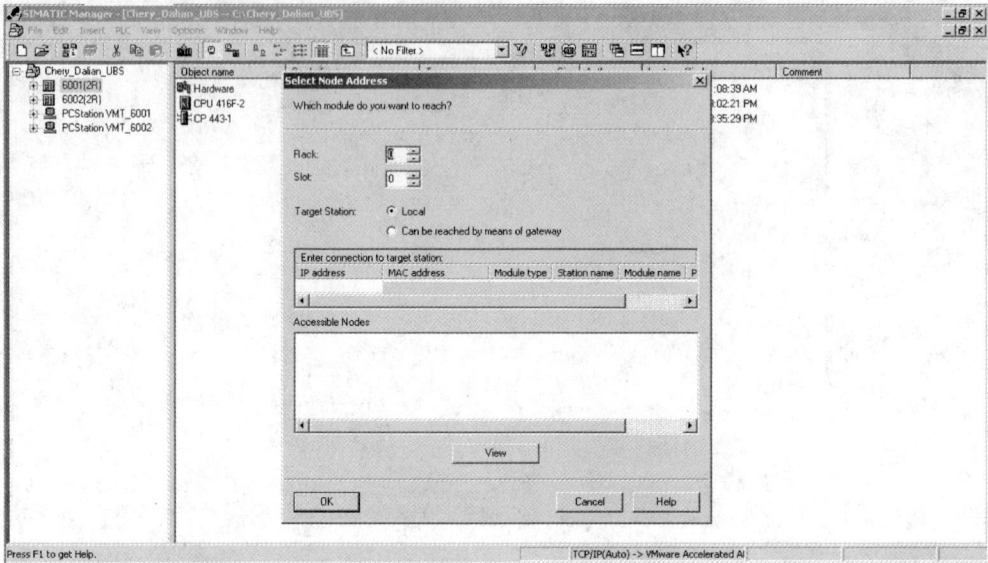

附图 C-17

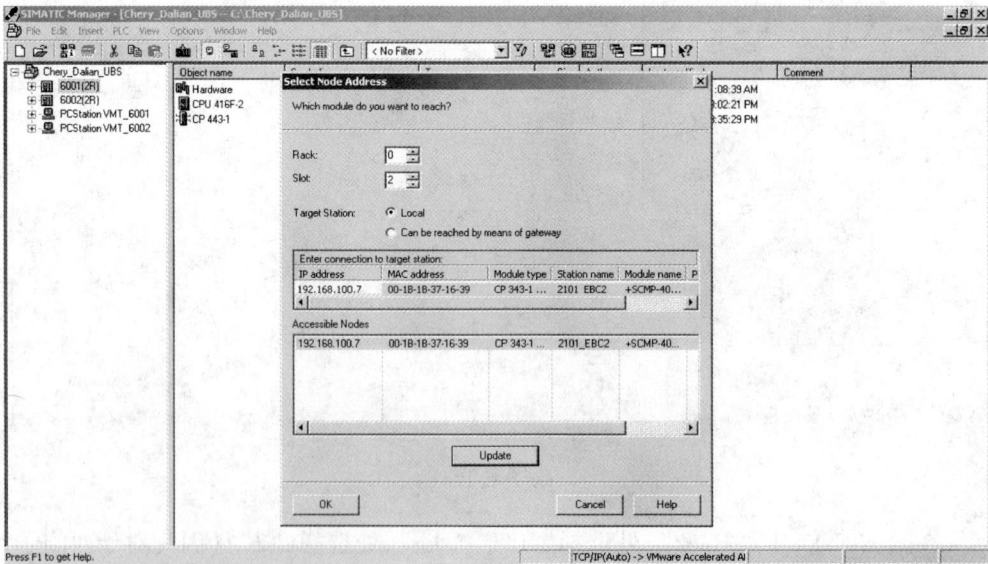

附图 C-18

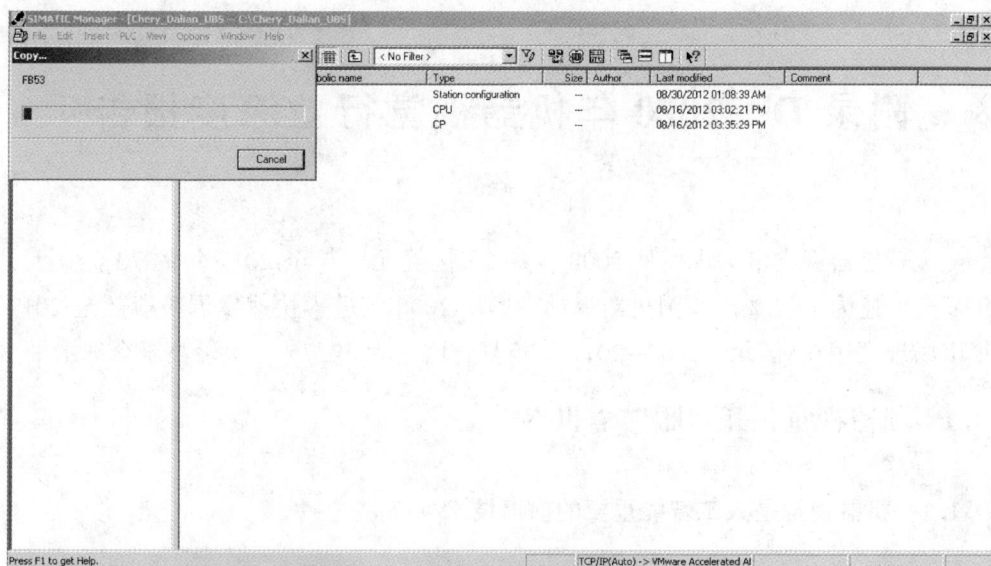

附图 C-19

待进度条读取完毕后，上载程序会出现在附图 C-20 中所示位置，这样便完成了 PLC 程序的上载操作。

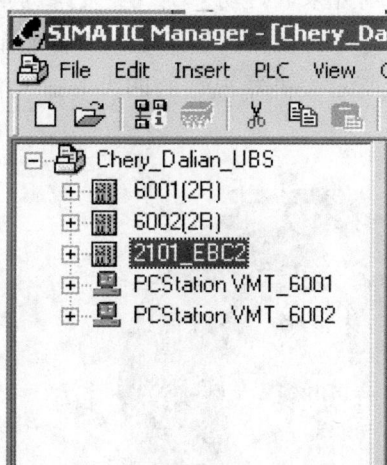

附图 C-20

附录 D　2020 年机器视觉行业深度报告

全球机器视觉市场规模从 2008 年的 25 亿美元增长至 2017 年的 70 亿美元，年复合增速为 12.3%。我国机器视觉市场从 2008 年进入快速发展阶段，至 2017 年市场规模达 65 亿元，2008~2017 年年复合增速为 32.7%，显著高于全球水平。

D.1　机器视觉，开"眼"看世界

D.1.1　机器视觉是人工智能重要的前沿技术

机器视觉是人工智能行业的重要前沿分支。机器视觉通过模拟人类视觉系统，赋予机器"看"和"认知"的能力，是机器认识世界的基础。机器视觉利用成像系统代替视觉器官作为输入手段，利用视觉控制系统代替大脑皮层和大脑的剩余部分，完成对视觉图像的处理和解释，让机器自动完成对外部世界的视觉信息的探测，做出相应判断并采取行动，实现更复杂的指挥决策和自主行动。作为人工智能最前沿的领域之一，视觉类技术是人工智能企业的布局重点，具有最大的技术分布如附图 D-1 所示。机器视觉的四大基础功能是识别、测量、定位、检测，如附图 D-2 所示。

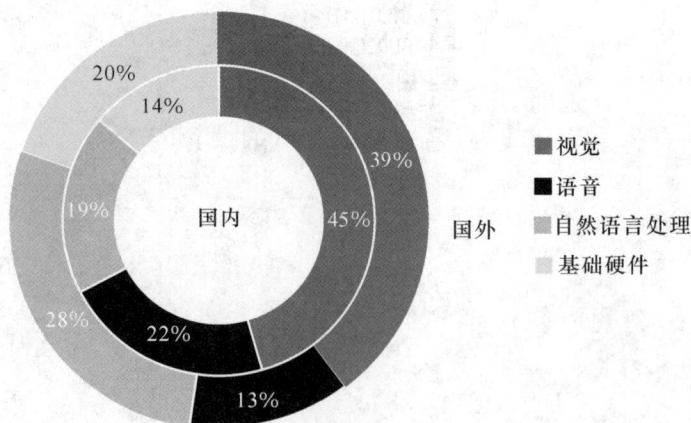

附图 D-1　国内外人工智能企业应用技术分布

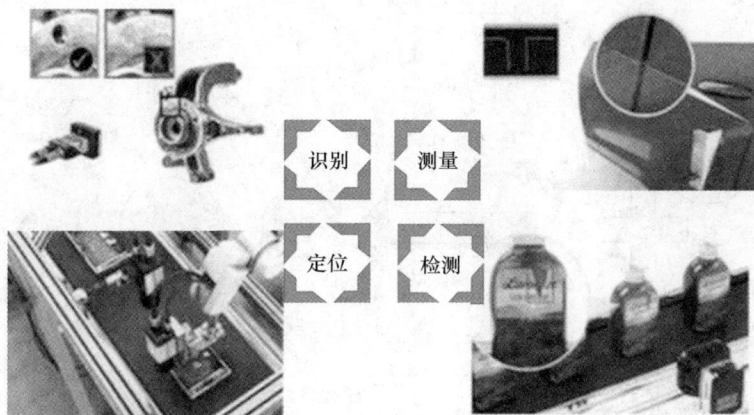

附图 D-2　机器视觉的四大基础功能

D.1.2　机器视觉基本架构

五大模块构筑机器视觉系统：按照信号的流动顺序，机器视觉系统主要包括光学成像、图像传感器、图像处理、IO 和显示等五大模块。光学成像模块设计合理的光源和光路，通过镜头将物方空间信息投影到像方，从而获取目标物体的物理信息；图像传感器模块负责信息的光电信号转换，目前主流的图像传感器分为 CCD 与 CMOS 两类；图像处理模块基于以 CPU 为中心的电路系统或信息处理芯片，搭配完整的图像处理方案和数据算法库，提取信息的关键参数；IO 模块输出机器视觉系统的结果和数据；显示模块方便用户直观监测系统的运行过程，实现图像的可视化。

相对于人类视觉而言，机器视觉在量化程度、灰度分辨力、空间分辨力和观测速度等方面存在显著优势。其利用相机、镜头、光源和光源控制系统采集目标物体数据，借助视觉控制系统、智能视觉软件和数据算法库进行图形分析和处理，软硬系统相辅相成，为下游自动化、智能化制造行业赋予视觉能力。随着深度学习、3D 视觉技术、高精度成像技术和机器视觉互联互通技术的发展，机器视觉性能优势进一步提升，应用领域也向多个维度延伸，如附图 D-3 所示。

D.1.3　机器视觉发展历程

机器视觉起源于 20 世纪 50 年代，Gilson 提出了"光流"这一概念，并基于相关统计模型发展了逐像素的计算模式，标志着 2D 影像统计模式的发展。

1960 年，美国学者 Roberts 提出了从 2D 图像中提取三维结构的观点，引发了 MIT 人工智能实验室及其他机构对机器视觉的关注，并标志着三维机器视觉

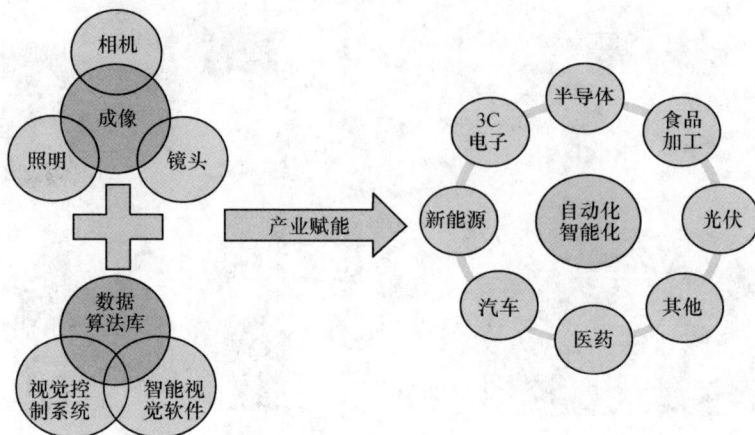

附图 D-3　机器视觉的提取与产业赋能

研究的开始。

　　20 世纪 70 年代中期，MIT 人工智能实验室正式开设"机器视觉"课程，研究人员开始大力进行"物体与视觉"相关课题的研究。1978 年，David Marr 开创了"自下而上"的通过计算机视觉捕捉物体形象的方法，该方法以 2D 的轮廓素描为起点，逐步完成 3D 形象的捕捉，这一方法的提出标志着机器视觉研究的重大突破。

　　从 20 世纪 80 年代开始，机器视觉掀起了全球性的研究热潮，方法理论迭代更新，OCR 和智能摄像头等均在这一阶段问世，并逐步引发了机器视觉相关技术更为广泛的传播与应用。

　　20 世纪 90 年代初，视觉公司成立，并开发出第一代图像处理产品。而后，机器视觉相关技术被不断地投入到生产制造过程中，使得机器视觉领域迅速扩张，上百家企业开始大量销售机器视觉系统，完整的机器视觉产业逐渐形成。在这一阶段，LED 灯、传感器及控制结构等的迅速发展，进一步加速了机器视觉行业的进步，并使得行业的生产成本逐步降低。

　　2000 年至今，更高速的 3D 视觉扫描系统和热影像系统等逐步问世，机器视觉的软硬件产品蔓延至生产制造的各个阶段，应用领域也不断扩大。当下，机器视觉作为人工智能的底层产业及电子、汽车等行业的上游行业，仍处于高速发展的阶段，具有良好的发展前景，如附图 D-4 所示。

　　我国机器视觉起步晚，目前处于快速成长期。国内机器视觉源于 20 世纪 80 年代的第一批技术引进。从 1998 年众多电子和半导体工厂落户广东和上海开始，机器视觉生产线和高级设备被引入我国，诞生了国际机器视觉厂商的代理商和系统集成商。中国的机器视觉发展主要经历了 3 个阶段。

研究兴起

蓬勃发展
新方法新理论涌现

行业快速增长
跨国公司在全球设立分支机构

1950年　1960年　1970年　1980年　1990年　2000年　现在

概念提出
统计模式识别

起步发展
理论更新
机器视觉授课

产业化形成
机器视觉公司成立

欧美日企业处于领先地位
国内企业蓬勃发展

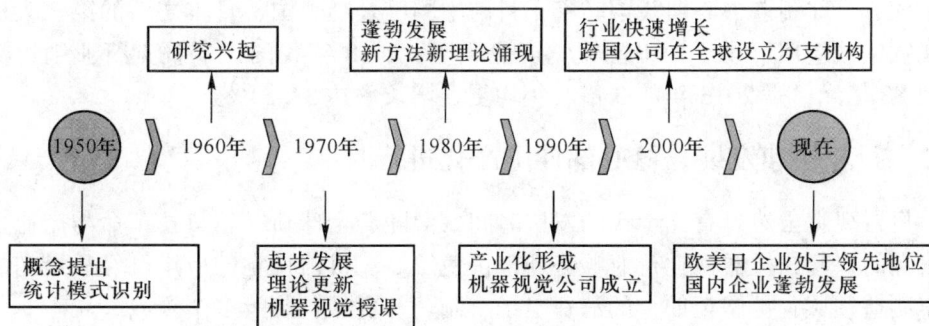

附图 D-4　国际机器视觉的发展历程

第一个阶段是 1999～2003 年的启蒙阶段。这一阶段的中国企业主要通过代理业务对客户进行服务,在服务的过程中引导客户对机器视觉的理解和认知,借此开启了中国机器视觉的历史进程。同时,国内涌现出的跨专业机器视觉人才也逐步掌握了国外简单的机器视觉软硬件产品技术,并搭建起了机器视觉初级应用系统。在这一阶段,诸如特种印刷行业、烟叶异物剔除行业等率先引入了机器视觉技术,在解放劳动力的同时有效推动了国内机器视觉领域的发展。

第二个阶段是 2004～2007 年的发展阶段。这一阶段本土机器视觉企业开始起步探索由更多自主核心技术承载的机器视觉软硬件器件的研发,多个应用领域取得了关键性的突破。国内厂商陆续推出的全系列模拟接口和 USB2.0 的相机和采集卡,以及 PCB 检测设备、SMT 检测设备、LCD 前道检测设备等,逐渐开始占据入门级市场。

第三个阶段是 2008 年以后的高速发展阶段。在这一阶段众多机器视觉核心器件研发厂商不断涌现,一大批真正的系统级工程师被不断培养出来,推动了国内机器视觉行业的高速、高质量发展,如附图 D-5 所示。

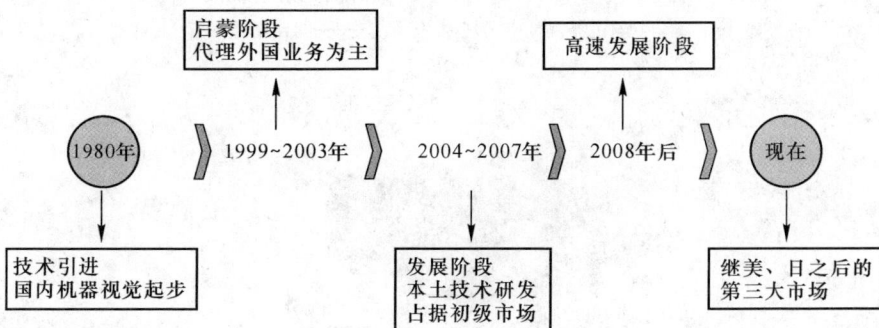

启蒙阶段
代理外国业务为主

高速发展阶段

1980年　1999～2003年　2004～2007年　2008年后　现在

技术引进
国内机器视觉起步

发展阶段
本土技术研发
占据初级市场

继美、日之后的
第三大市场

附图 D-5　我国机器视觉发展历程

随着全球制造中心向我国转移,目前中国已是继美国、日本之后的第三大机器视觉领域应用市场。据中国视觉产业联盟,2018 年我国机器视觉行业销售额达到 83 亿元,是 2013 年的 3 倍,年均复合增长率达 33.54%。

D.2　行业快速发展,核心部件国产化进行时

机器视觉虽然只有几十年的发展时间,但随着全球新一轮科技革命与产业变革浪潮的兴起,机器视觉行业顺势迎来快速发展。机器视觉的应用已经从最初的汽车制造领域,扩展至如今的消费电子、制药、食品包装等多个领域。

据前瞻产业研究院,全球机器视觉市场规模从 2008 年的 25 亿美元增长至 2017 年的 70 亿美元,年复合增速为 12.3%。我国机器视觉市场从 2008 年进入快速发展阶段,至 2017 年市场规模达 65 亿元,2008~2017 年年均复合增速为 32.7%,显著高于全球水平,如附图 D-6 和附图 D-7 所示。

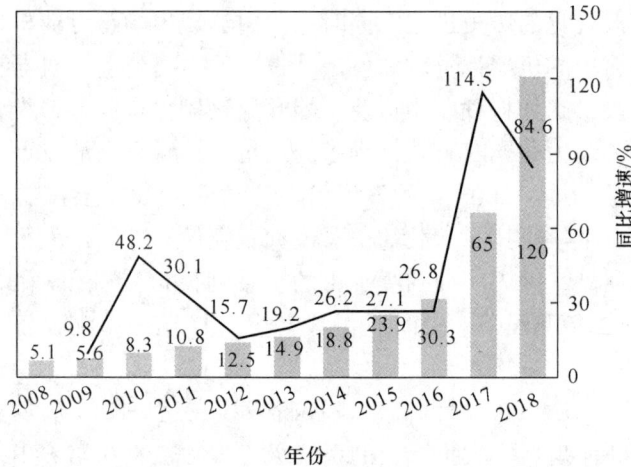

附图 D-6　2008~2018 年中国机器视觉市场规模
中国机器视觉市场规模/亿元;——同比增速/%

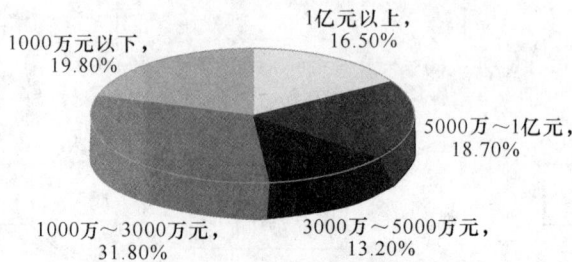

附图 D-7　2017 年中国机器视觉行业年销售额分布

　　国际机器视觉市场的高端市场主要被美、德、日品牌占据。美国康耐视（Cognex）、国家仪器（NI），德国巴斯勒（Basler）、伊斯拉视像（ISRA Vision），日本基恩士（Keyence）、欧姆龙（Omron）等都是在机器视觉领域拥有技术积累和良好客户口碑的国际巨头公司。其中康耐视和基恩士作为全球机器视觉行业的两大巨头，垄断了近 50% 的全球市场份额。

　　国内机器视觉行业竞争格局较分散，在核心零部件上国外企业占据更大的市场份额与销售优势。据《中国机器视觉产业全景图谱》介绍，目前进入中国的国际机器视觉品牌已有 200 多家，中国本土的机器视觉品牌有 100 多家，各类产品代理商超过 300 家，系统集成商也有超过 100 家。可见，国内机器视觉企业以产品代理商与系统集成商为主，在机器视觉产业链上游领域布局较少，在机器视觉核心零部件的研发能力上不及国外老牌公司雄厚，因此中高端市场主要由国际一线品牌主导。

D. 2. 1　工业相机：捕捉和分析对象的核心部件

　　图像分析的前提是由镜头捕捉光信号并转变为有序的电信号。区别于民用相机，工业相机具有更高的图像稳定性、传输能力和抗干扰能力，是机器视觉系统的关键组件。目前市面上的工业相机产品主要有线阵相机、面阵相机、3D 相机和智能相机等。智能相机将图像的采集、处理与通信功能集成于单一相机内，已成为工业相机发展的趋势。

　　图像传感器是相机的核心，根据芯片类型可划分为 CCD 和 CMOS 图像传感器，两者都使用光敏二极管进行光电转化，但在工作原理和产品特性上都存在较大区别，如附图 D-8 所示。

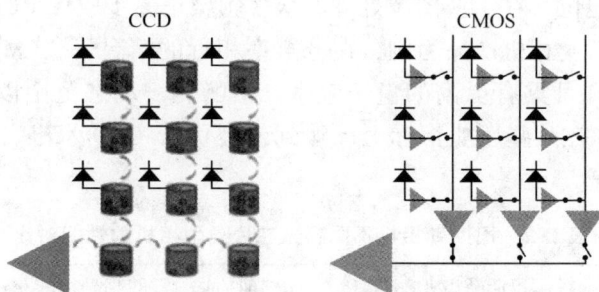

附图 D-8　CCD 与 COMS 图像传感器

　　CCD 图像传感器是一个由光电二极管和存储区构成的矩阵，每一个感光元件在将光线转化为电荷后，直接输出到下一个感光元件的存储单元，依此类推到最后一个感光元件形成统一的输出，再由放大器放大电信号以及专门的模数转换芯片将模拟信号转换为数字信号。而 CMOS 传感器中每一个感光元件都直接整合了放大器和模数转换逻辑（ADC），当感光二极管接受光照、产生模拟的电信号之后，电信号首先被该感光元件中的放大器放大，然后直接转换成对应的数字信号。

CMOS 传感器在应用于机器视觉初期，由于在处理快速变化的影像时，容易因电流变化过于频繁而产生过热现象，使得噪声难以抑制，因此仅应用在影像画质要求较低的中低端工业产品；而 CCD 由于图像质量更高、抗噪能力更强的优势多应用于高端场合，见附表 D-1。

附表 D-1　CCD 和 CMOS 相机技术指标对比

性能	CCD	CMOS
噪声	小	大
能耗	高	低
集成度	低	高
成像质量	高	低
成像速度	慢	快
硬件成本	高	低

随着 CMOS 传感器在消费电子设备上的大量应用推动了 CMOS 技术的发展，其性能已显著提高，而制造成本大幅下降。CMOS 传感器的分辨率和图像质量正在逼近 CCD 传感器，并且凭借高速度（帧速率）、高分辨率（像素数）、低功耗以及最新改良的噪声指数、量子效率及色彩观念等各方面优势，CMOS 传感器建立了稳固的市场地位，在工业图像处理的众多领域正逐步取代 CCD 传感器。

以 Basler 的工业相机产品为例，在分辨率相近的情况下，CMOS 的帧速率比 CCD 显著更高，并且具有更高的量子效率、信噪比、动态范围以及更低的暗噪声。可见，CMOS 在某些性能指标上已达到或者优于 CCD 水准，具备替代 CCD 的能力见附表 D-2。

附表 D-2　巴斯勒相机不同感光芯片类型相机的性能对比

型　号	巴斯勒相机 ace 系列 2.3MP 164 color	巴斯勒相机 ace 系列 A1600-20gc
感光芯片类型	CMOS	CCD
感光芯片尺寸	11.3mm×7.1mm	7.2mm×5.4mm
水平/垂直分辨率（px）	1920px×1200px	1624px×1234px
分辨率（MP）	2.3MP	2MP
帧速率（fps）	164.0fps	20.0fps

续附表 D-2

型　　　号	巴斯勒相机 ace 系列 2.3MP 164 color	巴斯勒相机 ace 系列 A1600-20gc
量子效率（典型值/最低值）	56.6%/50.0%	46.40%
暗噪声（典型/最大）	$6.3e^-/7.6e^-$	$9.4e^-$
饱和容量（典型值/最低值）	$33.4ke^-/28.5ke^-$	$8.4ke^-$
信噪比（典型值/最低值）	45.2dB/44.5dB	39.2dB
动态范围（典型值/最低值）	73.3dB/71.5dB	59.1dB

　　近些年工业相机行业在全球市场和中国市场均呈现快速增长趋势。全球工业相机行业规模由 2011 年 15.2 亿元增长至 2018 年的 40.3 亿元，年均复合增速为 14.95%；中国工业相机行业规模 2011 年仅有 0.8 亿元，2018 年达 7.3 亿元，实现了 37.14% 的年均复合增长率。中国工业相机市场正以远超全球市场的增速迅速扩张，如附图 D-9 所示。

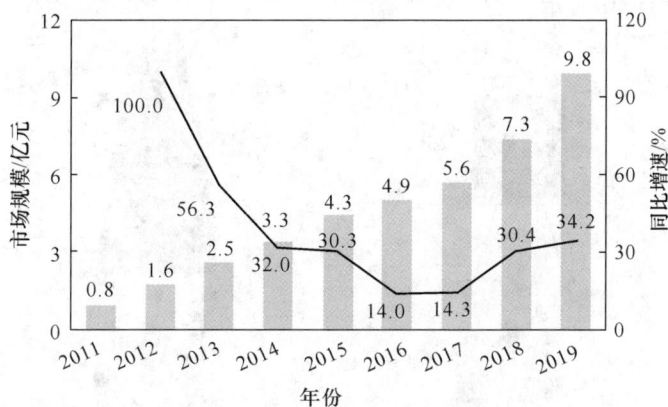

附图 D-9　2011~2019 年中国工业相机市场规模
中国市场规模/亿元；———同比增速/%

　　目前，全球工业相机行业由欧美品牌占据主要市场。据前瞻产业研究院统计，2018 年北美品牌占据全球工业相机市场 62% 的份额，欧洲品牌占 15%，国外知名企业如德国 Basler、加拿大 DALSA、美国康耐视等。从细分领域来看，工业智能相机市场相较于板卡式相机市场呈现更高的集中度。

　　我国对于工业相机的研究起步较晚，最初主要由大恒图像等几家老牌相机公司代理国外品牌。近些年我国也逐步发展出一批自主研发工业相机的国产品牌，如大恒图像、海康机器人、华睿科技和维视图像等。目前我国工业相机行业主要布局于中低端市场，可逐步实现进口替代；而在高分辨率、高速的高端工业相机领域仍以进口品牌为主。根据中国海关总署数据，2018 年我国工业相机进口数量为 8159 台，进口金额为 4483 万美元，同比增长 8.3%。

D.2.2　镜头：清晰成像的核心

镜头是机器视觉图像采集部分重要的成像部件，镜头的主要作用是将目标成像在图像传感器的光敏面上，分辨率、对比度、景深以及像差等指标对成像质量具有关键性影响。

工业镜头按焦距可分为定焦镜头和变焦镜头；根据光圈可分为固定光圈和可变光圈；根据视场大小可分为摄远镜头、普通镜头和广角镜头。此外，还有几种具有特殊用途的镜头，如远心镜头、显微镜头、微距镜头、紫外镜头和红外镜头等。由于传统镜头存在视差现象（即镜头的放大倍数随物距的变化而变化），且通常有高于 1%~2% 的畸变，远心镜头应运而生。它可以在一定物距范围内纠正视差的影响，并将畸变系数严格控制在 0.1% 以下。远心镜头由于其特有的平行光路设计一直为对镜头畸变要求很高的机器视觉应用场合所青睐，适应精密检测需求，如附图 D-10 所示。

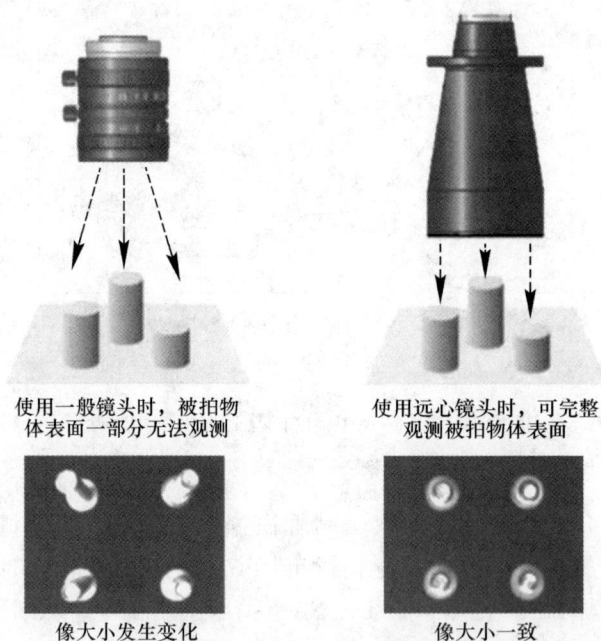

使用一般镜头时，被拍物　　　　　　使用远心镜头时，可完整
体表面一部分无法观测　　　　　　观测被拍物体表面

像大小发生变化　　　　　　　　　像大小一致

附图 D-10　远心镜头与一般镜头成像区别

据 Q.Y.Research，2019 年全球工业镜头市场总值达到 33 亿元，预计在 2026 年将增至 58 亿元，年均复合增长率为 8.3%。海外品牌在镜头领域投入较早，经过多年的业务积累与技术升级，在全球范围内形成了德系徕卡、施耐德、卡尔蔡

司和日系 CBC、Kowa、尼康、富士等光学巨头。由于光学镜头行业集成了精密机械设计、几何光学、薄膜光学、色度学、热力学等多学科技术，并且制作工序和工艺复杂，具有较高的技术门槛。

我国由于起步较晚，2008 年之前国内光学镜头市场基本被日本、德国品牌所垄断。近些年，我国工业镜头行业国内厂商快速增长，主要从中低端市场切入，凭借高性价比优势对于外资品牌具有一定竞争力。在高端市场，我国仍以进口日本、德国等老牌厂商的产品为主，但也有一部分企业如东正光学、慕藤光等逐步走向高端。东正光学的远心镜头畸变小于 0.02%，倍率齐全，微距镜头产品也能够将畸变控制在 0.1% 的超低量级下，见附表 D-3。

附表 D-3　国内外主要镜头供应商

厂商	地点	简　　介
Navitar	美国	Navitar 总部位于纽约罗切斯特，是领先的优质光学系统制造商和供应商，为机器视觉和生物医学诊断行业提供全面的定制光学解决方案
施耐德	德国	施耐德是有着近百年的德国老牌光学厂商，也一直是高品质工业用镜头、摄影镜头、滤镜、电影投影镜头和光学配件的国际市场领军者之一。在工业领域被广泛应用于科学研究，机器人、机器视觉、工业检测和邮件分选等
CBC	日本	CBC 株式会社成立于 1925 年，拥有 40 年以上的 CCTV 产品经验，CCTV 镜头在日本国内，欧洲和亚洲地区都占据第一的市场份额，旗下 Computar 品牌的工业镜头被广泛应用于工业和安防领域。1996 年 CBC 上海分公司成立，Computar 镜头进入中国市场，如今已经是中国工业镜头市场的主要供应商
Kowa	日本	Kowa 成立于 1894 年，是全球知名的镜头制造商，早在 1952 年便开始了光学产品的生产制作，所生产的 FA 镜头和 CCTV 镜头产品被广泛的应用于世界各地的项目，在日本、美国、欧洲都有极佳的口碑
东正光学	中国广东深圳	东正光学专业从事工业镜头的研发与生产，拥有各类技术专利近百项，公司的工业机器视觉镜头（线扫描镜头、远心镜头、微距镜头）已经使用在印刷检测、液晶屏幕检测、玻璃检测等诸多领域，客户涉及 Facebook，Google、苹果等国际企业
慕藤光	中国江苏昆山	慕藤光是一家为工业，军工科研、医疗仪器和机械设备提供光学产品的制造公司，产品包括工业相机镜头、科研镜头、医疗仪器和机械镜头等，主要市场覆盖意、美国、德、法、英、日、韩等

D.2.3　光源：设计光路实现目标成像

机器视觉系统使用的光源主要分为 LED 光源、卤素灯和高频荧光灯三种，其中最为常用的为 LED 光源。LED 光源即发光二极管光源，其发光原理和白炽灯、气体放电灯的原理都不同，LED 光源采用固体半导体芯片为发光材料，能量转换效率高，理论上可达白炽灯 10% 的能耗，相比荧光灯也可以达到 50% 的节能效果。此外，LED 光源具有形状自由度高、使用寿命长、响应速度快、单色性好、颜色多样、综合性价比高等特点，因此在机器视觉等工业领域具有更广泛的应用，见附表 D-4。

附表 D-4　三种光源性能对比

性能指标	LED 光源	卤素灯	高频荧光灯
价格	中	高	低
亮度	中	高	低
稳定性	高	中	低
闪光装置	有	无	无
使用寿命	高	低	中
光线均匀度	低	中	高
多色光	有	无	无
复杂设计	高	中	低
温度影响	高	低	中

机器视觉光源产品可按形状划分为多种类型，如环形光源、条形光源、平面光源、线光源、点光源、同轴光源等。不同的形状结构可提供不同的亮度、强度、照射角度、照射面积及颜色组合等，适用于不同的机器视觉应用场景。例如环形光源是由 LED 阵列成圆锥状以斜角照射在被测物体表面，通过漫反射方式照亮一小片区域，工作距离在 10~15mm 时，环形光源可以突出显示被测物体边缘和高度的变化，适合应用于 PCB 基板检测、IC 元件检测、集成电路印字检查等情形，如附图 D-11 所示。

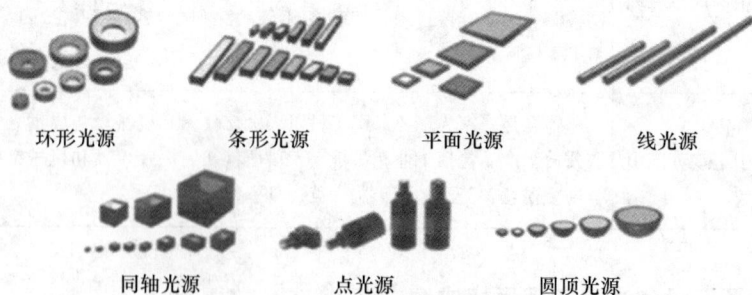

环形光源　　条形光源　　平面光源　　线光源

同轴光源　　点光源　　圆顶光源

附图 D-11　机器视觉光源分类

国外机器视觉照明技术已较为成熟，国际上具有代表性的光源企业主要有日本 CCS、Moritex 和美国 Ai。国内光源市场国产化程度较高，竞争较为充分，涌现出奥普特、沃德普、康视达、纬朗光电等一批机器视觉光源制造商，能够与国际品牌进行竞争。

CCS 在全球光源市场上具有较高的市占率，主要产品为图像处理用 LED 光源和控制器。根据 CCS 公司 2017 年度报告，其在 2017 年的营业收入达 5.2 亿元，其中光源和光源控制器产品占总营业收入的 89.2%。

奥普特是成立于 2006 年的国内机器视觉光源行业领先的本土品牌，并以光源为切入点，将产品延伸至机器视觉镜头、相机、视觉控制系统等其他软硬件产品。2019 年，奥普特光源及光源控制器产品收入为 3.0 亿元。奥普特光源产品的销售额与 CCS 相比仍存在一定差距，但其盈利能力比 CCS 高，如附图 D-12 所示。

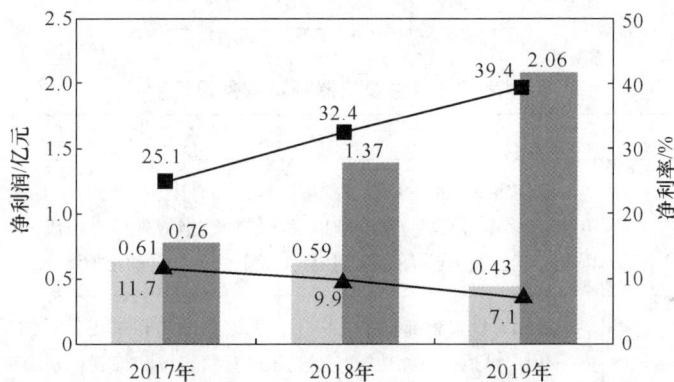

附图 D-12　2017~2019 年 CCS 与奥普特净利润及净利率

　　CCS 净利润/亿元；　　奥普特净利润/亿元；
—▲—CCS 净利率/%；　—■—奥普特净利率/%

D.2.4　图像处理软件：算法实现各种目标

目前，图像处理软件领域主要由美、德等国主导，主要厂商包括 Cognex、Mvtec、Adept 等，软件的底层算法基本被以上厂商垄断。康耐视（Cognex）作为最具代表性的厂商之一，近 10 年业绩表现良好。康耐视营业收入由 19.25 亿元增长至 50.62 亿元，复合增速 10.15%；毛利率与净利率基本稳定，分别维持在75% 和 25% 左右，如附图 D-13 所示。

国内的机器视觉图像处理软件一般是在 OpenCV 等开源视觉算法库或者 Halcon、VisionPro 等第三方商业算法库的基础上进行二次开发。由于独立底层算法具有非常高的技术壁垒，国内目前仅有创科视觉、海康威视、奥普特、维视图像等少数企业完成底层算法研究并进行一定范围的应用，见附表 D-5。

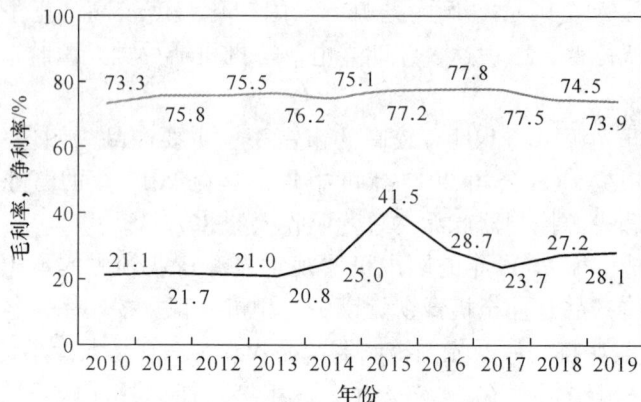

附图 D-13　2010~2019 年康耐视毛利率及净利率
————毛利率/%；————净利率/%

附表 D-5　主要机器视觉软件及厂商

软件	厂商	简　介
Halcon	MVtec	一套完善的标准的机器视觉算法包，拥有应用广泛的机器视觉集成开发环境，有 1000 多个各自独立的函数以及底层的数据管理核心构成，应用范围几乎没有限制，涵盖医学遥感探测监控到工业上的各类自动化检测
VisionPro	Cognex	主要用于设置和部署视觉应用，无论是使用相机还是图像采集卡借助 Vision Pro，用户可执行各种功能，包括几何对象定位和检测识别测量和对准，以及针对半导体和电子产品应用的专用功能
HexSight	Adept	包含一个完整的底层机器视觉函数库，提供稳定、可靠及准确定位和检测零件的机器视觉底层函数，其功能强大的定位器工具能精确地识别和定位物体，不论其是否旋转或大小比例发生变化

D. 3　起于汽车制造，兴于消费电子

D. 3. 1　消费电子和汽车制造是当前主要应用下游

机器视觉目前主要应用在消费电子、汽车制造、食品包装、制药业等领域，其中又以消费电子和汽车制造领域为主，应用消费占比分别为 46.60%、10.20%。在消费电子行业，机器视觉应用于高精度制造和质量检测，包括圆晶切割、3C 表面检测、触摸屏制造、AOI 光学检测、PCB 印刷电路、电子封装等。在汽车制造行业，机器视觉几乎涉及所有系统和部件的制造流程，例如车身装配

检测、面板印刷和质量检测、字符检测、零件尺寸的精密测量、工业零部件表面缺陷检测等。

D.3.2　机器视觉在汽车制造行业的应用

汽车制造质量原先主要依靠三坐标测量完成，效率低、时间长、数据量严重不足，且只能离线测量。机器视觉引入非接触测量技术，逐步发展成固定式在线测量站与机器人柔性在线测量站等在线测量系统，可严格监控车身尺寸波动，提供数据支持。

除传统三坐标测量、激光在线测量外，蓝光扫描测量、表面缺陷测量等视觉测量方法可进行更加精细地测量，对车身基本特征尺寸、车体装配效果、缺陷等提供高精度监控。多种监控测量手段互相结合，确保生产零件零缺陷、整车制造高质量，附表 D-6。

附表 D-6　汽车制造中的主要应用

测量方法	测量原理
三坐标测量 	将被测物体置于三坐标测量机的测量空间，可获得被测物体各测点的坐标位置，根据这些点的空间坐标值，经过数学运算，求出被测的几何尺寸形状和位置
激光在线测量 固定式测量站　机器人柔性测量站	基于三角测量原理，利用线状激光构造被测特征，结合有效照明，获得被测特征的表面信息。相机拍摄特征图像，通过图像处理技术得到被测特征在图像上的二维坐标，再通过三角测量模型，将二维坐标转换为传感器坐标系下的三维空间坐标
蓝光扫描测量 	由 3D 扫描仪、多轴机器人、机器人动作及测量步骤编程软件，检查分析软件及其安全系统构成扫描仪，采用蓝光投影技术，测量头由左右两个高分辨率工业 CCD 相机和条纹投影单元组成采用结构光测量方式，投影单元将包含不同间隔和相位信息的条纹投影到被测工件表面，左右两个高分辨率工业相机同步采集条纹图像，利用双目立体视觉测量原理，在极短时间内获取高密度点云的三围数据，利用标记点拼接技术，实现不同角度和位置下测量数据的自动对齐，最终获得完整的测量数据

测 量 方 法	测 量 原 理
表面缺陷测量	由机器人显示器计算机与相机构成，基于反射式条纹偏析法，测量时，首先通过计算机控制显示器投影正弦条纹到被测曲面上，经反射后，由相机采集被测曲面上的面形变化会使条纹发生变形，利用相位提取算法时，条纹的相位信息进行提取，即可实现对被测曲面面形的测量

机器视觉引导系统突破机器人简单重复示教轨迹的限制，使其根据被操作工件的变化实时调整做工轨迹，提升机器人智能化水平。视觉引导技术逐渐渗透到汽车制造的全过程，比如引导机器人进行最佳匹配安装、精确制孔、焊缝引导及跟踪、喷涂引导、风挡玻璃装载引导等，如附图 D-14 所示。

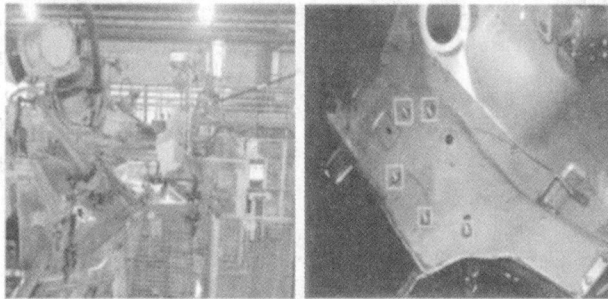

附图 D-14　螺柱识别与检测

我国汽车产销量位于全球前列，汽车制造市场体量庞大。汽车行业自动化程度较高，生产制造中许多环节已经无人化操作，同时汽车智能化蓝图多领域布局，促进机器视觉在汽车行业应用深化。

D.3.3　机器视觉在消费电子行业的应用

机器视觉在消费电子领域，以 PCB/FPC AOI 检测、零部件及整机外观检测、装配引导等应用为主，并呈现出越来越多的新的应用场景，如附图 D-15 所示。

PCB 缺陷检测主要是焊点缺陷检测和元器件检测两大部分。传统的人工目视检测法易漏检、速度慢、时间长、成本高，已不能满足生产需要，机器视觉 PCB 检测系统具有重要的现实意义。在电路板从印刷装置中移下，或在清洗剂中清洗后，以及返修完成返回生产线中，机器视觉提供的在线视觉技术可以在实施印刷操作后直接发现存在的缺陷情况，保证了操作者在加上 PCB 以前能够及时处理

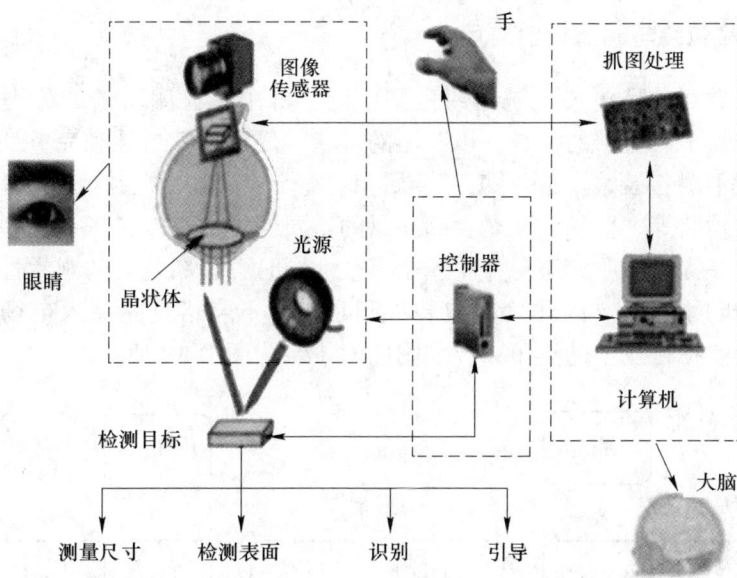

附图 D-15　AOI 基本原理

有关问题。另外，发现缺陷时可以有效防止有缺陷的电路板送达生产线后端，从而避免出现返修或废弃现象。操作者能够及时得到反馈，明确处于操作中的印刷工艺操作是否良好，达到预防缺陷产生的目的，对生产效率和良率的提升至关重要，如附图 D-16 所示。

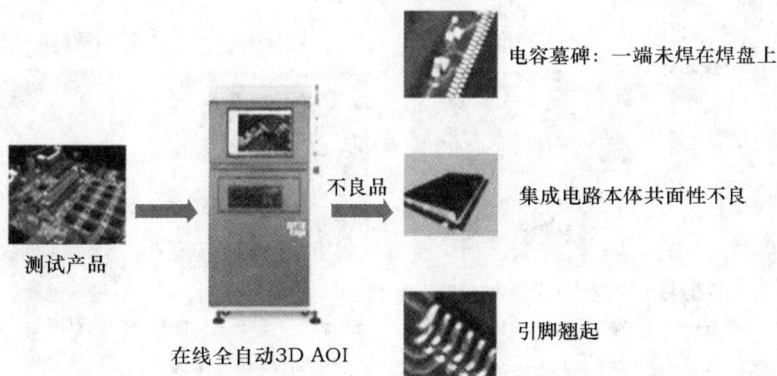

附图 D-16　AOI 在 SMT 行业应用

消费电子及半导体领域的机器视觉市场规模于 2018 年突破 20 亿元，2019 年达到接近 30 亿元水平。消费电子行业元器件尺寸小，质量标准高，适合用机器视觉系统检测，也促进机器视觉技术进步。同时，消费电子产品生命周期短，需求量大，拉动机器视觉市场需求。

D. 3. 4　食品包装与制药行业应用

机器视觉在食品包装领域适用范围广泛，可用于检测瓶子的分类和液位测量、标签、盖子、盒子的检查，以及瓶的形状、尺寸、密封性和完整性。被检查的包装形状不限包装盒、包装箱、金属箱、管状、泡状、盘状、广口瓶、细口瓶、罐装和桶装等。食品包装是食品质量的重要保障，可以保护食品在流通过程中免受污染，提高品质，避免发生安全事故。同时，食品包装的观赏性也会给消费者良好的购物体验。因此食品包装检测是控制不合格食品流入市场的关键环节，影响企业在行业中的竞争力，如附图 D-17~附图 D-19 所示。

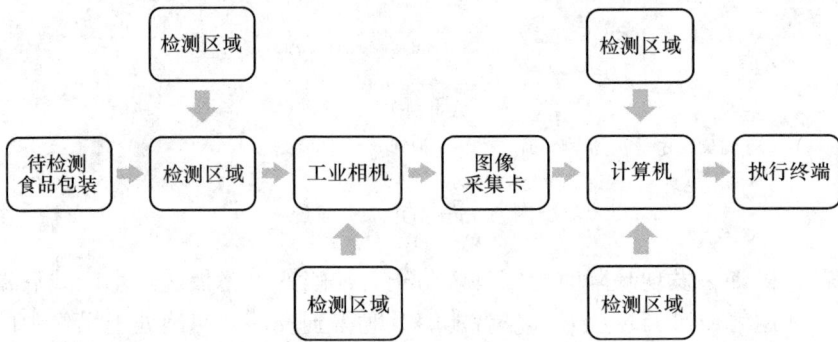

附图 D-17　食品包装检测系统结构

产品质量检测

包装检验

装配验证

过敏源管理和可追溯性

包装前确认产品完整性并减少损坏的产品。

·包装匹配检测；
·容量检测；
·异物检测；
·产品一致性检测

检测初次和二次包装，以确保包装正确且没有瑕疵。

·食品装配验证；
·标签和包装质量检测；
·日期/批代码检查；
·防篡改和安全密封检查；
·标签印刷质量检查

提前识别包装缺陷，确保完整性和一致性。

·封盖高度和歪斜检测；
·液位检测；
·漏项检测；
·视觉引导机器人拾放

管理过敏源，跟踪和追踪召回的产品并为防止伪造。

·防伪；
·可追溯性；
·过敏源标签检查；
·包装验证检查

附图 D-18　康耐视在食品行业/饮料行业的应用

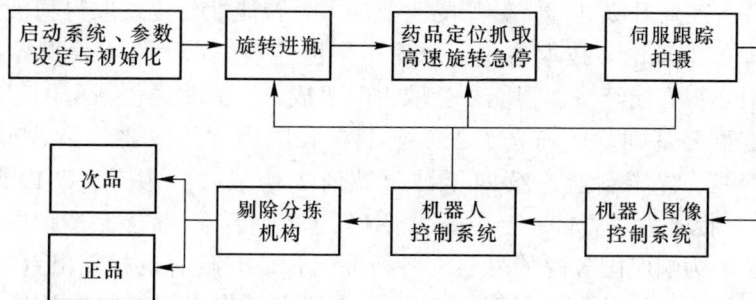

附图 D-19　视觉机器人检测流程

D.4　机器视觉技术仍在迭代，应用场景不断丰富

D.4.1　提质、增效、降本是机器视觉发展的源动力

2019 年，我国 65 岁及以上人口占总人口比率达 12.57%，标志我国已步入严重老龄化社会。劳动力供给不足，推动企业用工成本上升。根据国家统计局数据，城镇非私营单位就业人员平均工资从 2012 年的 4.68 万元上升为 2019 年的 9.05 万元，八年间用工成本接近翻倍。我国制造业在转型升级过程中必然向自动化、智能化迈进，并不断得到深化，如附图 D-20 所示。

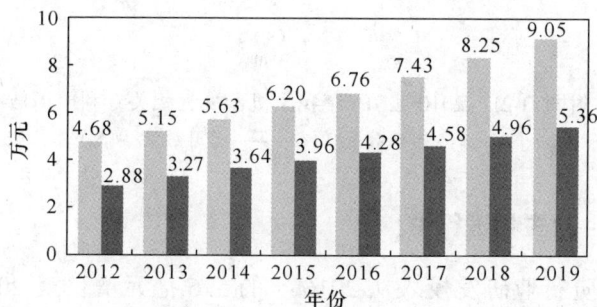

附图 D-20　全国城镇私营单位和非私营单位就业人员平均工资
全国城镇非私营单位就业人员年平均工资/万元；
全国城镇私营单位就业人员年平均工资/万元

2017 年 7 月，国务院发布《新一代人工智能发展规划》，明确提出科技引领、系统布局、市场主导、开源开放四项基本原则，以及"三步走"的发展战略：到 2020 年人工智能总体技术和应用与世界先进水平同步，人工智能产业成为新的重要经济增长点，人工智能技术应用成为改善民生的新途径；到 2025 年人工智能基础理论实现重大突破，部分技术与应用达到世界领先水平，人工智能

成为带动我国产业升级和经济转型的主要动力，智能社会建设取得积极进展；到
2030 年人工智能理论、技术与应用总体达到世界领先水平，成为世界主要人工
智能创新中心，智能经济、智能社会取得明显成效，为跻身创新型国家前列和经
济强国奠定重要基础。这确立了人工智能在我国当下的重要地位。2017～2020
年，人工智能、智能制造连续四年被《政府工作报告》覆盖，2019 年更是将
"智能制造"提升为"智能+"，进一步明确了人工智能、智能制造在国民经济中
的重要地位。为响应国务院的号召，各行业、各地方政府也相继出台相关政策，
确立了人工智能与智能制造的发展目标。机器视觉作为智能制造的核心分支之
一，也是能够率先渗透并发展起来的核心技术之一，在政策利好的环境下，或将
获得广大而稳定的发展空间。

全球机器视觉新增专利数量持续提升截至 2019 年，全球累计专利数量达到
8.6 万项；国内机器视觉相关申请和公开专利共计 1.1 万项，如附图 D-21 所示。

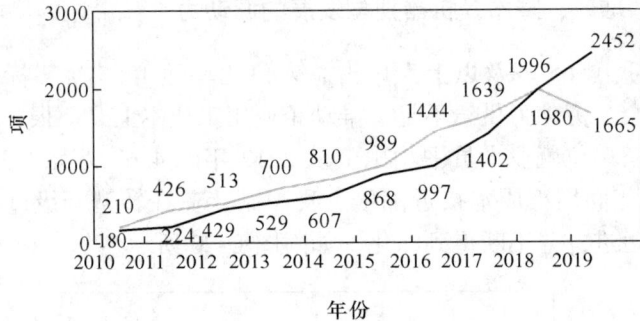

附图 D-21　2010～2019 年我国机器视觉相关专利申请数
——— 申请数量/项；——— 公开数量/项

D. 4. 2　核心部件自主化进行中

国内机器视觉行业研发投入从 2016 年的 5.6 亿元增长至 2018 年的 11.7 亿
元，年均复合增长率达 44.8%。国内机器视觉代理商企业的销售额在 2018 年占
行业销售额的 32.4%；国内机器视觉企业早期依靠国际供应商的产品代理，缺乏
扎实的自主研发基础和具有自主知识产权的核心技术。相比国际龙头企业，国内
企业经营时间短，积累薄弱，加大研发是实现进口替代的必由之路。

机器视觉算法是对获取的图像信息进行处理的关键步骤，也是视觉控制系统
的重要基础。国内视觉处理分析软件大多建立在 OpenCV 等开源视觉算法库中，
或以 Halcon、Vision Pro 等第三方商业算法库为基础进行二次开发，只有少数企
业具有独立自主的底层算法库。独立底层算法需要经历漫长的研发周期和巨大的
资金投入，是未来国内机器视觉企业自主化的主要技术支持，如附图 D-22 所示。

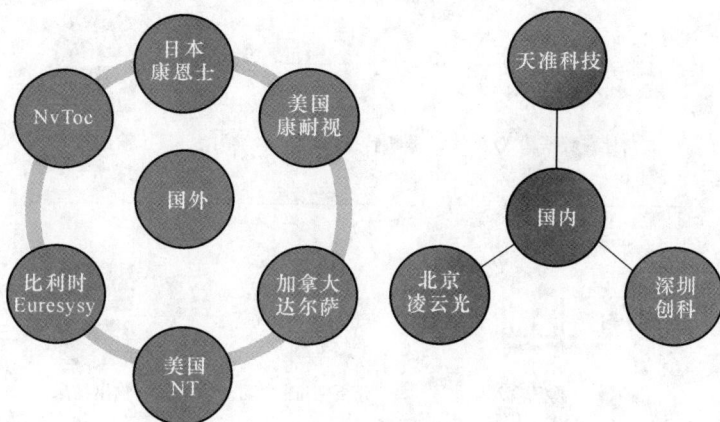

附图 D-22 国内外机器视觉底层开发能力企业

深度学习拓宽应用场景。目前主流的机器视觉技术仍采用传统方式，即首先将数据表示为一组特征，分析特征或输入模型后，输出得到预测结果，在结构化场景下定量检测具有高速、高准确率、可重复性等优势。但随着机器视觉的应用领域扩大，传统方式显示出通用性低、难以复制、对使用人员要求高等缺点。深度学习对原始数据通过多步特征转换，得到更高层次、更加抽象的特征表示，并输入预测函数得到最终结果。深度学习可以将机器视觉的效率和鲁棒性与人类视觉的灵活性相结合，完成复杂环境下的检测，特别是涉及偏差和未知缺陷的情形，极大地拓展了机器视觉的应用场景。

传统的 2D 机器视觉技术在三个自由度（x、y 和旋转）上定位目标物体，并基于灰度或彩色图像对比度提供图像处理分析结果，无法获取目标物体的三维信息，也易受光照条件变化、物体运动等影响。3D 机器视觉技术可以在 6 个自由度（x、y、z、旋转、俯仰和横摆）上定位目标物体，提供丰富的三维信息，使机器能够感知物理环境的变化并作出相应调整，提高了应用中的灵活性和实用性，如附图 D-23 所示。

高精度成像和互联互通技术助力。高精度成像技术要求新型光源、更全面的波长覆盖和创新的光源布局等光源技术，以及提供更大靶面和更小像元的新型镜头和相机产品，是机器视觉行业始终追求的技术发展目标。行业内企业、协会和产业联盟不断合作，制定数据接口、通信协议等基础共性标准，旨在打通视觉和各信息系统的通道，实现系统间的互联互通，是工业发展的必然趋势，见附表 D-7。

D.4.3 应用场景不断丰富，千亿蓝海大有可为

全球机器视觉正处于快速成长期。据 markets and markets 数据显示，全球机

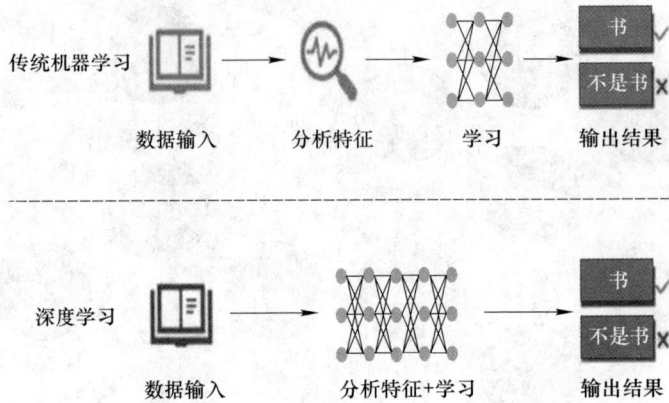

附图 D-23　传统机器学习与深度学习对比

附表 D-7　3D 视觉技术的四种方法

方　法	基　本　原　理
激光三角测量法	在结构化光源上精确校准相机，以确保在高温环境下仍能够获得高于 1kHz 的高采样率。通常测试对象在 3D 传感器下方移动以捕捉 3D 云点，在相机下移动物体时，会创建多个配置文件用于完成三维图像
条纹投影法	通过计算机编程产生正弦条纹，将改正弦条纹通过投影设备投影至测试对象，利用 CCD 相机拍摄条纹受物体调制的弯曲程度，解调该曲条纹得到相位，再将相位转化为全场的高度
3D 立体相机	通过两个镜头的叠加，将有差异的物象进行整合，通过视网膜实现立体化，由于测试对象并不总是具有相同的特定特征，因此使用随机模式投影
TOF（Time-of-Flight）	通过专用传感器，捕捉近红外线从发射到接收的飞行时间差来判断并计算出测试对象的距离

器视觉市场规模在 2020 年达到 107 亿美元，至 2025 年有望达到 147 亿美元。国内机器视觉核心部件市场长期由少数国际巨头把持，而国产品牌正在崛起。看未来，实现进口替代的路径由易到难，先后是光源、相机、镜头、开发软件；而在应用端，机器视觉设备应用如火如荼，在消费电子领域的应用已较为普遍。而随着国内制造升级，全球高端制造产能向我国转移，将同步提高对高端精密机器视觉设备的需求，如面板前中段制程和半导体检测设备也正逐渐实现进口替代。这将进一步促进国内机器视觉部件和设备厂商的技术迭代，并提升对应用工艺的理解。

　　随着机器视觉硬件方案的不断成熟和运算能力的提升，以及软件在各种应用解决方案、3D 算法、深度学习能力的不断完善，机器视觉在电子产业（如 PCB、FPC、面板、半导体等领域）应用的广度和深度都在提高，并加快向食品饮料、医药等其他领域渗透，预计我国机器视觉市场规模将继续保持较高的增速。

GGII 数据显示，2019 年我国机器视觉市场规模 65.5 亿元（不包含计算机视觉市场），同比增长 21.8%。2014～2019 年均复合增长率为 28.4%，并预测到 2023 年中国机器视觉市场规模将达到 155.6 亿元，如附图 D-24 所示。

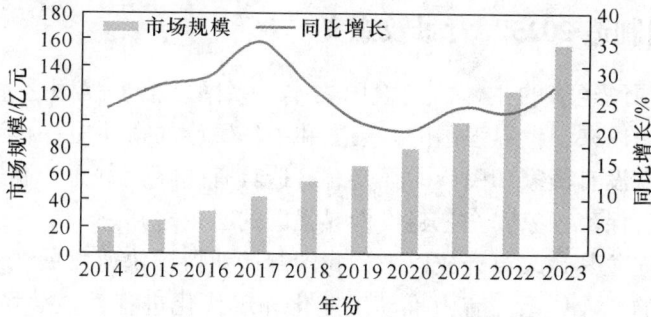

附图 D-24　我国机器视觉市场规模及预测

机器视觉核心部件和设备企业盈利能力优异，行业成长性和进口替代的庞大空间是国内机器视觉企业的历史性机遇。2019 年，机器视觉国际巨头基恩士和康耐视毛利率分别为 82.35% 和 73.85%，净利率分别为 38.52% 和 28.10%，而国内以光源为主打产品的奥普特毛利率和净利率分别为 73.59% 和 39.35%。

在机器视觉设备领域，相关企业毛利率普遍在 40%～50% 的较高水平。随着核心零部件国产化进程的加快，将降低机器视觉应用成本，提升国内机器视觉设备企业的竞争优势，并推动机器视觉在智能装备领域的普及。

随着科技的进步，机器人技术逐步普及以及大数据相关技术日益完善，智能制造系统已经是触手可及的现实。由于计算机的能力越来越优异，已经远远超出了人类的计算水平，所以智能制造技术一定会伴随着人工智能一起到来，成为未来生产制造系统的主力军。

附录 E　中国制造 2025

E.1　"中国制造 2025" 背景及意义

制造业是国民经济的主体，是立国之本、兴国之器、强国之基。18 世纪中叶开启工业文明以来，世界强国的兴衰史和中华民族的奋斗史一再证明，没有强大的制造业，就没有国家和民族的强盛。打造具有国际竞争力的制造业，是我国提升综合国力、保障国家安全、建设世界强国的必由之路。

新中国成立尤其是改革开放以来，我国制造业持续快速发展，建成了门类齐全、独立完整的产业体系，有力推动工业化和现代化进程，显著增强综合国力，支撑世界大国地位。然而，与世界先进水平相比，中国制造业仍然大而不强，在自主创新能力、资源利用效率、产业结构水平、信息化程度、质量效益等方面差距明显，转型升级和跨越发展的任务紧迫而艰巨。

《中国制造 2025》由百余名院士、专家着手制定，为中国制造业未来 10 年设计顶层规划和路线图，通过努力实现中国制造向中国创造、中国速度向中国质量、中国产品向中国品牌三大转变，推动中国到 2025 年基本实现工业化，迈入制造强国行列。

E.2　"中国制造 2025" 时间年表

2015 年 3 月 5 日，李克强在全国两会上作政府工作报告时首次提出 "中国制造 2025" 的宏大计划。

2015 年 3 月 25 日，李克强组织召开国务院常务会议，部署加快推进实施 "中国制造 2025"，实现制造业升级。也正是这次国务院常务会议，审议通过了《中国制造 2025》。

2015 年 5 月 19 日，国务院正式印发《中国制造 2025》。

2015 年 6 月 15 日，李克强先后考察中国核电工程有限公司与工业和信息化部，在考察中，李克强说，中国制造在国家综合国力提升中功不可没，但要看到，我们在国际产业分工中总体还处于中低端水平。新形势下，实施 "中国制造 2025"，推动制造业由大变强，不仅在一般消费品领域，更要在技术含量高的重大装备等先进制造领域勇于争先。

2015 年 4 月、7 月和 11 月，李克强总理先后就经济形势召开了三次专家和企业负责人座谈会。在这三次座谈会上，钢铁、装备制造、物流等诸多传统制造业领域的企业负责人参会，"中国制造 2025"成为李克强在每次座谈会上必提的话题。他反复强调，中国经济升级发展根本靠改革创新。企业是市场主体，也是创新主体，要继续实施创新驱动战略，抓住国家推出"中国制造 2025"等，面向市场，贴近需求，着力提升核心竞争力和品牌塑造能力。

2016 年 8 月 24 日，李克强总理在国务院常务会议上，部署促进消费品标准和质量提升，增加"中国制造"有效供给满足消费升级需求。

E.3　"中国制造 2025"方针和目标

E.3.1　"中国制造 2025"指导思想

全面贯彻党的十八大和十八届二中、三中、四中全会精神，坚持走中国特色新型工业化道路，以促进制造业创新发展为主题，以提质增效为中心，以加快新一代信息技术与制造业深度融合为主线，以推进智能制造为主攻方向，以满足经济社会发展和国防建设对重大技术装备的需求为目标，强化工业基础能力，提高综合集成水平，完善多层次多类型人才培养体系，促进产业转型升级，培育有中国特色的制造文化，实现制造业由大变强的历史跨越。

E.3.2　"中国制造 2025"基本方针

E.3.2.1　创新驱动

坚持把创新摆在制造业发展全局的核心位置，完善有利于创新的制度环境，推动跨领域跨行业协同创新，突破一批重点领域关键共性技术，促进制造业数字化、网络化、智能化，走创新驱动的发展道路。

E.3.2.2　质量为先

坚持把质量作为建设制造强国的生命线，强化企业质量主体责任，加强质量技术攻关、自主品牌培育。建设法规标准体系、质量监管体系、先进质量文化，营造诚信经营的市场环境，走以质取胜的发展道路。

E.3.2.3　绿色发展

坚持把可持续发展作为建设制造强国的重要着力点，加强节能环保技术、工艺、装备推广应用，全面推行清洁生产。发展循环经济，提高资源回收利用效率，构建绿色制造体系，走生态文明的发展道路。

E.3.2.4　结构优化

坚持把结构调整作为建设制造强国的关键环节，大力发展先进制造业，改造提升传统产业，推动生产型制造向服务型制造转变。优化产业空间布局，培育一批具有核心竞争力的产业集群和企业群体，走提质增效的发展道路。

E.3.2.5　人才为本

坚持把人才作为建设制造强国的根本，建立健全科学合理的选人、用人、育人机制，加快培养制造业发展急需的专业技术人才、经营管理人才、技能人才。营造大众创业、万众创新的氛围，建设一支素质优良、结构合理的制造业人才队伍，走人才引领的发展道路。

E.3.3　"中国制造2025"基本原则

E.3.3.1　市场主导，政府引导

全面深化改革，充分发挥市场在资源配置中的决定性作用，强化企业主体地位，激发企业活力和创造力。积极转变政府职能，加强战略研究和规划引导，完善相关支持政策，为企业发展创造良好环境。

E.3.3.2　立足当前，着眼长远

针对制约制造业发展的瓶颈和薄弱环节，加快转型升级和提质增效，切实提高制造业的核心竞争力和可持续发展能力。准确把握新一轮科技革命和产业变革趋势，加强战略谋划和前瞻部署，扎扎实实打基础，在未来竞争中占据制高点。

E.3.3.3　整体推进，重点突破

坚持制造业发展全国一盘棋和分类指导相结合，统筹规划，合理布局，明确创新发展方向，促进军民融合深度发展，加快推动制造业整体水平提升。围绕经济社会发展和国家安全重大需求，整合资源，突出重点，实施若干重大工程，实现率先突破。

E.3.3.4　自主发展，开放合作

在关系国计民生和产业安全的基础性、战略性、全局性领域，着力掌握关键核心技术，完善产业链条，形成自主发展能力。继续扩大开放，积极利用全球资源和市场，加强产业全球布局和国际交流合作，形成新的比较优势，提升制造业开放发展水平。

E.4　"中国制造2025"主要内容

"中国制造2025"可以概括为"一二三四五五十"的总体结构：

"一"，就是从制造业大国向制造业强国转变，最终实现制造业强国的一个目标。

"二"，就是通过两化融合发展来实现这一目标。党的十八大提出了用信息化和工业化两化深度融合来引领和带动整个制造业的发展，这也是我国制造业所要占据的一个制高点。

"三"，就是要通过"三步走"的一个战略，大体上每一步用10年左右的时间来实现我国从制造业大国向制造业强国转变的目标。

"四",就是确定了四项原则。第一项原则是市场主导、政府引导。第二项原则是既立足当前,又着眼长远。第三项原则是全面推进、重点突破。第四项原则是自主发展和合作共赢。

"五五",就是有两个"五"。第一个"五"就是有五条方针,即创新驱动、质量为先、绿色发展、结构优化和人才为本。还有一个"五"就是实行五大工程,包括制造业创新中心建设的工程、强化基础的工程、智能制造工程、绿色制造工程和高端装备创新工程。

"十",就是十大领域,包括新一代信息技术产业、高档数控机床和机器人、航空航天装备、海洋工程装备及高技术船舶、先进轨道交通装备、节能与新能源汽车、电力装备、农机装备、新材料、生物医药及高性能医疗器械 10 个重点领域。

E.5 "中国制造 2025" 战略任务

实现制造强国的战略目标,必须坚持问题导向,统筹谋划,突出重点;必须凝聚全社会共识,加快制造业转型升级,全面提高发展质量和核心竞争力。

E.5.1 提高国家制造业创新能力

完善以企业为主体、市场为导向、政产学研用相结合的制造业创新体系。围绕产业链部署创新链,围绕创新链配置资源链,加强关键核心技术攻关,加速科技成果产业化,提高关键环节和重点领域的创新能力。

E.5.2 推进信息化与工业化深度融合

加快推动新一代信息技术与制造技术融合发展,把智能制造作为两化深度融合的主攻方向;着力发展智能装备和智能产品,推进生产过程智能化,培育新型生产方式,全面提升企业研发、生产、管理和服务的智能化水平。

E.5.3 强化工业基础能力

核心基础零部件(元器件)、先进基础工艺、关键基础材料和产业技术基础等工业基础能力薄弱,是制约我国制造业创新发展和质量提升的症结所在。要坚持问题导向、产需结合、协同创新、重点突破的原则,着力破解制约重点产业发展的瓶颈。

E.5.4 加强质量品牌建设

提升质量控制技术,完善质量管理机制,夯实质量发展基础,优化质量发展环境,努力实现制造业质量大幅提升。鼓励企业追求卓越品质,形成具有自主知识产权的名牌产品，不断提升企业品牌价值和中国制造整体形象。

E.5.5　全面推行绿色制造

加大先进节能环保技术、工艺和装备的研发力度，加快制造业绿色改造升级；积极推行低碳化、循环化和集约化，提高制造业资源利用效率；强化产品全生命周期绿色管理，努力构建高效、清洁、低碳、循环的绿色制造体系。

E.5.6　大力推动重点领域突破发展

瞄准新一代信息技术、高端装备、新材料、生物医药等战略重点，引导社会各类资源集聚，推动优势和战略产业快速发展。重点发展新一代信息技术、高档数控机床和机器人、航空航天装备、海洋工程装备及高技术船舶、先进轨道交通装备、节能与新能源汽车、电力装备、新材料、生物医药及高性能医疗器械、农业机械装备十大领域。

E.5.7　深入推进制造业结构调整

推动传统产业向中高端迈进，逐步化解过剩产能，促进大企业与中小企业协调发展，进一步优化制造业布局。

E.5.8　积极发展服务型制造和生产性服务业

加快制造与服务的协同发展，推动商业模式创新和业态创新，促进生产型制造向服务型制造转变。大力发展与制造业紧密相关的生产性服务业，推动服务功能区和服务平台建设。

E.5.9　提高制造业国际化发展水平

统筹利用两种资源、两个市场，实行更加积极的开放战略，将引进来与走出去更好结合，拓展新的开放领域和空间，提升国际合作的水平和层次，推动重点产业国际化布局，引导企业提高国际竞争力。

E.6　"中国制造 2025"一条主线、四大转变

E.6.1　"中国制造 2025"一条主线

"中国制造 2025"以体现信息技术与制造技术深度融合的数字化网络化智能化制造为主线。主要包括八项战略对策：推行数字化网络化智能化制造；提升产品设计能力；完善制造业技术创新体系；强化制造基础；提升产品质量；推行绿色制造；培养具有全球竞争力的企业群体和优势产业；发展现代制造服务业。

E.6.2 "中国制造 2025" 四大转变

一是由要素驱动向创新驱动转变。
二是由低成本竞争优势向质量效益竞争优势转变。
三是由资源消耗大、污染物排放多的粗放制造向绿色制造转变。
四是由生产型制造向服务型制造转变。

E.7 "中国制造 2025" 五大工程

E.7.1 制造业创新中心（工业技术研究基地）建设工程

围绕重点行业转型升级和新一代信息技术、智能制造、增材制造、新材料、生物医药等领域创新发展的重大共性需求，形成一批制造业创新中心（工业技术研究基地），重点开展行业基础和共性关键技术研发、成果产业化、人才培训等工作。制定完善制造业创新中心遴选、考核、管理的标准和程序。到 2020 年，重点形成 15 家左右制造业创新中心（工业技术研究基地），力争到 2025 年形成 40 家左右制造业创新中心（工业技术研究基地）。

E.7.2 智能制造工程

紧密围绕重点制造领域关键环节，开展新一代信息技术与制造装备融合的集成创新和工程应用。支持政产学研用联合攻关，开发智能产品和自主可控的智能装置并实现产业化。依托优势企业，紧扣关键工序智能化、关键岗位机器人替代、生产过程智能优化控制、供应链优化，建设重点领域智能工厂/数字化车间。在基础条件好、需求迫切的重点地区、行业和企业中，分类实施流程制造、离散制造、智能装备和产品、新业态新模式、智能化管理、智能化服务等试点示范及应用推广。建立智能制造标准体系和信息安全保障系统，搭建智能制造网络系统平台。到 2020 年，制造业重点领域智能化水平显著提升，试点示范项目运营成本降低 30%，产品生产周期缩短 30%，不良品率降低 30%。到 2025 年，制造业重点领域全面实现智能化，试点示范项目运营成本降低 50%，产品生产周期缩短 50%，不良品率降低 50%。

E.7.3 工业强基工程

开展示范应用，建立奖励和风险补偿机制，支持核心基础零部件（元器件）、先进基础工艺、关键基础材料的首批次或跨领域应用。组织重点突破，针对重大工程和重点装备的关键技术和产品急需，支持优势企业开展政产学研用联合攻关，突破关键基础材料、核心基础零部件的工程化、产业化瓶颈。强化平台支撑，布局和组建一批"四基"研究中心，创建一批公共服务平台，完善重点产业技术基础体系。到 2020 年，40% 的核心基础零部件、关键基础材料实现自主保障，受制于人的局面逐步缓解，航天装备、通信装备、发电与输变电设备、工程机械、轨道交通装备、家用电器等产业急需的核心基础零部件（元器件）和关键基础材料的先进制造工艺得到推广应用。到 2025 年，70% 的核心基础零部件、关键基础材料实现自主保障，80 种标志性先进工艺得到推广应用，部分达到国际领先水平，建成较为完善的产业技术基础服务体系，逐步形成整机牵引和基础支撑协调互动的产业创新发展格局。

E.7.4　绿色制造工程

组织实施传统制造业能效提升、清洁生产、节水治污、循环利用等专项技术改造。开展重大节能环保、资源综合利用、再制造、低碳技术产业化示范。实施重点区域、流域、行业清洁生产水平提升计划，扎实推进大气、水、土壤污染源头防治专项。制定绿色产品、绿色工厂、绿色园区、绿色企业标准体系，开展绿色评价。到 2020 年，建成千家绿色示范工厂和百家绿色示范园区，部分重化工行业能源资源消耗出现拐点，重点行业主要污染物排放强度下降 20%。到 2025 年，制造业绿色发展和主要产品单耗达到世界先进水平，绿色制造体系基本建立。

E.7.5　高端装备创新工程

组织实施大型飞机、航空发动机及燃气轮机、民用航天、智能绿色列车、节能与新能源汽车、海洋工程装备及高技术船舶、智能电网成套装备、高档数控机床、核电装备、高端诊疗设备等一批创新和产业化专项、重大工程。开发一批标志性、带动性强的重点产品和重大装备，提升自主设计水平和系统集成能力，突破共性关键技术与工程化、产业化瓶颈，组织开展应用试点和示范，提高创新发展能力和国际竞争力，抢占竞争制高点。到 2020 年，上述领域实现自主研制及应用。到 2025 年，自主知识产权高端装备市场占有率大幅提升，核心技术对外依存度明显下降，基础配套能力显著增强，重要领域装备达到国际领先水平。

E.8　"中国制造 2025"九项战略

《中国制造 2025》规划围绕实现制造强国的战略目标，《中国制造 2025》明确 9 项战略任务和重点：一是提高国家制造业创新能力；二是推进信息化与工业化深度融合；三是强化工业基础能力；四是加强质量品牌建设；五是全面推行绿色制造；六是大力推动重点领域突破发展；七是深入推进制造业结构调整；八是积极发展服务型制造和生产型服务业；九是提高制造业国际化发展水平。

E.9　"中国制造 2025"十大领域

E.9.1　新一代信息技术产业

E.9.1.1　集成电路及专用装备

着力提升集成电路设计水平，不断丰富知识产权（IP）和设计工具，突破关系国家信息与网络安全及电子整机产业发展的核心通用芯片，提升国产芯片的应用适配能力。掌握高密度封装及三维（3D）微组装技术，提升封装产业和测试的自主发展能力。形成关键制造装备供货能力。

E.9.1.2　信息通信设备

掌握新型计算、高速互联、先进存储、体系化安全保障等核心技术，全面突破第五代移动通信（5G）技术、核心路由交换技术、超高速大容量智能光传输技术、"未来网络"核心技术和体系架构，积极推动量子计算、神经网络等发展。研发高端服务器、大容量存储、新型路由交换、新型智能终端、新一代基站、网络安全等设备，推动核心信息通信设备体系化发展与规模化应用。

E.9.1.3　操作系统及工业软件

开发安全领域操作系统等工业基础软件。突破智能设计与仿真及其工具、制造物联与服务、工业大数据处理等高端工业软件核心技术，开发自主可控的高端工业平台软件和重点领域应用软件，建立完善工业软件集成标准与安全测评体系。推进自主工业软件体系化发展和产业化应用。

E.9.2　高档数控机床和机器人

E.9.2.1　高档数控机床

开发一批精密、高速、高效、柔性数控机床与基础制造装备及集成制造系统。加快高档数控机床、增材制造等前沿技术和装备的研发。以提升可靠性、精度保持性为重点，开发高档数控系统、伺服电机、轴承、光栅等主要功能部件及关键应用软件，加快实现产业化。加强用户工艺验证能力建设。

E.9.2.2　机器人

围绕汽车、机械、电子、危险品制造、国防军工、化工、轻工等工业机器人、特种机器人，以及医疗健康、家庭服务、教育娱乐等服务机器人应用需求，积极研发新产品，促进机器人标准化、模块化发展，扩大市场应用。突破机器人本体、减速器、伺服电机、控制器、传感器与驱动器等关键零部件及系统集成设计制造等技术瓶颈。

E. 9. 3　航空航天装备

E. 9. 3. 1　航空装备

加快大型飞机研制，适时启动宽体客机研制，鼓励国际合作研制重型直升机；推进干支线飞机、直升机、无人机和通用飞机产业化。突破高推重比、先进涡桨（轴）发动机及大涵道比涡扇发动机技术，建立发动机自主发展工业体系。开发先进机载设备及系统，形成自主完整的航空产业链。

E. 9. 3. 2　航天装备

发展新一代运载火箭、重型运载器，提升进入空间能力。加快推进国家民用空间基础设施建设，发展新型卫星等空间平台与有效载荷、空天地宽带互联网系统，形成长期持续稳定的卫星遥感、通信、导航等空间信息服务能力。推动载人航天、月球探测工程，适度发展深空探测。推进航天技术转化与空间技术应用。

E. 9. 4　海洋工程装备及高技术船舶

大力发展深海探测、资源开发利用、海上作业保障装备及其关键系统和专用设备。推动深海空间站、大型浮式结构物的开发和工程化。形成海洋工程装备综合试验、检测与鉴定能力，提高海洋开发利用水平。突破豪华邮轮设计建造技术，全面提升液化天然气船等高技术船舶国际竞争力，掌握重点配套设备集成化、智能化、模块化设计制造核心技术。

E. 9. 5　先进轨道交通装备

加快新材料、新技术和新工艺的应用，重点突破体系化安全保障、节能环保、数字化智能化网络化技术，研制先进可靠适用的产品和轻量化、模块化、谱系化产品。研发新一代绿色智能、高速重载轨道交通装备系统，围绕系统全寿命周期，向用户提供整体解决方案，建立世界领先的现代轨道交通产业体系。

E. 9. 6　节能与新能源汽车

继续支持电动汽车、燃料电池汽车发展，掌握汽车低碳化、信息化、智能化核心技术，提升动力电池、驱动电机、高效内燃机、先进变速器、轻量化材料、智能控制等核心技术的工程化和产业化能力，形成从关键零部件到整车的完整工业体系和创新体系，推动自主品牌节能与新能源汽车同国际先进水平接轨。

E. 9. 7　电力装备

推动大型高效超净排放煤电机组产业化和示范应用，进一步提高超大容量水电机组、核电机组、重型燃气轮机制造水平。推进新能源和可再生能源装备、先进储能装置、智能电网用输变电及用户端设备发展。突破大功率电力电子器件、高温超导材料等关键元器件和材料的制造及应用技术，形成产业化能力。

E.9.8　农机装备

重点发展粮、棉、油、糖等大宗粮食和战略性经济作物育、耕、种、管、收、运、贮等主要生产过程使用的先进农机装备，加快发展大型拖拉机及其复式作业机具、大型高效联合收割机等高端农业装备及关键核心零部件。提高农机装备信息收集、智能决策和精准作业能力，推进形成面向农业生产的信息化整体解决方案。

E.9.9　新材料

以特种金属功能材料、高性能结构材料、功能性高分子材料、特种无机非金属材料和先进复合材料为发展重点，加快研发先进熔炼、凝固成型、气相沉积、型材加工、高效合成等新材料制备关键技术和装备，加强基础研究和体系建设，突破产业化制备瓶颈。积极发展军民共用特种新材料，加快技术双向转移转化，促进新材料产业军民融合发展。高度关注颠覆性新材料对传统材料的影响，做好超导材料、纳米材料、石墨烯、生物基材料等战略前沿材料提前布局和研制。加快基础材料升级换代。

E.9.10　生物医药及高性能医疗器械

发展针对重大疾病的化学药、中药、生物技术药物新产品，重点包括新机制和新靶点化学药、抗体药物、抗体偶联药物、全新结构蛋白及多肽药物、新型疫苗、临床优势突出的创新中药及个性化治疗药物。提高医疗器械的创新能力和产业化水平，重点发展影像设备、医用机器人等高性能诊疗设备，全降解血管支架等高值医用耗材，可穿戴、远程诊疗等移动医疗产品。实现生物 3D 打印、诱导多能干细胞等新技术的突破和应用。

E.10　"中国制造 2025"领导小组

中央政府还成立了"国家制造强国领导小组"，用于作为"中国制造 2025"战略的顶层领导机构。该领导机构由国务院相关领导担任组长，成员由国务院相关部门和单位负责人组成。领导小组办公室设在工信部，承担日常工作。

E.11　"中国制造 2025"示范城市

试点示范城市为落实"中国制造 2025"的举措之一。开展以城市（群）为载体的《中国制造 2025》试点示范工作是创建有利于制造业转型升级生态环境的重要探索，是推动《中国制造 2025》系统落地的重要抓手，有利于调动地方实施主动性和创造性，探索新常态下制造业转型升级的新模式、新路径，共同推动《中国制造 2025》系统落地，并通过示范推广进而带动全国其他地区实现制造业提质增效、由大变强。

E. 11. 1　"中国制造 2025" ——广州

日前，经工信部批复，广州成为"中国制造 2025"试点示范城市。未来 3 年，广州将积极引进全球战略投资者和 500 个优质项目，着力建设以 10 个以上世界级价值创新园区为龙头、以 30 个以上专业化骨干园区为支撑、以一批特色发展中小型卫星园区为基础的产业载体新体系，重构全市产业发展空间。广州正实施新一代信息技术、人工智能、生物医药（IAB）和新能源、新材料（NEM）产业行动计划，大力发展新能源汽车、轨道交通、无人驾驶和机器人等先进制造业，开展新一轮工业企业技术改造行动，推动数字经济和实体经济融合发展，打造国际科技创新枢纽。截至 2017 年底，广州市共有国家高新技术企业 8700 多家，高新技术企业总量排全国第三。

E. 11. 2　"中国制造 2025" ——宁波

首个"中国制造 2025"试点示范城市为宁波。

2016 年 8 月 18 日，工信部举行"中国制造 2025"城市试点示范新闻发布会，宣布全国首个"中国制造 2025"试点示范城市花落宁波，意味着"中国制造 2025"正从指导文件转入具体实施阶段。

作为东部沿海地区重要的先进制造业基地，宁波拥有较好的制造业基础。宁波市政府代市长唐一军表示，目前宁波已经成为"中国制造 2025"首个示范城市，下一步将努力做好国家战略，围绕打造"一圈三中心"的战略目标，以推进制造业转型升级和提质增效为中心，以新一代信息技术和制造业融合创新为主线，突出区域特色优势，把建设"中国制造 2025"示范城市作为推进宁波智能经济发展的重要抓手，从而打造、推动宁波制造业率先向高端、智能、绿色、服务转型升级，真正成为全国一流的制造强市，并努力为《中国制造 2025》在全国范围内加快落实提供典型经验和示范引领。

E. 11. 3　"中国制造 2025" ——苏南城市群

2016 年，经国家制造强国建设领导小组同意，批准苏南 5 市（镇江、南京、常州、无锡和苏州）成为"中国制造 2025"试点示范城市群。

E.12　"中国制造 2025"指标解读

规划目标是引导和促进规划实施的重要手段，是推动规划落实努力的重要方向。为明确"制造强国"的任务和重点，《中国制造 2025》综合考虑未来国际发展趋势和我国工业发展的现实基础条件，根据走中国特色工业化道路和加快转变经济发展方式的总体要求，提出了"制造强国"的若干发展目标，加快实现我国由工业大国向工业强国的转变。

E.12.1　指标选取的总体考虑

《中国制造 2025》指标体系的设立，综合考虑了以下几方面因素：

第一，能够体现制造强国的主要特征。指标的选取，既要能够反应雄厚的产业规模、优化的产业结构、良好的质量效益、持续的发展能力等制造强国的主要特征，又要借鉴参考国外的评价指标，形成与国际之间具有可比性的指标体系。

第二，能够体现新型工业化的根本要求。党的十八大提出到 2020 年要基本实现工业化，走新型工业化是实现工业化的必由之路。指标的选取，要充分体现创新驱动、资源节约、环境友好、质量效益、两化深度融合的根本要求。

第三，指标数据具有可获得和可比较性。指标的设立考虑了历史数据的可获得和可量化性，如制造业增加值、劳动生产率、R&D 投入、专利、能耗等指标，能够实现与历史数据的对比及与国外发展情况的比较。

第四，体现系统性和全面性相结合。指标的设立要能够满足系统评价制造强国的需要，同时还要体现制造业当前发展情况、国际竞争力、发展潜力等各方面的综合实力，体现系统性和全面性的良好结合。

综合考虑上述因素，经研究，《中国制造 2025》采用了创新能力、质量效益、两化融合、绿色发展 4 大类共 12 项指标。

E.12.2　主要规划目标

E.12.2.1　体现创新能力的指标

加强自主创新能力是实现由工业大国向工业强国转变的核心，是实现我国价值链低端向高端跃升，加快推动增长动力向创新驱动转变的重要举措。《中国制造 2025》提出，到 2020 年掌握一批重点领域的关键核心技术，优势领域竞争力进一步增强，到 2025 年创新能力显著增强，在全球产业分工和价值链中的地位明显提升。从定量指标看，确定了两个目标任务：

一是规模以上制造业研发经费内部支出占主营业务收入比重。为与国际具有可比性，该指标的预测，使用 OECD 的统计数据。未来十年，以 OECD 统计的 1999~2012 年我国制造业研发投入强度年均增速 5.9% 进行测算，2020 年和 2025

年指标将分别达到 1. 26% 和 1. 68%。

二是规模以上制造业每亿元主营业务收入有效发明专利数。据统计，2006～2013 年，我国规模以上制造业每亿元主营业务收入有效发明专利数从 0. 16 件增加到 0. 36 件，年均增长 12. 4%，平均每年增加约 0. 029 件。未来 10 年，按照 12. 4% 的年均增速测算，2020 年和 2025 年指标分别达到 0. 83 件和 1. 48 件；按照年均增加 0. 029（件）测算，2020 年和 2025 年分别达到 0. 57 件和 0. 71 件。为提高指标预测的准确性，取两者均值，2020 年和 2025 年指标分别达到 0. 70 件和 1. 10 件。

E. 12. 2. 2　体现质量效益的指标

工业发展质量效益指标主要包括制造业质量竞争力指数、制造业增加值率和全员劳动生产率增速三个指标。

一是制造业质量竞争力指数。该指标为国内独创，是反映我国制造业质量整体水平的经济技术综合指标，由质量水平和发展能力两个方面 6 个维度 12 项具体指标计算得出。未来 10 年，预计国际市场需求不足的局面难有根本改观，传统低端产业竞争优势走弱不可避免，质量竞争力将继续保持中低增长速度，为此以年均增长 0. 19 分（2010～2013 年平均增长 0. 19 分）计算，2020 年和 2025 年分别达到 84. 5 分和 85. 5 分。

二是制造业增加值率。受世界金融及经济危机影响，我国制造业增加值率 2008～2011 年下降速度较快，近两年来开始止跌回稳。从 2012 年情况看，发达国家一般在 35% 以上，美国、德国、日本甚至超过 45%，我国仅为其一半左右。未来 10 年，我国制造业结构调整和产业升级步伐加快，重化工业和加工贸易比重降低，制造业将逐步向价值链高端提升，预计"十三五"期间制造业增加值率将走出低谷期，2020 年比 2015 年提高 2 个百分点，到 2025 年恢复到金融危机前的水平，比 2015 年提高 4 个百分点。

三是制造业全员劳动生产率。我国制造业全员劳动生产率与发达国家存在较大差距，但增速远远高于仅为 0. 5%～2% 的美、日、德等发达经济体。未来 10 年，随着我国工业经济进入新常态，制造业增加值增速将逐步放缓，而制造业就业人口规模将相对稳定并突出结构优化，制造业全员劳动生产率与制造业增加值变化正相关并略高于后者增长速度。预计"十三五"和"十四五"期间，制造业全员劳动生产率年均增速分别为 7. 5% 和 6. 5% 左右。

E. 12. 2. 3　体现两化融合的指标

未来 10 年，制造业信息化水平大幅提升，制造业数字化网络化智能化取得明显进展，两化融合迈上新台阶，宽带基础设施更加完善，数字化研发设计工具、关键工序制造装备数控化在企业得到广泛应用。

对于宽带用户数，"十三五"期间，根据国务院颁布的《"宽带中国"战略及实施方案》发展目标，2020 年我国固定宽带接入用户将达到 4 亿户，其中家庭宽带用户约 3.3 亿户，固定宽带家庭普及率将超过 70%。"十四五"期间，我国固定宽带发展进入缓慢增长的饱和阶段，预计宽带用户年均净增规模在 1100 万，据此估算 2025 年我国固定宽带接入用户将达到 4.8 亿户，其中家庭宽带用户将达到 3.9 亿户，固定宽带家庭普及率达到 82%，达到发达国家当前的平均发展水平。

E.12.2.4　体现绿色发展的指标

我国实现可持续发展的重点在工业，难点也在工业。由于工业能耗占全社会能耗的 70% 以上，工业排放污染是我国污染的主要来源。《中国制造 2025》提出，到 2025 年重点行业单位工业增加值能耗、物耗及污染物排放达到世界先进水平。《中国制造 2025》还确定了 4 个定量指标，即规模以上单位工业增加值能耗 2020 年和 2025 年分别较"十二五"末降低 18% 和 34%；单位工业增加值二氧化碳排放量分别下降 22% 和 40%；单位工业增加值用水量分别降低 23% 和 41%；工业固体废物综合利用率由"十二五"末的 65% 分别提高到 73% 和 79%。

E.12.3　实现规划目标的保障措施

《中国制造 2025》规划期限长，且全球制造业格局面临重大调整，我国经济也处于快速发展之后的转型期，不确定性进一步增强，为促进《中国制造 2025》目标的实现，必须加大政策支持，加强规划实施的监测评估与调整。

E.12.3.1　加强组织实施保障

成立由国务院领导同志担任组长的国家制造强国建设领导小组，统筹推进《中国制造 2025》各项战略任务实施。设立制造强国建设战略咨询委员会，为规划实施提供持续的、高水平的决策咨询。

E.12.3.2　完善政策支持体系

规划提出了深化体质机制改革、营造公平竞争市场环境、完善金融扶持政策、加大财税支持力度、健全多层次人才培养体系、扩大制造业对外开放等保障措施，通过制定部门分工，落实责任，加强督促检查，推动规划各项政策举措落到实处。

E.12.3.3　加强监测评估

建立《中国制造 2025》第三方评价机制，利用社会智库、企业智库等第三方机构，定期发布《中国制造 2025》实施进展，推动公民广泛参与实施和监督，确保规划目标顺利实现。

E.13　"中国制造 2025"重要性

制造业是国民经济的主体，是立国之本、兴国之器、强国之基。18 世纪中叶开启工业文明以来，世界强国的兴衰史和中华民族的奋斗史一再证明，没有强大的制造业，就没有国家和民族的强盛。打造具有国际竞争力的制造业，是我国提升综合国力、保障国家安全、建设世界强国的必由之路。

新中国成立后，尤其是改革开放以来，我国制造业持续快速发展，建成了门类齐全、独立完整的产业体系，有力推动了工业化和现代化进程，显著增强了综合国力，支撑我国世界大国地位。然而，与世界先进水平相比，我国制造业仍然大而不强，在自主创新能力、资源利用效率、产业结构单薄，保障水平、信息化程度、质量效益等方面差距明显，转型升级和跨越发展的任务紧迫而艰巨。到2012 年，中国制造业增加值为 2.08 万亿美元，占全球制造业的 20%，与美国相当，却大而不强。主要制约因素是自主创新能力不强，核心技术和关键元器件受制于人；产品质量问题突出；资源利用效率偏低；产业结构不合理，大多数产业尚处于价值链的中低端。

当前，新一轮科技革命和产业变革与我国加快转变经济发展方式形成历史性交汇，国际产业分工格局正在重塑。必须紧紧抓住这一重大历史机遇，实施制造业强国战略，加强统筹规划和前瞻部署，力争通过 3 个 10 年的努力，到新中国成立一百年时，把我国建设成为引领世界制造业发展的制造强国，为实现中华民族伟大复兴的中国梦打下坚实基础。

（摘自国务院 2015 年 5 月 19 日印发《中国制造 2025》）

附录 F　基于大数据的 SPC 质量控制系统代码

F.1　菜单模块程序代码

```
<%@page import="java.sql.*"%>
<%@page import="org.json.*"%>
<%@page import="cn.bmw.util.*"%>
<%@page language="java" import="java.util.*" pageEncoding="UTF-8"%>
<%@page import="java.text.*"%>
<%
    String path=request.getContextPath();
    String basePath=request.getScheme()+"://"
    + request.getServerName()+":"+request.getServerPort()
    + path + "/";
%>
<!DOCTYPE html PUBLIC "-//W3C//DTD HTML 4.01 Transitional//EN" "http://
www.w3.org/TR/html4/loose.dtd">
<html>
<head>
<meta charset="utf-8">
<title>PVC Robot UBC</title>

<script type="text/javascript" src="../js/jquery.1.9.1.min.js"></script>
<script src="../js/highcharts.js"></script>
<script src="../js/exporting.js"></script>
<script src="../js/dark-unica.js"></script>

<style type="text/css">
${
demo.css}

#charttitle {
    width:100%;
    height:100px;
```

```
        margin-bottom: 2px;
    }


. divtitle {
    font-size: 46px;
    font-family: BMW Group Condensed;
    text-align: left;
    font-weigh: bold;
    width: 100%;
    height: 50px;
    line-height: 50px;
}
</style>
<script type="text/javascript">
    $(function() {
        var xAxisArr = new Array();
        var yAxisArr = new Array();
        var timer;
        var item_config = "";
        var data;
        $(document). ready(function() {
            refreshData();
            if (timer == undefined) {
                timer = window. setInterval(refreshData, 90000);
            }

        function refreshData() {
            $. ajax({
                type : "GET",
                url : "cartypedata. jsp",
                dataType : "json",
                success : function(jso) {
                    xAxisArr. length = 0;
                    yAxisArr. length = 0;
                    // parse JSON data
                    data = eval (jso);
                    for (var item in data) {
                        xAxisArr = data[item]. checktime;
```

```
                    yAxisArr=data[item].realdata;
                    if($("#container_"+item).length==0){
                        $("#area_pt").append ("<div
id=' container_"+item+"' style=' border: 1px solid gray; margin-top:2px; width:100%; height:
280px; '></div>");
                    }
                    item_config=item+"_config";
                    createPt(xAxisArr, yAxisArr,
"container_"+item, item, data[item][item_config].redstart, data[item][item_config].redend,
data[item][item_config].greenstart, data[item][item_config].greenend);
                    xAxisArr.length=0;
                    yAxisArr.length=0;
                }
            },
        error : function(jqXHR, textStatus, errorThrown){
                alert("error during get data:"+textStatus);
            }
        } );


        }
        function getX(arr){
            var arr1= new Array();
            var str=arr[0].x.substr (0,2);
            var str1="";
            arr1.push(str);
            for( var i=1, j=arr.length; i<j; i++){
            str1=arr[i].x.substr(0,2);
            if (str == str1){
                arr1.push("");
            } else {
              arr1.push(str1);
              str=str1;
            }
            }
                        return arr1;
        }
            function
    createPt(xAxisarr, yAxisarr, container, txtTitle, redstart, redend, greenstart, greenend){
```

```javascript
new Highcharts. Chart( {
    chart : {
        renderTo : container
    } ,
    exporting : {
        enabled : false
    } ,
    xAxis : {
        categories : xAxisarr,
        type: ' datetime ',
        crosshair : true,
        style : {
            color : '#555555 ',
            fontFamily:' BMW Group Condensed ',
            fontSize: 10
        } ,
        labels: {
            enabled: false
        }
    } ,
    title: {
        text : ' PVC F49 Check Status: '+ txtTitle,
        style : {
            color : '#fff ',
            fontFamily : ' BMW Group Condensed ',
            fontWeight : ' bold '
        } ,
        Align : ' center '
    } ,
    yAxis :       { // Primary yAxis
        labels : {
            format : ' { value } ',
            style : {
                color : '#fff ',
                fontSize : 16
            }
        } ,
        title : {
```

```
        text : '',
        style : {
            color : '#89A54E'
        },
        enabled : false
    },
    gridLineWidth : 1,
    plotBands : [ { // green area
        from : greenstart,
        to : greenend,
        color : ' rgba( 0, 220, 0, 0.2)',
        label : {
            text : ' OK ',
            style : {
                color : '#606060 '
            }
        }
    }, { // red area
        from : redstart,
        to : redend,
        color : ' rgba( 220, 0, 0, 0.2)',
        label : {
            text : ' NOK ',
            style : {
                color : '#606060 '
            }
        }
    } ]
},
tooltip : {
    shared : true,
    enabled : true,
    style : {
        "fontSize" : "16px",
        "color" : "#fff"
    },
    formatter : function ( ) {
        return '<b>Detail Information : </b>' + '<br/>' +
```

```
'<b>Check Time：</b>'+this. x. x + '<br/><b>Total Data：</b>'+
                    Highcharts. numberFormat( this. y, 0) +'<br/>'+'<b>Car
Body：</b>'+this. x. carbody+'<br>'+'<b>Detail Data：</b>'+this. x. detail；
                    }


                }，
            legend ：{
                layout ：' horizontal ',
                align ：' center ',
                verticalAlign：' top ',
                enabled ：false,
                itemStyle ：{
                    color ："#fff",
                    fontSize ："10px"
                }，


                floating ：false
                }，
            subtitle：{
                text："Since 6：00 AM"
                }，
            plotOptions ：{
                line：{
                    fillColor：{
                        linearGradient：{
                        x1：0,
                        y1：0,
                        x2：0,
                        y2：1
                        }，
                    stops：[
                        [0, Highcharts. getOptions( ). colors[0]],
                        [1,
Highcharts. Color( Highcharts. getOptions( ). colors[0]). setOpacity(0). get(' rgba ')]
                        ]
                    }，
                marker：{
                    radius：2
```

```
                        },
                    lineWidth: 3,
                    states: {
                        hover: {
                            lineWidth: 6
                        }
                    },
                    threshold: null
                        }
                    },
                series : [ {
                    name : ' Real Data ',
                    type : ' line ',
                    data : yAxisarr,
                    dataLabels : {
                        enabled : false,
                        color : Highcharts. getOptions( ). colors[ 1 ],
                        style : {
                            "fontSize" : "16px",
                            "color" : "#fff"
                        }
                    },
                    tooltip : {
                        valueSuffix : ''
                    }
                } ]
                } );
            }
        } );


    } );
</script>
</head>
<body><div id = " area_ pt" style = " float: center" ></div>
</body>
</html>
```

F.2   插入功能模块程序代码

```
<%@page import = " java. sql. * " %>
```

```jsp
<%@page language = "java" import = "java. util. * " pageEncoding = "UTF-8" %>
<%@page import = "java. text. SimpleDateFormat" %>
<%
    String path = request. getContextPath( ) ;
    String basePath = request. getScheme( ) + " : //"
            + request. getServerName( ) + " :" + request. getServerPort( )
            + path + "/" ;
%>
<! DOCTYPE html PUBLIC " -//W3C//DTD HTML 4. 01 Transitional//EN " " http: //
www. w3. org/TR/html4/loose. dtd" >
    <html>
    <head>
    <meta http-equiv = " Content-Type" content = " text/html; charset = UTF-8" >
<%
    String sql = null; //sql for insert value into database

    //get the actual value for hot water1
    String car = request. getParameter( "hw_ car" ) ;
    //String robot = request. getParameter( "hw1_robot" ) ;
    String red_ start_ 1 = request. getParameter( "hw1_ redstart" ) ;
    String red_ end_ 1 = request. getParameter( "hw1_ redend" ) ;
    String green_ start_ 1 = request. getParameter( "hw1_ greenstart" ) ;
    String green_ end_ 1 = request. getParameter( "hw1_ greenend" ) ;

    String red_ start_ 2 = request. getParameter( "hw2_ redstart" ) ;
    String red_ end_ 2 = request. getParameter( "hw2_ redend" ) ;
    String green_ start_ 2 = request. getParameter( "hw2_ greenstart" ) ;
    String green_ end_ 2 = request. getParameter( "hw2_ greenend" ) ;

    String red_ start_ 3 = request. getParameter( "hw3_ redstart" ) ;
    String red_ end_ 3 = request. getParameter( "hw3_ redend" ) ;
    String green_ start_ 3 = request. getParameter( "hw3_ greenstart" ) ;
    String green_ end_ 3 = request. getParameter( "hw3_ greenend" ) ;

    String red_ start_ 4 = request. getParameter( "hw4_ redstart" ) ;
    String red_ end_ 4 = request. getParameter( "hw4_ redend" ) ;
    String green_ start_ 4 = request. getParameter( "hw4_ greenstart" ) ;
    String green_ end_ 4 = request. getParameter( "hw4_ greenend" ) ;
```

```
// Construct sql
StringBuffer sb = new StringBuffer( );
sb. append("insert into t_config_ubc values");
sb. append("(null,'");
sb. append(car);
sb. append("',' r41 ',");
sb. append(red_ start_ 1);
sb. append(",");
sb. append(red_ end_ 1);
sb. append(",");
sb. append(green_ start_ 1);
sb. append(",");
sb. append(green_ end_ 1);
sb. append(")");
sb. append(",");
sb. append("(null,'");
sb. append(car);
sb. append("',' r42 ',");
sb. append(red_ start_ 2);
sb. append(",");
sb. append(red_ end_ 2);
sb. append(",");
sb. append(green_ start_ 2);
sb. append(",");
sb. append(green_ end_ 2);
sb. append(")");
sb. append(",");
sb. append("(null,'");
sb. append(car);
sb. append("',' r21 ',");
sb. append(red_ start_ 3);
sb. append(",");
sb. append(red_ end_ 3);
sb. append(",");
sb. append(green_ start_ 3);
sb. append(",");
sb. append(green_ end_ 3);
```

```
        sb. append( " ) " ) ;
        sb. append( " , " ) ;
        sb. append( " ( null ,'" ) ;
        sb. append( car) ;
        sb. append( "',' r22 ',") ;
        sb. append( red_ start_4) ;
        sb. append( " , " ) ;
        sb. append( red_ end_4) ;
        sb. append( " , " ) ;
        sb. append( green_ start_4) ;
        sb. append( " , " ) ;
        sb. append( green_ end_4) ;
        sb. append( " ) " ) ;


        sql = sb. toString( ) ;
        String outStr = null;
        // create database connection
        // if possible this need to realized by single mode.
        Connection conn = null;
        // create database connection
        // if possible this need to realized by single mode.
%>
<title>Insert title here</title>
<style>
#d_ hw1 {
        float: left;
        background-color: #ffffff;
        border: 1px solid #999;
        padding: 5px;
}

. page-head {
        padding: 10px;
        line-height: 20px;
        color: #999999;
        font-weight: bold;
        margin: 5px 0px 4px;
        font-size: 28px;
```

```
        font-family: Arial, Helvetica, sans-serif;
        border-bottom: #999 1px solid;
}


#d_back_area {
        MARGIN-RIGHT: auto;
        MARGIN-LEFT: auto;
        MARGIN-top: 10px;
        MARGIN-bottom: auto;
        width: 300px;
        height: 30px;
}
</style>
<script>

</script>
</head>
<body>
        <div id = "d_head" width = "1000px">
                <table style = "width: 100%" border = "0" cellSpacing = "0" cellPadding = "0">
                        <tr>
                                <td class = "page-head">涂装车间能源计量录入结果显示</td>
                        </tr>
                </table>
        </div>
        <div width = "1000pight = "
        500px" style = "border: 1px solid #999; margin-top: 5px; padding: 10px;">
        <font
                style = "color: #f90000; font-weight: bold; font-family: Arial, Helvetica, sans-serif;
font-size: 16px;">
                <%
                        String backPath = "";
                        Statement st = null;
                        try {
                                if (session. getAttribute("con_ubc_160") = = null){
                                        Class. forName("com. mysql. jdbc. Driver");
                                        java. sql. DriverManager
                                                . registerDriver(new com. mysql. jdbc. Driver());
```

```
                    conn = java. sql. DriverManager. getConnection(
                            "jdbc: mysql: //160. 46. 84. 161: 3306/line61", "root", "amulet");
                    session. setAttribute("con_ubc_160", conn);
            } else {
                    conn = (Connection)
session. getAttribute("con_ubc_160");
            }
            st = conn. createStatement();
            boolean b = st. execute (sql);
            if (!b){
                    out. print("数据插入成功!");
                    //st. execute(sql_data);
                    backPath = "search";
            } else {
                    out. print("数据插入失败!");
                    backPath = "insert";
            }
        } catch (SQLException se){
            out. print("数据插入失败,故障信息如下: ");
            out. print("<br>");
            backPath = "insert";
            int code = se. getErrorCode();
            out. print("故障代码 : " + code);
            out. print("<br>");
            switch (code){
            case 1062:
                    out. print("故障信息:数据表中已经有" + car+ ","
                        + "的记录,请使用修改功能更新改日数据!");
                    break;
            case 0:
                    out. print("no database link alive, please contact with administra-
tor");

                    break;
            default:
                    out. print ("故障信息:出现系统同问题,请联系管理员
处理!");

                    break;
            }
```

```
            }catch（Exception e）{
                out. print（"数据插入失败，故障信息如下："）;
                out. print（"<br>"）;
                backPath="insert";
                out. print（"故障信息：出现系统同问题，请联系管理员处理!"）;
            }finally{
            if（conn != null）{
                conn. close（）;
            }
            if（st != null）{
                st. close（）;
            }
        }
    %>
    </font>
</div>
<div id="d_back_area">
    <table>
        <tr>
            <td><form action="01_search. jsp" name="backForm" method="post">
                <input type="submit" name="b_submit" value=">> Search"><input
                    type="hidden" name="username" id="h_username"
                    value="<%=session. getAttribute（"username"）%>"/>
            </form></td>
            <td><form action="01_insert. jsp" name="insertForm"
                method="post">
                <input type="submit" name="b_submit" value=">> Insert"><input
                    type="hidden" name="username" id="h_username"
                    value="<%=session. getAttribute（"username"）%>"/>
            </form></td>
        </tr>
    </table>


    </div>
</body>
</html>
```

F.3　更新功能模块程序代码

```
<%@page import = "java. sql. * "%>
<%@page language = "java" import = "java. util. * " pageEncoding = "UTF-8"%>
<%@page import = "java. text. SimpleDateFormat"%>
<%
    String path = request. getContextPath( ) ;
    String basePath = request. getScheme( ) + " : //"
            + request. getServerName( ) + ":" + request. getServerPort( )
            + path + "/" ;
%>
<! DOCTYPE html PUBLIC " -//W3C//DTD HTML 4. 01 Transitional//EN " " http: //
www. w3. org/TR/html4/loose. dtd" >
<html>
<head>
<meta http-equiv = "Content-Type" content = "text/html; charset = UTF-8" >
<%
    String sql = null; //sql for insert value into database

    long id = Long. parseLong ( request. getParameter( "id" ) ) ;

    String car = request. getParameter( "car" ) ;

    String robot = request. getParameter( "robot" ) ;

    String red_ start = request. getParameter( "hw1_redstart" ) ;

    String red_ end = request. getParameter( "hw1_ redend" ) ;

    String green_ start = request. getParameter( "hw2_greenstart" ) ;

    String green_ end = request. getParameter( "hw2_ greenend" ) ;

    // Construct sql
    StringBuffer sb = new StringBuffer( ) ;
    sb. append( "update t_ config_ ubc set " ) ;
    sb. append( "red_ start =" ) ;
    sb. append( red_ start) ;
```

```
        sb. append( " , " ) ;
        sb. append( " red_ end = " ) ;
        sb. append( red_ end) ;
        sb. append( " , " ) ;
        sb. append( " green_ start = " ) ;
        sb. append( green_ start) ;
        sb. append( " , " ) ;
        sb. append( " green_ end = " ) ;
        sb. append( green_ end) ;
        sb. append( " where  id = " ) ;
        sb. append( id) ;
        sql = sb. toString( ) ;
        String outStr = null ;


        // create database connection
        // if possible this need to realized by single mode.
        Connection conn = null ;
        // create database connection
        // if possible this need to realized by single mode.
%>
<title>Insert title here</title>
<style>
. page-head {
        padding: 10px ;
        line-height: 20px ;
        color: #999999 ;
        font-weight: bold ;
        margin: 5px 0px 4px ;
        font-size: 28px ;
        font-family: Arial, Helvetica, sans-serif ;
        border-bottom: #999 1px solid ;
}
#d_ back_ area {
        MARGIN-RIGHT: auto ;
        MARGIN-LEFT: auto ;
        MARGIN-top: 10px ;
        MARGIN-bottom: auto ;
        width: 200px ;
```

```
        height: 30px;
    }
    </style>
    <script>
    function backList( ) {
        detailForm. submit( );
    }
    function backSearch( ) {
        loginSuccessForm. submit( );
    }
    </script>
    </head>
    <body>
        <div id = "d_ head" width = "1000px" >
            <table style = "width: 100%" border = "0" cellSpacing = "0" cellPadding = "0" >
                <tr>
                    <td class = "page-head" >涂装车间能源计量更新结果显示</td>
                </tr>
            </table>
        </div>
        <div width = "1000pight = "500px" style = "border: 1px solid #999; margin-top: 5px;
padding: 10px;" ><font style = "color:#f90000;font-weight:bold;font-family:Arial, Helvetica, sans-
serif;font-size:16px;" >
            <%
                String backPath = "" ;
                try {
                    if ( session. getAttribute( "con_ ubc_ 160" ) = = null) {
                        Class. forName( "com. mysql. jdbc. Driver" );
                        java. sql. DriverManager
                            . registerDriver ( new com. mysql. jdbc. Driver ( ) );

                        conn = java. sql. DriverManager. getConnection (
                            " jdbc: mysql://160. 46. 84. 161:3306/line61" , "
root" ,"amulet" );

                        //读取//" jdbc: mysql: //160. 46. 84. 161: 3306/multi_
reporting" , "root" ,"amulet" ); --count_ ps_ dr
                        session. setAttribute( "con_ ubc_ 160" , conn);
                    } else {
```

```
                    conn = (Connection) session. getAttribute("con_ubc_160");
                }
                Statement st = conn. createStatement( );
                boolean b = st. execute(sql);
                if (!b) {
                    out. print("数据更新成功!");
                    //st. execute(sql_data);
                    backPath = "search";
                } else {
                    out. print ("数据更新失败!");
                    backPath = "insert";
                }
            } catch (SQLException se) {
                out. print ("数据更新失败,故障信息如下:");
                out. print ("<br>");
                backPath = "insert";
                int code = se. getErrorCode( );
                //se. printStackTrace(new java. io. PrintWriter(out));
                out. print("故障代码 :" + code);
                out. print("<br>");
                switch(code) {
                    case 1062: out. print ("故障信息:数据表中已经有" +robot
+"的记录,请使用修改功能更新改日数据!"); break;
                    default: out. print ("故障信息:出现系统同问题,请联系
管理员处理!"); break;
                }
            } catch (Exception e) {
                out. print ("数据更新失败,故障信息如下:");
                out. print ("<br>");
                backPath = "insert";
                out. print("故障信息:出现系统同问题,请联系管理员处
理!");
            }
        %>
        </font>
    </div>
    <div id = "d_back_area">
        <input type = "button" name = "b_backsearch" onclick = "backSearch ( )"
```

```
value = " >> Search" >
                        <input type = " button" name = " b_ backlist" value = " >> List" onclick = "
backList( )" >
                </div>
                <form id = " loginSuccessForm" action = "01_ search. jsp" name = "loginSuccessForm"
method = " post" >
                        <input type = " hidden" name = " username" id = " h_ username" value = " <% =
session. getAttribute( " username" ) %>" />
                </form>
                <form id = "detailForm" action = "01_ detail. jsp" name = " detailForm" method = " post" >
                        <input type = " hidden" name = " username" id = " h_ username" value = " <% =
session. getAttribute( " username" ) %>" />
                        <input type = " hidden" name = " ccar" id = " h_ username" value = " <% =car%>" />
                </form>
        </body>
        </html>
```

F.4　搜索模块程序代码

```
<%@page import = " java. sql. * " %>
<%@page language = " java" import = " java. util. * " pageEncoding = " UTF-8" %>
<%@page import = " java. text. SimpleDateFormat" %>
<! DOCTYPE html PUBLIC " -//W3C//DTD HTML 4. 01 Transitional//EN " " http: //
www. w3. org/TR/html4/loose. dtd" >
<html>
<head>
<meta http-equiv = " Content-Type" content = " text/html; charset = UTF-8" >
<title>Insert title here</title>
<style type = " text/css" >
#t_ condition {
        width: 500px
}

select {
        width: 100px
}

td {
        padding-bottom: 3px;
```

```css
    margin: 0px;
    padding-left: 4px;
    padding-right: 4px;
    padding-top: 8px;
}


.style4 {
    border-bottom: #999 1px solid;
    text-align: left;
    line-height: 20px;
    width: 880px;
    font-family: Arial, Helvetica, sans-serif;
    color: #000;
    font-size: 14px;
    font-weight: bold;
}


.lable {
    font-family: Arial, Helvetica, sans-serif;
    font-size: 12px;
    vertical-align: middle;
    horizon-align: middle
}


select {
    font-family: Arial, Helvetica, sans-serif;
    font-size: 12px;
    vertical-align: middle;
    horizon-align: middle;
    border: #444444 1px solid;
}


.page-head {
    padding: 10px;
    line-height: 20px;
    color: #999999;
    font-weight: bold;
    margin: 5px 0px 4px;
```

```
        font-size: 28px;
        font-family: Arial, Helvetica, sans-serif;
        border-bottom: #999 1px solid;
    }


    . page-user {
        padding: 10px;
        line-height: 20px;
        color: #999999;
        font-weight: bold;
        margin: 5px 0px 4px;
        font-size: 20px;
        font-family: Arial, Helvetica, sans-serif;
        border-bottom: #999 1px solid;
    }


    . pagesep {
        padding: 5px;
        border-bottom: #999 1px solid;
    }
</style>
<%

%>
<script>
    function addNewRecord() {
        insertForm. submit();
    }
function submitForm() {
    var icar= document. getElementById("icar"). value;
    if( icar == "") {
        alert("请选择检索条件!");
    } else {
        conditionForm. submit();
    }
}


function clearForm() {
```

```
            document. getElementById( "icar" ). value = "" ;
    }


    window. onload = function( ) {


    }
    function backLogin( ) {
        window. open( "http://160. 46. 84. 161:8080/line61/pvc/login. jsp" ,
                "_self" ) ;
    }
    function detailSearch( ) {
        loginSuccessForm. submit( ) ;
    }
</script>
<%
    String car = request. getParameter( "ccar" ) ;
    //System. out. println (car) ;


    StringBuffer sb = new StringBuffer( ) ;
    sb. append( "select distinct cartype from t_ config_ ubc" ) ;


    StringBuffer sb_ cnt = new StringBuffer( ) ;
    sb_ cnt. append( "select count( distinct cartype) from t_ config_ ubc" ) ;


    ResultSet rs = null ;
    ResultSet rs_ cnt = null ;
    Connection conn = null ;
    int cnt = 0 ;
    try {
        if ( session. getAttribute( "con_ ubc_ 160" ) = = null) {
            Class. forName( "com. mysql. jdbc. Driver" ) ;
            java. sql. DriverManager
                    . registerDriver( new com. mysql. jdbc. Driver( ) ) ;


            conn = java. sql. DriverManager. getConnection(
                    "jdbc:mysql://160. 46. 84. 161: 3306/line61" , "root" ,"amulet" ) ;
            session. setAttribute( "con_ ubc_ 160" , conn) ;
```

```
    } else {
        conn = (Connection) session. getAttribute("con_ubc_160");
    }
    Statement st = conn. createStatement();
    rs_cnt = st. executeQuery(sb_cnt. toString ());
    while (rs_cnt. next ()){
        cnt = Integer. parseInt(rs_cnt. getString (1));
    }
    rs = st. executeQuery(sb. toString ());
} catch (Exception e){
    if (conn! = null){
    conn. close();
    }
    if (rs! = null){
    rs. close();
    }
    if (rs_cnt! = null){
    rs_cnt. close();
    }
}
%>
</head>
<body>
    <div id="d_head">
        <table style="width: 100%" border="0" cellSpacing="0" cellPadding="0">
            <tr>
                <td width="50%" class="page-head">Paint Shop UBC</td>
                <td width="45%" class="page-head">  </td>
                <td width="5%" class="page-head"><input type="button"
                    value="Log Out" onclick="backLogin()"></td>
            </tr>
        </table>
    </div>
    <p></p>
    <table id="t_admin">
        <tr>
            <td><div id="d_condition"
            style="border: 1px solid gray; background-color: #fff; width: 500px; float: left">
```

```jsp
<form id="conditionForm" action="01_detail.jsp"
    name="conditionForm" method="post">
    <table style="width: 100%" border="0" cellSpacing="0"
        cellPadding="0">
        <tr>
            <td class="style4">UBC management</td>
        </tr>
    </table>
    <table id="t_condition" cellspacing=1 cellpadding=1>
        <tr>
            <td width="10%" class="lable">Car Model: </td>
            <td width="20%"><select id="icar" name="ccar">
                <option value="0"></option>
            <%
                if(cnt>0){
                    while(rs.next()){
                        out.print("<option
value='"+rs.getString(1)+"'>"+rs.getString(1).toUpperCase()+"</option>");
                    }
                }
            %>
            </select></td>
        </tr>
        <tr align="right">
            <td><input type="button" id="b_newRecord"
                name="b_newRecord" value="New Car Model" onclick="
addNewRecord()">  </td>
            <td><input type="button" id="b_search"
                name="b_submit" value="Submit" onclick="submitForm
()"> 
                <input type="button" id="b_cancel" name="b_cancel"
value="Reset"
                onclick="clearForm()">
            </div></td>
        </tr>
    </table>
</form>
</div></td>
```

```
        </tr>
    </table>

    <form id = "loginSuccessForm" action = "01_ searchparea. jsp"
        name = "loginSuccessForm" method = "post" >
        <input type = "hidden" name = "username" id = "h_ username"
            value = " <% = session. getAttribute( "username" ) %>"/><input
            type = "hidden" name = "role" id = "h_ role"
            value = " <% = session. getAttribute( "role" ) %>"/>
    </form>
    <form action = "01_ insert. jsp" name = "insertForm" ></form>
</body>
</html>
```

F.5　更新模块程序代码

```
<%@page import = "java. sql. * "%>
<%@page language = "java" import = "java. util. * " pageEncoding = "UTF-8"%>
<%
    String path = request. getContextPath( ) ;
    String basePath = request. getScheme( ) + " : //"
            + request. getServerName( ) + " :" + request. getServerPort( )
            + path + "/" ;
%>
<!DOCTYPE html PUBLIC " -//W3C//DTD HTML 4. 01 Transitional//EN " " http: //
www. w3. org/TR/html4/loose. dtd" >
<html>
<head>
<meta http-equiv = " Content-Type" content = " text/html; charset = UTF-8" >
<title>Insert title here</title>
<style>
#h_ title {
    font-size: 28px;
    font-weight: bold;
    color: blue;
}

table {
    width: 450px;
```

```
    }

.textbox {
    width: 100px;
    border: 1px solid #999;
}

.td_title {
    color: white;
    font-size: 18px;
    font-weight: bold;
}

#d_hw1 {
    float: left;
    background-color: #ffffff;
    border: 1px solid #999;
    padding: 5px;
}

#d_hw2 {
    float: right;
    background-color: #ffffff;
    border: 1px solid #999;
    padding: 5px;
}

#d_ws {
    float: left;
    background-color: #ffffff;
    border: 1px solid #999;
    padding: 5px;
}

#d_gas {
    float: right;
    background-color: #ffffff;
    border: 1px solid #999;
```

```
        padding: 5px;
}
#d_voc {
        float: right;
        background-color: #ffffff;
        border: 1px solid #999;
        padding: 5px;
}


#d_ww {
        float: left;
        background-color: #ffffff;
        border: 1px solid #999;
        padding: 5px;
}
#d_ca1 {
        float: left;
        background-color: #ffffff;
        border: 1px solid #999;
        padding: 5px;
}


#d_limestone {
        float: left;
        background-color: #ffffff;
        border: 1px solid #999;
        padding: 5px;
}


#d_wlimestone {
        float: right;
        background-color: #ffffff;
        border: 1px solid #999;
        padding: 5px;
}


#d_ca2 {
        float: right;
```

```
       background-color: #ffffff;
       border: 1px solid #999;
       padding: 5px;
   }


#d_submit {
       width: 930px;
   }


. td_lable {
       font-family: Arial, Helvetica, sans-serif;
       font-size: 12px;
       vertical-align: middle;
       horizon-align: middle
   }


. td_error {
       font-size: 12px;
       color: red;
       }


. style4 {
       text-align: left;
       line-height: 20px;
       font-family: Arial, Helvetica, sans-serif;
       color: #000;
       font-size: 14px;
       font-weight: bold;
   }


. page-head {
       padding: 10px;
       line-height: 20px;
       color: #999999;
       font-weight: bold;
       margin: 5px 0px 4px;
       font-size: 28px;
       font-family: Arial, Helvetica, sans-serif;
```

```
        border-bottom: #999 1px solid;
    }


    #updateConditionShow {
        background-color: #999999;
        width: 920px;
        font-family: Arial, Helvetica, sans-serif;
        color: black;
        font-size: 14px;
        padding: 5px;
        font-weight: bold;
        margin-left: 5px;
    }
    </style>
    <script>
        function submit_new( ) {
            var args = document. getElementsByTagName( "input" ) ;
            var flag = true;
            for ( var i = 0, j = args. length; i < j; i++ ) {
                if ( args[i]. type = = "text" ) {
                    var area = args[i]. id. substring ( 0, args[i]. id. indexOf( "_" ) ) ;
                    var labelName = args[i]. parentNode. previousSibling. innerText;
                    if ( args[i]. value = = "" ) {
                        document. getElementById( area + "_error" ). innerHTML = " Please
input numbers in "
                                        + labelName+". " ;
                        flag = false;
                    }
                    if ( isNaN( args[i]. value ) ) {
                        document. getElementById( area + "_error" ). innerHTML = " Please
input numbers in "
                                        + labelName + ". " ;
                        flag = false;
                    }
                }
            }
            if ( flag ) {
                fillForm. submit( ) ;
```

```
        }
    }
    function checkInput(obj) {
        var area = obj. id. substring (0, obj. id. indexOf ("_"));
        var labelName = obj. parentNode. previousSibling. innerText;
        if (isNaN (obj. value)) {
            document. getElementById (area + "_error"). innerHTML = "Please input
Numbers in"
                            + labelName;
        } else {
            document. getElementById(area + "_error"). innerHTML = "";
        }
    }
    function cancel() {
        var args = document. getElementsByTagName("input");
        for (var i = 0, j = args. length; i < j; i++) {
            if (args[i]. type == "text") {
                args[i]. value = "";
            }
        }
        document. getElementById("hw1_error"). innerText = "";
        document. getElementById("hw2_error"). innerText = "";
    }
    function backSearch() {
        loginSuccessForm. submit();
    }
    function backSrc() {
        if (document. getElementById("backsrc"). value == "result. jsp") {
        resultForm. submit();
    } else {
        multiForm. submit();
    }
    }
    function backList() {
    window. history. go (-1);
    }
</script>
<%
```

```
    String id=request. getParameter("id");
    String car=request. getParameter("car");
    String robot=request. getParameter("robot");
    String red_start=request. getParameter("red_start");
    String red_end=request. getParameter("red_end");
    String green_start=request. getParameter("green_start");
    String green_end=request. getParameter("green_end");


%>
</head>
<body>
    <form action="01_updateDB. jsp" name="fillForm" method="post">
        <div id="d_head">
            <table style="width: 100%" border="0" cellSpacing="0" cellPadding="0">
                <tr>
                    <td class="page-head">Paint Shop UBC Robot Max Value and Min Value
configuration</td>
                </tr>
            </table>
        </div>
        <p></p>
        <div id="updateConditionShow">
        Car Model is: <b><%=car%></b>, Robot is : <b><%=robot%>
        </div>
        <table width="1100px">
            <tr>
                <td><div id="1stL">
                    <div id="d_hw1">
                        <table id="t_hw1">
                            <tr>
                                <td width="25%" class="style4">Red</td>
                                <td colspan="3" class="td_error" id="hw1_error"></td>
                            </tr>
                            <tr>
                                <td class="td_lable">Red Start</td>
                                <td><input type="text" id="hw1_redstart" size="9"
                                    name="hw1_redstart" tabindex="1" class="textbox"
                                    onChange="checkInput(this)" value="<%=red_
```

```
start%>"></td>
                                        <td class="td_lable">Red End</td>
                                        <td><input type="text" id="hw1_redend" size="9"
                                            name="hw1_redend" tabindex="2" class="textbox"
                                            onchange="checkInput(this)" value="<%=red_
end%>"></td>
                                    </tr>
                            </table>
                        </div>
                        <div id="d_hw2">
                            <table id="t_hw2">
                                <tr>
                                    <td width="25%" class="style4">Green</td>
                                    <td colspan="3" class="td_error" id="hw2_error"></td>
                                </tr>
                                <tr>
                                    <td class="td_lable">Green Start</td>
                                    <td><input type="text" id="hw2_greenstart" size="9"
                                        name="hw2_greenstart" tabindex="5" class="
textbox"
                                            onchange="checkInput(this)" value="<%=
green_start%>"></td>
                                    <td class="td_lable">Green End</td>
                                    <td><input type="text" id="hw2_greenend" size="9"
                                        name="hw2_greenend" tabindex="6" class=
"textbox"
                                            onchange="checkInput(this)" value="<%=
green_
end%>"></td>
                                </tr>

                            </table>
                        </div>
                    </div></td>
                </tr>
                                    <td style="text-align: right"><div id="d_submit"
                            style="float: right">
                            <input type="button" id="b_submit" name="b_submit" value="Submit"
```

```
                            onclick = "submit_new( )">  <input type = "button"
                   id = "b_cancel" name = "b_cancel" value = "Reset" onclick = "
cancel( )"> 
                        <input type = "button" id = "b_backsearch" name = "b_backsearch"
                   value = " >> Search" onclick = "backSearch( )">
                        <input type = "button" id = "b_backlist" name = "b_backlist"
                   value = " >> List" onclick = "backList( )"><input type = "hidden" name
= "id" value = "<% = id%>">
                            <input type = "hidden" name = "car" value = "<% = car%>">
                            <input type = "hidden" name = "robot" value = "<% = robot%>">
                   </div></td>
            </tr>
          </table>
      </form>
      <form id = "loginSuccessForm" action = "01_search. jsp" name = "loginSuccessForm" method = "
post">
              < input type = "hidden" name = "username" id = "h_username" value = "<% = ses-
sion. getAttribute( "username")%>"/>
          </form>
      </body>
      </html>
```

F. 6　更新模块程序代码

```
<%@page import = "java. sql. * "%>
<%@page language = "java" import = "java. util. * " pageEncoding = "UTF-8"%>
<%
      String path = request. getContextPath( );
      String basePath = request. getScheme( ) + ": //"
              + request. getServerName( ) + ":" + request. getServerPort( )
              + path + "/";
%>
<!DOCTYPE html PUBLIC " -//W3C//DTD HTML 4. 01 Transitional//EN " " http: //
www. w3. org/TR/html4/loose. dtd">
      <html>
      <head>
      <meta http-equiv = "Content-Type" content = "text/html; charset = UTF-8">
      <title>Insert title here</title>
      <style>
```

```css
#h_title {
    font-size: 28px;
    font-weight: bold;
    color: blue;
}


table {
    width: 450px;
}


.textbox {

    width: 100px;
    border: 1px solid #999;
}


.td_title {
    color: white;
    font-size: 18px;
    font-weight: bold;
}


#d_hw1 {
    float: left;
    background-color: #ffffff;
    border: 1px solid #999;
    padding: 5px;
}


#d_hw2 {
    float: right;
    background-color: #ffffff;
    border: 1px solid #999;
    padding: 5px;
}
#d_hw3 {
    float: left;
    background-color: #ffffff;
```

```
    border: 1px solid #999;
    padding: 5px;
    margin-top: 5px;
}
#d_hw4 {
    float: right;
    background-color: #ffffff;
    border: 1px solid #999;
    padding: 5px;
    margin-top: 5px;
}


#d_submit {
    width: 930px;
}


.td_lable {
    font-family: Arial, Helvetica, sans-serif;
    font-size: 12px;
    vertical-align: middle;
    horizon-align: middle
}


.td_error {
    font-size: 12px;
    color: red;
}


.style4 {
    text-align: left;
    line-height: 20px;
    font-family: Arial, Helvetica, sans-serif;
    color: #000;
    font-size: 14px;
    font-weight: bold;
}
```

```css
. page-head {
    padding: 10px;
    line-height: 20px;
    color: #999999;
    font-weight: bold;
    margin: 5px 0px 4px;
    font-size: 28px;
    font-family: Arial, Helvetica, sans-serif;
    border-bottom: #999 1px solid;
}
</style>
<script>
```

```javascript
function clearAllError() {
    document. getElementById("hw1_error"). innerText="";
}
function submit_new() {
    clearAllError();
    var args=document. getElementsByTagName("input");
    var flag=true;
    for (var i=0, j=args. length; i < j; i++) {
        if (args[i]. type == "text"&& args[i]. id !="hw_car") {
            var area=args[i]. id. substring (0, args[i]. id. indexOf("_"));
            var labelName=args[i]. parentNode. previousSibling. innerText;
            if (args[i]. value == "") {
                document. getElementById(area + "_error"). innerText="Please input number in "
                    + labelName + ".";
                flag=false;
            }
            if(isNaN(args[i]. value)) {
                document. getElementById(area + "_error"). innerText="Please input number in "
                    + labelName + ".";
                flag=false;
            }
        }
    }
```

```
            if ( flag) {
                fillForm. submit( ) ;
            }
        }
    function checkInput( obj) {
        var area = obj. id. substring( 0, obj. id. indexOf ("_")) ;
        var labelName = obj. parentNode. previousSibling. innerText;
        if ( isNaN( obj. value) ) {
            document. getElementById( area + "_error") . innerText = "Please input number in"
                    + labelName + ". " ;
        } else {
            document. getElementById( area + "_error") . innerText = "" ;
        }
    }

    function cancel( ) {
        var args = document. getElementsByTagName( "input") ;
        for ( var i = 0, j = args. length; i < j; i++) {
            if ( args[ i]. type = = "text") {
                args[ i]. value = "" ;
            }
        }
        clearAllError( ) ;
    }
    function backSearch( ) {
        loginSuccessForm. submit( ) ;
    }
    function checkCarModel( obj) {
        var area = obj. id. substring( 0, obj. id. indexOf ("_")) ;
        var labelName = obj. parentNode. previousSibling. innerText;
        var val = obj. value;
        var ret = val. match(/^([ a-z|A-Z]{1})(\d{2})([ a-z|A-Z]?)$/) ;
        if ( ret = = null) {
            document. getElementById( area + "_error") . innerText = "Please input the right
car model in "
                    + labelName + ", such as f39 or f49p. " ;
        } else {
            document. getElementById( area + "_error") . innerText = "" ;
        }
```

```
        }
        function checkRobot( obj ) {
            var area = obj. id. substring( 0, obj. id. indexOf ( "_" ) ) ;
            var labelName = obj. parentNode. previousSibling. innerText ;
            var val = obj. value ;
            var ret = val. match( /^( [ r | R ] { 1 } ) ( \d { 2 } ) $/ ) ;
        if ( ret = = null ) {
            document. getElementById ( area + "_error" ). innerText = "Please input the right
robot name in "
                        + labelName + ", such as r12 or R12. " ;
        } else {
            document. getElementById( area + "_error" ). innerText = " " ;
        }
    }
    </script>
    </head>
    <body>
        <form action = "01_insertDB. jsp" name = "fillForm" method = "post" >
            <div id = "d_head" >
                <table style = "width: 100%" border = "0" cellSpacing = "0" cellPadding = "0" >
                <tr>
                        <td class = "page-head" >Paint Shop UBC Configuation</td>
                    </tr>
                </table>
            </div>
            <p></p>
            <table width = "1100px" >
                <tr>
                    <td>
                        <div id = "1st" >
                            <div id = "d_hw" >
                                <table id = "t_hw" >
                                    <tr>
                                        <td width = "25%" class = "style4" >New Car Model
</td>
                                        <td colspan = "3" class = "td_error" id = "hw_error"
></td>
                                    </tr>
```

```
                            <tr>
                                    <td class = " td_ lable" >Car Model</td>
                                    <td><input type = " text" id = " hw_ car" size = " 9"
                                            name = "hw_ car" tabindex = " 1" class = "textbox"
    onChange = " checkCarModel( this) " ></td>
                                    <td class = " td_ lable" ></td>
                                    <td></td>
                            </tr>

                    </table>
            </div>
    </div>
    <div id = " 1stL" >
            <div id = " d_ hw1" >
                    <table id = "t_ hw1" >
                            <tr>
                                    <td width = " 25%" class = " style4" >R41</td>
                                    <td colspan = "3" class = "td_ error" id = "hw1_ error"
    ></td>
                            </tr>
                            <tr>
                                    <td class = " td_ lable" >Red Start</td>
                                    <td><input type = "text" id = "hw1_ redstart" size = "9"
                                            name = "hw1_ redstart" tabindex = "2" class = "textbox"
                                            onChange = " checkInput( this) " ></td>
                                    <td class = " td_ lable" >Red End</td>
                                    <td><input type = " text" id = " hw1_ redend" size = " 9"
                                            name = "hw1_ redend" tabindex = "3" class = "textbox"
                                            onchange = " checkInput( this) " ></td>
                            </tr>
                            <tr>
                                    <td class = " td_ lable" >Green Start</td>
                                    <td><input type = " text" id = " hw1_ greenstart" size = "9"
                                            name = "hw1_greenstart" tabindex = "4" class = "textbox"
                                            onchange = " checkInput( this) " ></td>
                                    <td class = " td_ lable" >Green End
                                    </td>
                                    <td><input type = " text" id = " hw1_ greenend" size = " 9"
```

```
                        name="hw1_greenend"tabindex="5"class="textbox"
                        onchange="checkInput(this)"></td>
                </tr>
            </table>
        </div>
        <div id="d_hw2">
            <table id="t_hw2">
                <tr>
                    <td width="25%"class="style4">R42</td>
                    <td colspan="3"class="td_error"id="hw2_error">
</td>
                </tr>
                <tr>
                    <td class="td_lable">Red Start</td>
                    <td><input type="text"id="hw2_redstart"size="9"
                        name="hw2_redstart"tabindex="6"class="
textbox"
                        onChange="checkInput(this)"></td>
                    <td class="td_lable">Red End</td>
                    <td><input type="text"id="hw2_redend"size="9"
                        name="hw2_redend"tabindex="7"class="text-
box"
                        onchange="checkInput(this)"></td>
                </tr>
                <tr>
                    <td class="td_lable">Green Start</td>
                    <td><input type="text"id="hw2_greenstart"size="9"
                        name="hw2_greenstart"tabindex="8"class="
textbox"
                        onchange="checkInput(this)"></td>
                    <td class="td_lable">Green End
</td>
                    <td><input type="text"id="hw2_greenend"size="9"
                        name="hw2_greenend"tabindex="9"class="textbox"
                        onchange="checkInput(this)"></td>
                </tr>
            </table>
        </div>
```

```
<div id="d_hw3">
    <table id="t_hw3">
        <tr>
            <td width="25%" class="style4">R21</td>
            <td colspan="3"class="td_error"id="hw3_error"></td>
        </tr>
        <tr>
            <td class="td_lable">Red Start</td>
            <td><input type="text"id="hw3_redstart"size="9"
                name="hw3_redstart" tabindex="10" class="
textbox"
                onChange="checkInput(this)"></td>
            <td class="td_lable">Red End</td>
            <td><input type="text"id="hw3_redend"size="9"
                name="hw3_redend"tabindex="11"class="
textbox"
                onchange="checkInput(this)"></td>
        </tr>
        <tr>
            <td class="td_lable">Green Start</td>
            <td><input type="text"id="hw3_greenstart"size="9"
                name="hw3_greenstart"tabindex="12"class="textbox"
                onchange="checkInput(this)"></td>
            <td class="td_lable">Green End
            </td>
            <td><input type="text"id="hw3_greenend"size="9"
                name="hw3_greenend"tabindex="13"class="textbox"
                onchange="checkInput(this)"></td>
        </tr>
    </table>
</div>
<div id="d_hw4">
    <table id="t_hw4">
        <tr>
            <td width="25%" class="style4">R21</td>
            <td colspan="3" class="td_error" id="hw4_
error"></td>
        </tr>
```

```
                                    <tr>
                                        <td class="td_lable">Red Start</td>
                                        <td><input type="text" id="hw4_redstart" size="9"
                                            name="hw4_redstart" tabindex="14" class="
textbox"
                                            onChange="checkInput(this)"></td>
                                        <td class="td_lable">Red End</td>
                                        <td><input type="text" id="hw4_redend" size="9"
                                            name="hw4_redend" tabindex="15" class="
textbox"
                                            onchange="checkInput(this)"></td>
                                    </tr>
                                    <tr>
                                        <td class="td_lable">Green Start</td>
                                        <td><input type="text" id="hw4_greenstart" size="9"
                                            name="hw4_greenstart" tabindex="16" class="
textbox"
                                            onchange="checkInput(this)"></td>
                                        <td class="td_lable">Green End
                                        </td>
                                        <td><input type="text" id="hw4_greenend" size="9"
                                            name="hw4_greenend" tabindex="17" class="
textbox"
                                            onchange="checkInput(this)"></td>
                                    </tr>
                                </table>
                            </div>
                        </div>
                    </td>
                </tr>

                <tr>
                    <td style="text-align: right"><div id="d_submit"
                        style="float: right">
                        <input type="button" id="b_submit" name="b_submit" value="
Submit"
                        onclick="submit_new()">  <input type="button"
                        id="b_cancel" name="b_cancel" value="Reset" onclick="
```

```
cancel( )"> 
                                <input type = "button"
                                        id = "b_backsearch" name = "b_backsearch" value = ">>
Search"
                                        onclick = "backSearch( )">
                        </div></td>
                </tr>
            </table>
        </form>
        <input type = "hidden" name = "role" id = "h_role" value = "<% = session.getAttribute("
role")%>"/>
            <form id = "loginSuccessForm" action = "01_search.jsp"
                name = "loginSuccessForm" method = "post">
                <input type = "hidden" name = "username" id = "h_username"
                        value = "<% = session.getAttribute("username")%>"/>
            </form>
        </body>
    </html>
```

参 考 文 献

[1] 张耀丹. 我国汽车美容行业浅析 [J]. 科技风, 2018 (23): 207.

[2] 朱立忠, 陈美洋. 一种基于机器学习的汽车涂胶缺陷检测研究 [J]. 沈阳理工大学学报, 2018, 37 (4): 18-22.

[3] 胡俊立. 基于 ROS 的机器视觉系统实现 [J]. 电脑与电信, 2019 (7): 60-62, 73.

[4] 方育华. 浅析自动化技术在机械设计制造中的应用 [J]. 中外企业家, 2018 (26): 105.

[5] Wang C, Hu Z, Pang Q, et al. Research on the classification algorithm and operation parameters optimization of the system for separating non-ferrous metals from end-of-life vehicles based on machine vision [J]. Waste Management (New York, N. Y.), 2019 (100): 10-17.

[6] 肖壮. 基于机器视觉的红提果粉及果粒尺寸在线检测方法及其装备 [D]. 武汉: 华中农业大学, 2018: 2-3.

[7] 马宏静. 荧光纳米复合材料的制备及在金属增强荧光和生物成像中的应用 [D]. 青岛: 青岛大学, 2016: 15-27.

[8] Jouyandeh M, Ganjali M R, Hadavand B S, et al. Curing epoxy with polyvinyl chloride (PVC) surface-functionalized CoxFe3-xO4 nanoparticles [J]. Progress in Organic Coatings, 2019 (137): 105-109.

[9] 钱丰. 国内外聚氯乙烯涂层织物的现状与发展趋势 [C] //纺织行业生产力促进中心、中国纺织科学研究院、北京纺织工程学会. 第四届功能性纺织品及纳米技术研讨会论文集. 纺织行业生产力促进中心, 中国纺织科学研究院, 北京纺织工程学会: 北京纺织工程学会, 2004: 5.

[10] 张亨. PVC 涂料及其应用 [J]. 中国氯碱, 2008 (10): 43-45.

[11] 王祖鹇, 余仲儒, 瞿亮, 等. 国内聚氯乙烯行业发展现状及专利技术分析 [J]. 中国氯碱, 2013 (11): 1-8.

[12] 陈娟. 聚氯乙烯搪塑粉料的制备及其结构与性能表征 [D]. 济南: 山东大学, 2015: 15-17.

[13] 王岚. 以新型添加剂为基础的建筑用聚氯乙烯组分材料配方试验 [J]. 世界橡胶工业, 2017, 44 (10): 10-12.

[14] 李艳华. 氯乙烯共聚合及聚氯乙烯改性 [J]. 江西化工, 2005 (4): 38-41.

[15] 孙小忠, 张伦周. PVC 涂胶线常见问题及解决方法 [J]. 汽车工艺与材料, 2009 (12): 58-60.

[16] 曹伟, 任孝静, 王彦龙. PVC 气泡问题的产生及预防控制措施 [J]. 汽车工艺与材料, 2015 (12): 36-37.

[17] 马若斌. 基于机器视觉的小型无人直升机障碍规避系统设计与实现 [D]. 上海: 上海交通大学, 2011: 23-26.

[18] 唐雪莲. 蜡染跟踪印花图像处理算法的研究 [D]. 武汉: 华中科技大学, 2012, 2-3.

[19] 朱阳芬, 银冬平, 邹舜章, 等. 机器视觉在汽车行业中的发展与应用 [J]. 汽车实用技术, 2017 (22): 8-11.

［20］潘磊，赵亮，刘丁丁，等．基于车牌号码识别的机器视觉系统设计［J］．中国设备工程，
2018（11）：160-162.

［21］邹浩，郭雨婷，李佳盈，等．基于 OPENMV 的色彩引导机器人系统研究［J］．科技资讯，
2018, 16（25）：85-86.

［22］Kim W S, Oh J H, Chung Y S, et al. The detection of curve-type defects in the tft-lcd panels
with machine vision［C］// Tencon 2005 IEEE Region. IEEE, 2007：1-5.

［23］Kunakornvong P, Sooraksa P. Machine vision for defect detection on the air bearing surface
［C］// International Symposium on Computer, Consumer and Control. IEEE, 2016：37-40.

［24］Huang H, Hu C, Wang T, et al. Surface defects detection for mobilephone panel workpieces
based on machine vision and machine learning［C］//IEEE International Conference on Infor-
mation and Automation. IEEE, 2017：370-375.

［25］Baygin M, Karakose M, Sarimaden A, et al. Machine vision based defect detection approachus-
ing image processing［C］// International Artificial Intelligence and Data Processing Symposi-
um. 2017：1-5.

［26］Mehra T, Kumar V, Gupta P. Maturity and disease detection in tomato using computer vision
［C］// Fourth International Conference on Parallel, Distributed and Grid Computing. IEEE,
2017：399-403.

［27］Unay D, Gosselin B. Thresholding-based segmentation and apple grading by machin evision
［C］// Signal Processing Conference, 2005, European. IEEE, 2005：105-110.

［28］Wang L, Li A, Tian X. Detectionof fruit skin defects using machine vision system［C］//
Sixth International Conference on Business Intelligence and Financial Engineering. IEEE, 2014：
44-48.

［29］Rahman M F, Akhter S N, Alam M J, et al. Detection of cervical cancer through visual inspec-
tion of cervix with acetic acid（VIA）and colposcopy at mymensingh medical college hospital
［J］. Mymensingh Medical Journal：MMJ, 2016, 25（3）：402-410.

［30］Asadi V, Raoufat M, Nassirn S. Fresh egg mass estimation using machine vision technique
［J］. De Gruyter, 2012, 102（6）：229-234.

［31］Huang Y S, ChenY C, ChenM L, et al. Comparing visual inspection, aerobic colony counts,
and adenosine triphosphate bioluminescence assay for evaluating surface cleanliness at a medical
center［J］. American Journal of Infection Control, 2015, 43（8）：882-886.

［32］Pablo A, Castelán M, Arechavaleta G. Vision based persistent localization of a humanoid robot
for locomotion tasks［J］. De Gruyter, 2016, 15（10）：669-682.

［33］Schmidt C, Denkena B, HockeT, et al. Influence of AFP process parameters on the temperature
distribution used for thermal in-process monitoring［J］. Procedia CIRP, 2017, 66.

［34］康晶．图像分析在工业生产中的应用［D］．南京：南京邮电大学，2015：15-23.

［35］赵巧敏．机器视觉行业投资分析报告［J］．机器人技术与应用，2015（5）：12-24.

［36］谢波，张平．基于机器视觉的墙地砖表面缺陷检测系统研究［J］．机械工程与自动化，
2017（5）：130-132.

［37］ 何新宇．车身下底盘 PVC 涂胶的机器视觉检测研究［D］.沈阳：沈阳大学，2019：2-37.

［38］ 陈齐平，康盛，张敏，等．太阳能路面裂纹检测车设计［J］.农业装备与车辆工程，2018，56（6）：9-12.

［39］ 仵桂学．基于机器视觉的 PCB 分板数控系统研发［D］.广州：广东工业大学，2016：2-3.

［40］ 车嘉兴．植物生理信息计算机视觉检测系统研究［D］.合肥：中国科学技术大学，2010：12-13.

［41］ 尹悦，梁静秋，梁中翥，等．电极结构对 AlGaInP-LED 阵列电流分布的影响［J］.发光学报，2011，32（10）：1051-1056.

［42］ 蔡时雨，林锡雄，费凯，等．水利建设市场主体信息灰度评价模型研究［J］.水利经济，2019，37（1）：42-48，81.

［43］ 李雪军．医学影像自助打印系统研究与实现［D］.石家庄：河北科技大学，2018：4-15.

［44］ 关雪梅．基于空域的图像增强技术研究［J］.赤峰学院学报（自然科学版），2012，28（8）：22-24.

［45］ 叶俊科．基于图像处理的煮糖过程蔗糖结晶状态的检测与分析［D］.南宁：广西大学，2014：23-27.

［46］ 沈玮．基于机器视觉的牙刷检测与定位技术研究［D］.南京：南京航空航天大学，2018：2-35.

［47］ 赵慧．基于 Blob 的运动目标检测与跟踪算法研究［D］.哈尔滨：哈尔滨工业大学，2017：2-3.

［48］ 华娇．雌雄蚕卵激光自动分选仪及散卵式光电自动分选仪的研究［D］.杭州：浙江大学，2012：35-37.

［49］ 李洪望．基于双目视觉的二次曲面体三维结构重建［D］.南昌：南昌航空大学，2013：15-17.

［50］ 冯焕飞．三维重建中的相机标定方法研究［D］.重庆：重庆交通大学，2013：2-7.

［51］ Pala S，Jayan S，Kurup D. An accurate UWB based localization system using modified leading edge detection algorithm［J］. Ad Hoc Networks，2019(97)：108-113.

［52］ 曹佳煜．基于图像处理的路面裂缝自动检测技术研究［D］.西安：长安大学，2014：12-13.

［53］ 赵鹏．基于差分激励的车道线检测研究［D］.重庆：重庆大学，2017：25-28.

［54］ 魏小邦．基于计算机视觉的内河船舶导航技术研究［D］.大连：大连海事大学，2018：10-18.

［55］ Xu J，Wen X P，Zhang H，et al. Automatic extraction of lineaments based on wavelet edge detection and aided tracking by hillshade［J］. Advances in Space Research，2020，65（1）：506-517.

［56］ 左成吏．基于 WEB 的酒店信息管理系统设计与实现［D］.大连：大连理工大学，2016：2-3.

［57］ Kouzehgar M，Tamilselvam Y K，Heredia M V，et al. Self-reconfigurable facade-cleaning robot equipped with deep-learning-based crack detection based on convolutional neural networks ［J］. Automation in Construction, 2019（108）: 1416-1422.

［58］ 宗世朋. 基于视频图像的烟雾检测系统的设计与实现 ［D］. 成都: 电子科技大学, 2013: 13-25.

［59］ 吕学智. 基于双目视觉的爬壁机器人环境检测技术研究 ［D］. 扬州: 扬州大学, 2014: 7-9.

［60］ 张韧. 基于用户体验的智能电视交互界面设计研究 ［D］. 合肥: 合肥工业大学, 2015: 32-37.

［61］ 谢超, 陈毓芬, 柯希林. 地图可视化系统用户界面模板的研究与实践 ［J］. 海洋测绘, 2008（1）: 52-55.

［62］ 万江云. 简述机器视觉技术在汽车零部件的应用 ［J］. 内燃机与配件, 2021（6）: 213-214.

［63］ 赵东明, 田雷. 基于计算机视觉的电信运营商智能巡检机器人技术研究 ［J］. 电信工程技术与标准化, 2021, 34（4）: 51-56.

［64］ 王江, 柳国栋, 张玉鑫, 等. 基于机器视觉的机械指针式仪表的读数识别方法 ［J］. 电子测试, 2021（7）: 62-64.

［65］ 付晓云. 基于机器视觉的典型零件几何尺寸检测系统的设计 ［J］. 仪表技术, 2021（2）: 32-35.

［66］ 万江云. 简述机器视觉技术在汽车零部件的应用 ［J］. 内燃机与配件. 2021（6）: 213- 214.

［67］ 潘磊, 赵亮, 刘丁丁, 等. 基于车牌号码识别的机器视觉系统设计 ［J］. 中国设备工程, 2018（11）: 160-162.

［68］ 邹浩, 郭雨婷, 李佳盈, 等. 基于OPENMV的色彩引导机器人系统研究 ［J］. 科技资讯, 2018, 16（25）: 85-86.

［69］ Kim W S, Oh J H, Chung Y S, et al. The detection of curve-type defects in the tft-lcd panels with machine vision ［C］// Tencon 2005 IEEE Region. IEEE, 2007: 1-5.

［70］ Kunakornvong P, Sooraksa P. Machine vision for defect detection on the air bearing surface ［C］// International Symposium on Computer, Consumer and Control. IEEE, 2016: 37-40.

［71］ Huang H, Hu C, Wang T, et al. Surface defects detection for mobilephone panel workpieces based on machine vision and machine learning ［C］//IEEE International Conference on Information and Automation. IEEE, 2017: 370-375.

［72］ Baygin M, Karakose M, Sarimaden A, et al. Machine vision based defect detection approach using image processing ［C］//International Artificial Intelligence and Data Processing Symposium, 2017: 1-5.

［73］ Mehra T, Kumar V, Gupta P. Maturity and disease detection in tomato using computer vision ［C］// Fourth International Conference on Parallel, Distributed and Grid Computing. IEEE, 2017: 399-403.

［74］ Unay D, Gosselin B. Thresholding-based segmentation and apple grading by machine vision

［C］// Signal Processing Conference, 2005, European. IEEE, 2015: 630-633.

［75］ Wang L, Li A, Tian X. Detection of fruit skin defects using machine vision system ［C］// Sixth International Conference on Business Intelligence and Financial Engineering. IEEE, 2014: 44-48.

［76］ Rahman M F, Akhter S N, Alam M J, et al. Detection of cervical cancer through visual inspection of cervix with acetic acid (VIA) and colposcopy at mymensingh medical college hospital ［J］. Medical Journal, 2016, 25 (3).

［77］ Asadi V, Raoufat M, Nassirn S. Fresh egg mass estimation using machine vision technique ［J］. International Agrophysics, 2012, 102 (6): 229-234.

［78］ 刘瑞媛, 茅健, 陆文超. 汽车精密零件外观缺陷视觉检测方法研究 ［J］. 计算机与数字工程. 2021, 49 (2): 383-387.

［79］ Pablo A, Castelán M, Arechavaleta G. Vision based persistent localization of a humanoid robot for locomotion tasks ［J］. International Journal of Applied Mathematics and Computer Science, 2016, 15 (10): 669-682.

［80］ Schmidt C, Denkena B, Hocke T, et al. Influence of AFP process parameters on the temperature distribution used for thermal in-process monitoring ［J］. Procedia CIRP, 2017 (66): 68-73.

［81］ 康晶. 图像分析在工业生产中的应用 ［D］. 南京: 南京邮电大学, 2015: 15-23.

［82］ 赵巧敏. 机器视觉行业投资分析报告 ［J］. 机器人技术与应用, 2015 (5): 12-24.

［83］ 林义忠, 陈旭. 基于机器视觉的机器人定位抓取的研究进展 ［J］. 自动化与仪器仪表, 2021 (3): 9-12.

［84］ 昝杰, 胥光申, 金守峰. 基于机器视觉算法的高速工业机械手定位控制方法 ［J］. 自动化与仪器仪表, 2021 (3): 22-24, 28.

［85］ 刘宇, 侯北平. 基于机器视觉的导体计数方法研究 ［J］. 科技与创新, 2021 (6): 82-83, 85.

［86］ 张杨. 人工智能背景下基于视觉引导的工业机器人拾取技术研究——评《工业机器人视觉技术及应用》［J］. 机械设计, 2021, 38 (3): 150.

［87］ 董征, 王泰华, 耿天普. 基于机器视觉的矿用带式输送机自动调速系统 ［J］. 煤矿机械, 2021, 42 (3): 60-62.

［88］ Huang Y S, Chen Y C, Chen M L, et al. Comparing visual inspection, aerobic colony counts, and adenosine triphosphate bioluminescence assay for evaluating surface cleanliness at a medical center ［J］. American Journal of Infection Control, 2015, 43 (8): 882-886.

［89］ 朱云, 凌志刚, 张雨强, 等. 机器视觉技术研究进展及展望 ［J］. 图学学报. 2020, 41 (6): 871-890.

［90］ 陈锦锋, 苏洪钿. 面向机器视觉的数字化 LED 光源控制器 ［J］. 电子制作, 2014 (4): 56-57.

［91］ 宁祎, 李显. 基于机器视觉的汽车滤芯密封性在线检测 ［J］. 机床与液压, 2021, 49 (4): 107-111.

[92] 崔岳. 基于机器视觉的智能制造系统图像识别技术研究 [J]. 信息记录材料, 2020, 21 (10)：217-219.

[93] 黄志鹏, 郁汉琪, 张聪, 等. 机器视觉的发展及应用 [J]. 信息与电脑（理论版）, 2020, 32 (17)：127-129.

[94] 杜建军, 郭新宇, 王传宇, 等. 基于全景图像的玉米果穗流水线考种方法及系统 [J]. 农业工程学报, 2018, 34 (13)：195-202.

[95] 李鹏, 张安扩. 汽车涂装 PVC 免烘烤工艺应用实例 [J]. 现代涂料与涂装, 2013, 16 (2)：64-66.

[96] 黄涛, 苏松源, 杜长青. 一种基于视频的多目标追踪与分割算法 [J]. 计算机技术与发展, 2021, 31 (3)：95-99.

[97] 李兆基, 姜思旭, 刘宇奇, 等. 汽车制造中的机械自动化技术应用 [J]. 中国新技术新产品, 2020 (15)：56-57.

[98] 胡天林, 林春, 李继芳, 等. 基于多传感器信息系统的三轮全向机器人的研究 [J]. 机器人技术与应用, 2014 (1)：31-33.

[99] 陈锦儒, 刘萱, 何家忠. 基于机器视觉的边缘缺陷检测实验装置开发 [J]. 自动化与仪器仪表, 2021 (2)：116-118, 122.

[100] 刘瑞媛, 茅健, 陆文超. 汽车精密零件外观缺陷视觉检测方法研究 [J]. 计算机与数字工程, 2021, 49 (2)：383-387.

[101] 蔡聪艺. 基于稀疏成像与机器视觉的金属材料次表面缺陷检测方法 [J]. 齐齐哈尔大学学报（自然科学版）, 2021, 37 (1)：1-5, 25.

[102] 余厚云, 张辉. 汽车涡轮壳零件表面质量视觉检测 [J]. 自动化仪表, 2020, 41 (11)：6-10.

[103] 张涛, 刘玉婷, 杨亚宁, 等. 基于机器视觉的表面缺陷检测研究综述 [J]. 科学技术与工程, 2020, 20 (35)：14366-14376.

[104] 刘克平, 乔宇, 李岩, 等. 基于 HALCON 的汽车涂胶质量检测方法研究 [J]. 组合机床与自动化加工技术, 2020 (6)：111-114.

[105] 李莹, 林晓泽. PVC 车底涂料喷涂扇面缺陷控制 [J]. 现代涂料与涂装, 2018, 21 (8)：67-69.

[106] 现代服务产生技术创新战略联盟. 2020 年机器视觉行业深度报告 [R]. 2020.11.